现代高校
思想政治教育体系的构建与发展

蒋孝明　李爱华　庞世华　著

中国矿业大学出版社
·徐州·

内 容 提 要

本书聚焦高校思想政治教育工作体系的构建，在概述思想政治教育基础理论、意义、目标及教育教学原则的基础上，分别深度探讨了高校思想政治教育的管理体系、内容体系、日常教育体系、课程的实践教学体系以及评价体系的基本内容与构建思路。全书集理论性与实践性于一体，力求为我国高校思想政治教育的发展和优化提供一些有价值的思考。

本书可供相关专业的研究人员借鉴、参考，也可供广大教师教学和学生学习使用。

图书在版编目(CIP)数据

现代高校思想政治教育体系的构建与发展/蒋孝明，李爱华，庞世华著.—徐州：中国矿业大学出版社，2024.5

ISBN 978-7-5646-6267-7

Ⅰ.①现… Ⅱ.①蒋… ②李… ③庞… Ⅲ.①高等学校—思想政治教育—研究—中国 Ⅳ.①G641

中国国家版本馆 CIP 数据核字(2024)第 108638 号

书　　名 现代高校思想政治教育体系的构建与发展
著　　者 蒋孝明　李爱华　庞世华
责任编辑 何晓明　何　戈
责任校对 余展博
出版发行 中国矿业大学出版社有限责任公司
（江苏省徐州市解放南路　邮编 221008）
营销热线 (0516)83885370　83884103
出版服务 (0516)83995789　83884920
网　　址 http://www.cumtp.com　**E-mail**:cumtpvip@cumtp.com
印　　刷 苏州市古得堡数码印刷有限公司
开　　本 787 mm×1092 mm　1/16　**印张** 15　**字数** 294 千字
版次印次 2024 年 5 月第 1 版　2024 年 5 月第 1 次印刷
定　　价 66.00 元
（图书出现印装质量问题，本社负责调换）

前　言

对大学生进行思想政治教育，是国家发展、高校育人、大学生自身发展的必然要求；现代高校思想政治教育水平的提高，是提高高校育人水平和人才培养质量的关键因素之一。当前高校思想政治教育体系的构建与优化，是推进高校思想政治教育改革创新，提升高校思想政治教育质量，增强高校思想政治教育工作吸引力、感染力和科学化水平的有效途径。

本书聚焦高校思想政治教育工作体系的构建，在概述思想政治教育基础理论、意义、目标及教育教学原则的基础上，分别深度探讨高校思想政治教育的管理体系、内容体系、日常教育体系、课程的实践教学体系以及评价体系的基本内容与构建思路。

本书集理论性与实践性于一体，力求为我国高校思想政治教育的发展和优化提供一些有价值的思考。

本书由牡丹江师范学院蒋孝明、东营职业学院李爱华和徐州工业职业技术学院庞世华共同撰写完成。具体编写分工如下：第一章蒋孝明；第二章蒋孝明，庞世华；第三章李爱华；第四章庞世华；第五章李爱华；第六章李爱华。庞世华负责全书的统稿、定稿工作。其中，蒋孝明共计撰写 12 万字，李爱华共计撰写 11 万字，庞世华共计撰写6.4万字。在本书写作的过程中,我们参考了国内外大量专家学者的研究成果,在此表达诚挚的谢意!

由于能力有限,书中尚存不足之处,敬请广大读者批评指正!

著　者

2024年2月

目　录

第一章

现代高校思想政治教育概述

高校思想政治教育工作对培养大学生成才具有非常重要的意义。面对我国社会主义建设的新形势和新要求，应着重把握高校思想政治教育的基本内涵和重要意义，推动高校思想政治教育不断发展，以适应培养现代化建设所需要的优秀人才的根本任务。

本章阐述了高校思想政治教育的意义、目标，梳理其理论依据，并指出高校思想政治教育的原则。

第一节　高校思想政治教育的理论依据

理论依据对高校思想政治教育来说具有十分重要的意义，它是确定高校思想政治教育原则、方法、内容、队伍建设和评价方法的依据。因此，在高校思想政治教育理论之中，理论依据占有关键性的地位。

一、马克思主义人学理论

马克思主义是我国建设社会主义的指导思想，因此也对培养社会主义接班人具有指导意义。高校思想政治教育应坚持马克思主义关于人的本质理论，树立人的全面发展观念，促进大学生的全面发展。

（一）人的本质理论

马克思关于人的本质理论，最主要的还是以人为本的观点。以人为本对人类社会活动的各个领域普遍有效，但具体表现形式各不相同，因而它必须同各个领域的实际情况结合起来。以人为本在高校思想政治教育领域的本质要求，强调要突出人的发展。人是教育的出发点，也是教育的归宿；人是教育的中心，也是教育的目的；人是教育的基础，也是教育的根本。马克思关于人的本体论研究的一个重要内容，就是对人的本质的探讨。

要弄清马克思关于人的本质理论的内容，首先应对他的人的本质概念加以了解。在对马克思人学理论的研究中，人们对他关于人的本质内容的理解存在较大分歧，究其原因，是人们对人的本质与人的本性、人性、人的属性没有一个清晰的理解。

1. 人的本质的含义

马克思认为，人的本质有两层含义：第一，人的本质是人与动物相区别的最根本属性；第二，人的本质决定了人的现实存在，产生了人的各种类特性。

在马克思看来，人的自我的产生有一个从潜在的人到现实的人的过程。劳动是人们谋生的手段，劳动创造了人的意识、语言、社会性，劳动产生了人。人正是通过生产劳动证实了自己的意识和自由自觉性。人要想在社会中生存下去，必须要进行物质资料生产活动，在进行物质资料生产的过程中，人的物质生活诞生了。

人性有理想和现实之分，人的本质就其本来意义讲，不能说它有理想的本质，而只能说它自身中包含理想因素和现实因素。在马克思那里，理想的人性是对动物性和非人性的否定，是对人的个性或主体性的肯定，是人类的特性在人的道德精神中表现出来的、有利于个人的一系列优秀品质和完美特性。这种人性不是从现实出发的，它所规定的不是人性的现实状况，而是对美好人性的向往，因而带有规范性。

人的本性既与人的本质不同，又与人性不同。在马克思的德文原著中，人的本性是和“天性”一词的含义等同的，而人的本质则是另外意义上的一个名词，它指的是人的“根本特性”。此外，当马克思谈到人的本性时，往往与人的自然欲望和生理需要以及天性联系在一起；而当谈到人性时，又常和人的美好品质相联系。可见，人的本性与人的本质、人性是有区别的。

在马克思那里，人的本性与人性、人的本质还有相联系的一面，即人的本性是人性的逻辑前提和根源，离开人的本性就无所谓人性。承认人的本性并不等于承认人性，因为人性是人的本性在人的生产劳动或社会实践中的表现，是历史的、变化了的人的本性。人的一般本性只是一种形式上和本体上的抽象规定性，而人的历史的、变化了的本性即人性。

在马克思看来，人的一般本性大致来讲有自然本性、精神本性、劳动本性和社会本性之分。但从形式和逻辑次序来讲，人最基础的本性是受人的肉体组织制约的自然本性，而人的主要的自然本性是人的需要。

人的需要只不过构成生产的观念上的内在动机，构成生产的前提，生产和需要总是表现为一个过程的两个要素。在这个过程中，生产是实际的起点，因而也是起支配作用的要素，而需要本身就是生产活动的一个内在要素。倘若撇开生产劳动来谈人的需要，我们就不能解释需要的内容及其满足方式。由于谈论生产劳动和人的需要的关系时，我们的出发点和立脚点是现实的，所以在这个意义上，那种把人的需要看作比人的生产劳动更根本的观点是错误的。人的最根本的东西能把人和动物区别开来，人的需要再重要，它也不能把人和动物从根本上区别开来，而能做到这些的，只能是人的生产劳动。

人的本质、人性和人的本性，虽然在程度和意义上不同，但都通过人的各种属性表现出来。人在与其他个体发生关系时，表现出来的应是人的种种社会属性；在人作为自然的一部分的意义上，表现出来的是人的自然属性；等等。

我们对以上马克思的观点做一个总结：人的本质是人的根本，是人成为人的根据；人性由人的本质所决定，通过人的精神表现出来；人的本性是植根于人的肉体组织中的，是人固有的、必然的、不可缺少的性质，天然决定着人的行为。其中，人的本质是对人来说最根本的东西，离开人的本质来谈人性和人的属性，必将陷入抽象。

2. 人的本质的结构

马克思主义认为人的本质是和人的生产活动紧密联系的。由于人的生产活动包含了多个方面，因此，人的本质结构也包含了多个方面。简言之，人的本质是多个层次的。

首先，人的本质的主体性规定。说人的本质是生产劳动，仔细追究起来是不严密的。实际上，在马克思看来，人的生产是能够实现人与动物区别的一个标准，而标准的核心在于生产的不同性质。动物的生产活动的直接服务对象是动物自己，而人的生产活动的直接服务对象则是他人。马克思主义认为，人生产的产品是服务于社会的，通过社会的认可而实现人自身的价值。因为社会所需要的产品种类很多，通过人自身的全面发展，掌握不同产品的生产技术就可以实现产品生产的自由自觉。人类的自由自觉还与其创造性紧密相关。人类在发展过程中产生了高度发达的大脑，推动他不断地超越自己。

其次，人的本质的客观现实性规定。从上面的论述中可以看出，人的生产劳动是与人的社会关系紧密联系的。因此，人的本质同样是与人的社会关系有紧密关系的。因此，马克思主义认为，人的本质是人的社会关系的总和。人的社会关系又是人的生产劳动的客观现实化的具体表现。

最后，人的本质的内在规定。从人的自然性来看，人的生产劳动源自人的需要。马克思把人的需要分作两类，一类是人作为动物的需要，一类是人作为人的需要。人作为动物的需要又称为人的自然需要，是由人的肉体组织决定的，以维持其肌体新陈代谢的需要。人作为人的需要又称为人的社会需要，是维持其社会地位的需要。人的两种需要对人来说具有不同的意义。人的自然需要是维持人存在的原动力。马克思、恩格斯指出，人为了生活，首先就需要吃喝住穿等。人的新需要除了是人的生产劳动的新动力外，它的另一个意义在于它表现、体现着人的本质——生产劳动。

总之，人的生产劳动与人的需要是相互的。人的生产劳动能够产生人的需要，人的需要也能推动人从事相似的生产活动，而这一切都发生于人的社会关系之中。因此，人的本质就是处在一定社会关系之中，由多元化的需要与生产劳动构成的复杂动物。从这个定义来看，个人是社会关系、生产劳动与需要构成的复杂的结构系统。简单地说，个人的本质既和其生产什么一致，又和其怎样生产一致。这个定义体现着人本学规定和社会学规定的统一。把表现、实现和确证人的自由个性和满足人的需要作为目的，这是以人为本；而把这种目的的实现放在一定的社会关系条件下来考察，这是以社会关系为本。

（二）人的全面发展理论

1. 人的发展建立在人的本质的基础上

马克思对人的发展的论述是建立在人的本质的基础上的。马克思认为人生来就是自由的，这也是人的本质的组成部分，人的属性在这个基础上不断增加。

在关于人的发展方面，马克思认为人的发展是与人的本质紧密联系的。人的本质是由人的社会关系、人的需要和生产劳动构成的复杂系统。三者相互作用、共同发展，构成了人的发展。人的发展始于人的基本需要。在满足基本需要之后，人由于其主体性和能动性产生新的发展欲求，并从社会关系和生产劳动的基本条件中获得发展的可能方向，从而获得新能力的发展。生产劳动是制约人的发展的主要条件。依据马克思生产力决定生产关系的原理，生产劳动决定了人的社会关系。通过社会关系，人限制了自身的需要，从而制约了人的发展。因此，马克思说人的全面发展有赖于制约生产劳动的生产力的全面进步。

2.人的全面发展是适应社会能力的全面发展

马克思认为人的全面发展是适应社会能力的全面发展。人的全面发展是占有自己的全部本质，而人的本质是人的社会关系的总和，因此可以说，人的全面发展就是要全面处理自己的社会关系，发展出能够处理自己社会关系的全部能力。

人的社会关系的总和是包含多个方面的，如家庭关系、工作关系、同学关系、师生关系，等等。人要能够全面处理自己的社会关系就不仅要掌握一些科学技能，还要有一定的人文思想和意识。因此，从这个角度看，人的全面发展不仅要丰富自己的外在世界，还要能够丰富自己的内在世界。

辩证唯物主义认为，动态发展是一切事物的本质特征，人的社会关系也不例外。“人的社会关系在人相互作用的过程中是不断变化的，与人的社会关系紧密联系的人的全面发展也是不断变动的。”①

人的全面发展是与当时社会的生产力紧密联系的。生产力条件制约了人的全面发展的可能性。观察一个人，我们经常可以看到，有些人存在一些空想。之所以将这一想法称为空想，并不是因为这一想法不能实现，而是这一想法的实现与当时当地的社会生产力条件不相符。简单地说，社会生产力条件限制了这一想法的实现。人的发展始于人的需要，更精确地说，是始于人内心的欲求。当社会生产力条件不能满足人的欲求时，人的欲求就不能实现。因此，从整个意义上说，人的全面发展

① 刘建锋.高校思想政治教育理论与改革模式研究[M].北京：世界图书出版公司，2018：32.

受制于社会生产力。

人的全面发展还与人的天赋紧密联系。与人的发展不同,人的全面发展和人的能力有紧密联系。从当前教育学的发展来看,人的能力的诞生除了和其教育条件有关联之外,还与其天赋紧密联系。当人缺乏某一种天赋,或者某一种天赋不能得到完全的挖掘时,人就不能实现这一方面能力的发展。人的天赋是有差异的,因此,人的全面发展也是有差异的。

3. 人的自由全面发展建立在人的全面发展的基础上

马克思认为,人的自由全面发展是建立在人的全面发展的基础上的。

首先,每个人的全面发展说明了人类社会生产力的极大发展,这是人的自由全面发展的一个重要条件。生产力的极大发展能保证每个人在发展的过程中有足够的空闲时间来发展自己的个性,从而促进人的全面发展。按照马克思的设计,人的自由全面发展只能发生在生产力全面发展的共产主义社会。在当前资本主义制度占主流的社会中,虽然一部分人的自由发展已经实现,但是这些人的自由发展是建立在其他人的不自由发展的基础上的。按照马克思的理论,这些仍然不能算作自由全面发展。

其次,人的自由全面发展是建立在人类的彻底解放的基础上的,是从人类自必然王国飞向自由王国开始的。马克思认为,社会发展的最终目标是实现共产主义,也就是全体社会成员的自由而全面发展。这点和前文马克思关于人的本质的论述是相互联系的。人的本质是人的社会关系的总和。人要实现自己的自由全面发展,首先就要实现自身社会关系的自由全面发展,也就是同自己有紧密联系的人的自由全面发展。因此,人要实现自由全面发展,是同整个社会紧密联系在一起的。按照马克思对共产主义社会的设计,人的自由全面发展是在一个经过设计的集体之中,这个集体的解放能够实现整个社会和整个人的解放,同时还能够消灭阶级、消灭私有制。

二、中国传统道德文化

中华传统德育思想是我国德育的重要内容，也是中华民族五千多年沉淀下来的思想精华。在开展思想政治教育的过程中，我们一定要将中国传统道德文化融入其中，激励当代大学生弘扬中华优秀传统文化。

（一）先秦时期的传统道德文化

殷商时期，奴隶主阶级为了巩固自己的统治，开始以理论的形式研究道德现象。周公创立的以孝为核心的宗法政治伦理思想体系，对我国孝道文化的发展起到奠基作用。周公所创立的孝文化的核心是父慈、子孝、兄友、弟恭，以此为基础还提出了“修德配命”“敬德保民”的德政要求。

春秋战国是我国历史上最为动荡的一个历史时期，正是这种动荡孕育了伟大的社会变革，促成了我国文化、科技以及哲学思想的大繁荣，百家争鸣的文化盛况在之后的历史中再也没有出现过。其中，孔子的德育思想在我国思想发展史上占有重要的地位，有教无类的教育思想始终闪耀着灿烂光辉。在教育理论和教育实践中，孔子将德育作为教育的基础。总结起来，孔子的德育思想主要包括两个方面：一是德教为先、教而后刑；二是“仁”的思想。

（二）秦汉时期的传统道德文化

秦汉时期，思想领域百家争鸣的局面结束，儒家思想赢得了统治者的青睐，成为地位最高、影响最大的思想学说。秦王朝建立以后，统治者吸取了法家的法治思想，以严刑峻法维护统治、巩固政权，结果被起义推翻，统一局面仅仅维持了 15 年。

取秦而代之的汉王朝意识到严刑峻法不是巩固统治的良药，而将道德、教化作为统治民众、稳定社会的基础，因此，儒家思想开始逐渐进入统治者的视野，并成为封建社会的统治思想。西汉初期出于恢复民力、休养生息的目的，统治者推崇“无为而治”的道家学说。在社会状况好转之后，汉武帝采纳董仲舒提出的“罢黜百家，独尊儒术”的建议，正式将儒家思想确立为统治思想，特别是以仁义道德为核心的伦理思想成为封建统治的正统。儒家伦理思想独尊地位的确立，适应了时代的需求，也符合统治者的统治意愿，因为儒家思想为大一统统治提供了足够的道义上的支持，这也是历代统治者大都尊崇儒家思想的根本原因。董仲舒的儒家思想并不是单纯的儒学思想，而是以先秦时期孔孟的主要思想和理论为基础，吸收道家、法家、阴阳五行学说以及神学思想形成的一种带有目的性的思想理论。董仲舒曾用天道推演人道，把仁政德治作为王道政治的根本原则。儒家思想将帝王作为上天神圣统治的代言人，“合理合法”地确认了封建君主的统治地位。此外，董仲舒还提出“三纲五常”的思想，他的重义轻利、以仁安人、以义正我和必仁且智的道德教育心理学思想成为个体道德修养的基本原则和方法。两汉及之后的统治者看到了这一思想对于社会稳定的重要作用，于是极力推崇经过董仲舒改造的儒家思想，并将其确定为国家选用行政官员的主要依据。因此，在之后的社会中，上至君王百官，下至普通百姓，都愿意自觉学习和实践儒家的道德思想。儒学伦理思想作为封建统治阶级正统的道德理论，在社会生活中发挥了其“独尊”的作用。

（三）魏晋至隋唐时期的传统道德文化

这一时期社会动荡，儒家、道家、佛家等思想相互斗争，相互融合。由于社会局势比较混乱，只有更好地控制人们的思想才能保证统治的稳定性，出于这一考虑，统治者开始利用宗教来稳定臣民、发动战争。随着当时中国社会的经济转移、民族融合、文化交流和教育变革，适合封建门阀士族统治需要的玄学思想开始出现。魏晋玄学以“三玄”，即《老子》《庄子》《周易》为主要研究对象，在伦理道德方面主要是论证“名教”与“自然”的统一。

魏晋时期玄学盛行，玄学与佛教有着密切的关系。这一时期佛教得到了迅速的发展，成为一股重要的宗教力量。这一时期也出现了以范缜为代表的无神论者，他们从形神关系入手对佛学思想的理论基础——神不灭论进行了批判，而且由于佛教与儒家伦理道德格格不入，也引发了佛教与儒家礼教纲常的矛盾，产生了儒家的世俗道德与佛教的宗教道德之间的斗争。为此，佛教也力争调和矛盾，强调佛教教义、佛教的人生哲学与儒家伦理道德的一致性和互补性。

总之，魏晋时期随着玄学的盛行、佛教的传播，在伦理思想上出现了儒、道、释三家既相互斗争又彼此吸收的复杂格局，这种状况也直接影响了隋唐时期的伦理思想。魏晋至隋唐时期的伦理道德思想的突出特点是儒、佛、道三家在相互斗争的过程中相互吸收，趋向合流。

（四）宋明时期的传统道德文化

宋明时期，“存天理、灭人欲”的道德理性占据着主导地位。宋朝建立以后，中国封建社会进入了后期发展阶段，社会矛盾较为尖锐和复杂。统治者为了强化自己的统治，缓和各种社会矛盾，极力维护封建伦理纲常。由于原有的思想已经很难维护矛盾丛生的封建统治，因此理学伦理思想应运而生。

从基本立场上来说，理学使儒家伦理思想获得了完备的理论形态，并以新的形式重新取得了独尊地位。理学本宗孔孟儒学的立场，以继承儒家传统为出发点，同时又吸收佛、道思想，在道德的本原、人性论、理欲观、理想人格的培养等方面，集儒、佛、道于一体，以“理”为最高范畴。宋明理学以“存天理、灭人欲”为基本纲领，形成了更系统、更精致的封建伦理思想体系，也使儒家伦理思想的发展达到了最高阶段。“存天理、灭人欲”是理学各派别的共同思想纲领，其目的是以禁欲主义的思想强化封建礼教，反对农民阶级“均贫富”的要求，维护封建纲常伦理制度。“存理灭欲”是理学伦理思想所推崇的理想人格标准，朱熹认为要使用“学、问、思、辨”、知先行后的方法，达到格物致知。明代程朱理学的社会作用得到统治者的广泛认可，因此在较长段时间内对人们的思想起到较为强大的束缚作用。

（五）明末清初的传统道德文化

明末清初，社会和阶级矛盾日益突出，中国的封建社会开始步入晚期，并逐渐走向衰败。明中叶以后，我国出现资本主义的萌芽，然而却受到了封建专制主义的压制。封建统治者采用高压政策横征暴敛，矛盾空前尖锐，最终导致李自成和张献忠领导的农民大起义。满族贵族的入侵使民族矛盾日趋严重，以程朱理学为代表的封建伦理思想，虽然仍处于正统地位，但其专横、腐朽的思想统治，不仅禁锢了人们的思想，而且更为严重的是阻碍了社会的发展，给整个民族带来危害。在这种特定的历史条件下，一批进步的思想家如李贽、黄宗羲、王夫之、顾炎武、颜元等人，对以程朱理学为代表的儒家学说进行了一定程度的批判，对统治中国千百年的儒学经典的统治地位形成了强烈的思想冲击。在道德伦理问题上，他们把道德与功利、天理与人欲统一起来。虽然他们的观点各异，批判的侧重点也有所不同，但是他们都把以程朱理学为代表的封建伦理思想作为批判对象，带有反封建的启蒙意义。这些观点对近代乃至当代道德教育都产生了重要影响。

第二节　高校思想政治教育的深刻意义

高校思想政治教育的价值，用传统的概念来表述，就是高校思想政治教育的意义、功能、地位和作用，价值是对地位、作用的理论抽象和哲学概括。中国共产党对高校思想政治教育的地位、作用有过许多经典的表述，如“生命线”“中心环节”“政治优势”等。一般来说，高校思想政治教育的地位，是指高校思想政治教育在社会结构和社会生活中所占的位置。高校思想政治教育的价值强调在社会发展和人的发展过程中，高校思想政治教育所起到的作用，即其存在的意义。从它们各自的界定来看，高校思想政治教育的意义、地位之间有着密切的联系，只有将高校思想政治教育的意义放到明确的位置，才能更好地发挥高校思想政治教育的作用。

显然，高校思想政治教育的意义问题，不是今天才出现的新问题。但事物是变化发展的，随着政治经济各方面条件的变化，在新的历史条件下，时代主题也与原来的不同，这就出现了工作重心的转移和经济意义的凸现，一些人对高校思想政治教育的价值产生怀疑，轻视高校思想政治教育的倾向有所抬头。与此同时，就世界大的发展形势而言，世界政治经济格局发生了巨大的变化，经济全球化和科技革命迅猛发展；就国内形势而言，中国正在适应大的形势需要，正在进行社会主义制度的自我完善和发展。高校思想政治教育的任务更加神圣和艰巨，面临更加严峻的挑战。因此，重新审视和研究高校思想政治教育的意义，具有非常重要的理论意义和现实意义。

高校思想政治教育意义内容丰富、形式多样，我们可以根据不同的标准和视角将之划分为不同的类型。

一、不同维度上高校思想政治教育的意义

（一）高校思想政治教育的理想意义与现实意义

按高校思想政治教育意义的实现与否分，高校思想政治教育的意义可分为理想意义与现实意义。

理想意义是指将来有可能实现但目前尚未实现的意义。当前我国高校思想政治教育的理想意义是在中国特色社会主义理论体系指导下，培养具有共产主义道德品质的广大人民群众，在促进社会全面发展的同时实现个人的全面发展。

现实意义是指已经实现或正在实现的意义。教育对象思维观念的转变、心理困惑的消除、良好习惯的养成等都是现实意义的外在表现。

高校思想政治教育的现实意义和理想意义相互联系、相互促进。现实意义是理想意义的实现基础，主体只有在现实意义实现后才具备实现理想意义的条件；理想意义是现实意义的目标指向，对现实意义具有激励、促进和引导作用。

（二）高校思想政治教育的直接意义与间接意义

高校思想政治教育的意义有的是以直接的方式实现的，有的是以间接的方式实现的，从这个角度划分，可分为直接意义和间接意义。

高校思想政治教育的直接意义是指高校思想政治教育活动满足人的意志、观念、情感、信仰等精神因素需要，不需要中间环节而直接引起教育对象的思想变化。教育者将社会要求的政治思想、道德规范传递给教育对象，调动他们的工作创造性和劳动激情，促进他们思想道德素质的提高，使其精神状态发生积极改变，这些都属于高校思想政治教育的直接意义。高校思想政治教育的间接意义需要经过直接意义的转化才能够实现，它指的是教育对象在高校思想政治教育的激发下，将精神动力转化为良好行为，以此促进社会的进步和发展。高校思想政治教育是

作用于人脑的实践活动，因而，可以说，高校思想政治教育直接作用于人的思想，也就是精神世界；间接作用于人的行为，也就是物质世界。

物质世界和精神世界本身有着千丝万缕的联系，因而，高校思想政治教育的直接意义和间接意义也有着密切的联系。直接意义是间接意义的基础和起点，它为间接意义提供支撑，间接意义是直接意义的拓展和延伸。高校思想政治教育要在实现直接意义的基础上实现间接意义，在实现间接意义的过程中体现直接意义。

（三）高校思想政治教育的长期意义与短期意义

按持续时间分，高校思想政治教育的意义可分为长期意义和短期意义。高校思想政治教育的长期意义是指高校思想政治教育活动可以在较长时间内产生良好的教育效果，对人和社会的影响较为深远，比如马克思、恩格斯等革命导师的经典著作和奋斗精神，影响着许多人的一生，引起了世界格局的巨大改变，具有经久不衰的独特魅力。高校思想政治教育的短期意义是指高校思想政治教育活动能够在一个较短的时间内取得成效，满足主体的需要。比如在关键时刻对主体进行高校思想政治教育，能够迅速调动起主体克服困难的勇气和完成任务的积极性，使其顺利完成既定目标。尤其在处理突发性事件和群体性事件上，短期意义更不可小觑。

高校思想政治教育的长期意义和短期意义都很重要，高校应当从短期意义着手，在其基础上进行持续性的教育和引导，力求实现长期意义；在长期意义的实现过程中，尽可能多地创造短期意义，在多次意义实现中强化高校思想政治教育效果，满足人和社会不同方面的需求。

（四）高校思想政治教育的传承意义与发展意义

按实现效果分，高校思想政治教育的意义又可分为传承意义和发展意义。高校思想政治教育的传承意义是指高校思想政治教育活动使国家和社会的良性运行状态得以维持，保证人的思想道德品质不受干扰和破坏。在国际政治、经济势力相互博弈，东西方文化交融激荡的时代背景下，充分发挥高校思想政治教育的传承意义，保持中华民族的传统美德和奋斗精神显得尤为重要。高校思想政治教育的发展意义是指推动社会向更高目标或更好状态迈进，推动人的思想道德水平不断提升，帮助人和社会取得创造性成果。通过高校思想政治教育，大学生与时俱进、不断创新，树立了全面建设社会主义现代化强国的信念，充分展现出高校思想政治教育的发展意义。

传承意义是发展意义的来源，一定时期的发展意义总是在传承意义的基础上产生，并最终因时间的流逝成为另一个时代的传承意义。发展意义是传承意义的延伸，高校思想政治教育只有不断寻求发展意义，才能真正体现其是"经济工作和其他一切工作的生命线"的作用。

二、不同形态中高校思想政治教育的意义

（一）高校思想政治教育的正面意义与负面意义

按性质分，高校思想政治教育的意义可分为正面意义和负面意义。正面意义是指高校思想政治教育活动较好地实现了国家和社会的高校思想政治教育目的，推动人的思想政治品德向更高层次发展。在我国，高校思想政治教育者按照党和国家的总体目标，根据教育对象的实际需求选择有针对性的内容和方法开展高校思想政治教育活动，大多都能取得正面意义。

高校思想政治教育的负面意义有两个层面。一是零意义。零意义即高校思想政治教育活动没有达到国家和社会期望的高校思想政治教育目的，对人的思想品德也没有任何改变。如果高校思想政治教育活动定位于应付领导和上级部门的检查，停留在追潮流、走形式、搞过场上，大量的时间和精力会白白浪费，零意义现象就会出现。二是负意义。负意义即高校思想政治教育活动妨碍了高校思想政治教育目标的实现，甚至破坏了原有的高校思想政治教育成果。少数高校思想政治教育者欠缺理论水平和奉献精神，存在欺上瞒下、弄虚作假、投机取巧的行为，严重损害了高校思想政治教育的形象，其负意义显而易见。

（二）高校思想政治教育的真实意义与虚假意义

按真假分，高校思想政治教育的意义可分为真实意义和虚假意义。可以这样理解，任何实践活动都不一定会取得预期的成果，对于高校思

想政治教育而言，这个道理同样适用。高校思想政治教育的真实意义就是指高校思想政治教育达到了预期的目的，高校思想政治教育在属性和功能方面实现了人和社会的需要。真实意义必须符合两个条件：一是教育对象具有接受高校思想政治教育的内在需要；二是高校思想政治教育的属性正好能与所面对的教育对象的需要相契合，其自身功能也得到充分发挥。高校思想政治教育的虚假意义是指人和社会某种需要的满足，并非来自高校思想政治教育的自身属性和功能，而是从其他附加物中获得的。忽视主体尺度和客体属性的结合，顾此失彼，或二者全然不顾，就会导致高校思想政治教育真实意义的缺失。比如有的高校思想政治教育者一味迎合教育对象的口味，满足教育对象猎奇、搞笑、放松心情等需求，形成了轻松、活跃的课堂气氛并获得教育对象的良好反馈，这种情况在判断价值有无时具有一定的迷惑性。实际上，高校思想政治教育的理论品质被掩盖而没有发挥其应有的作用，教育者无法触及和关注到教育对象内心的思想政治教育需要，从而产生了故事代替理论、笑声代替思考的高校思想政治教育的虚假意义。

（三）高校思想政治教育的目的意义与工具意义

按取向分，高校思想政治教育的意义可分为目的意义和工具意义。目的意义是指高校思想政治教育引导人正确地认识自身发展诉求，充分发挥人的主体性、能动性和创造性，最终实现人的全面发展。工具意义是指高校思想政治教育作为无产阶级统治的工具，应培养出符合社会主义国家意志和社会要求的人，以此来维系社会生存、促进社会发展、实现社会的有效管理。工具意义与目的意义在高校思想政治教育中内在统一、不可分割。单一追求目的意义容易无限扩大人的主体属性，掉入人本主义的深渊，丧失社会主义教育的政治优势；极端强调工具意义则会陷入以阶级斗争为纲的错误思维，将阶级统治作为教育的唯一功能，漠视人的主体性，背离高校思想政治教育的本质。

（四）高校思想政治教育的显性意义与隐性意义

按表现方式分，高校思想政治教育的意义可分为显性意义和隐性意义。显性意义是指高校思想政治教育效果通过语言或行为向外界充分呈现，成为价值判断和评估的依据。通过思想政治教育，人们认识到自身的不足或错误，继而做出明确的语言或行为反馈，如工人们纷纷表示要在生产中提高责任意识、保证产品质量，学生们下定决心努力学习、争取最好成绩等。隐性意义是指高校思想政治教育效果相对而言比较隐蔽，它并没有表现在表面，而是通过某种途径或载体表现出来，人们对其效果暂时无法妄下结论，因为它处于无法评判或考量的隐蔽状态。比如一些教育对象在接受高校思想政治教育后，虽然在思想观念上有了一定的变化，但是却没有通过行为表现出来，也没有明确的教育效果的信息反馈。此时，人们就无法很快获知高校思想政治教育活动是否起到了有效的作用以及起到多大的作用，因而也就无法判定和衡量其价值。这种潜藏的价值状态就是高校思想政治教育的隐性意义。

三、不同群体中高校思想政治教育的意义

社会、集体和个体是现实世界中的不同实践主体，所有的实践活动都是由这三类主体完成的。社会活动的主体多种多样，高校思想政治教育作为一种客观的社会实践，其活动主体也具有多样性，从这个角度可以将高校思想政治教育意义划分为社会意义、集体意义和个体意义。

（一）高校思想政治教育的社会意义

高校思想政治教育的社会意义是指高校思想政治教育以其属性和功能对社会主体需要的满足。

1. 社会政治意义

高校思想政治教育是阶级社会的产物，因而，在高校思想政治教育各种各样的意义当中，社会政治意义居于首要地位，并起着导向作用。高校思想政治教育是作用于人脑的实践活动，它通过传播主流政治意识，使个体达成一致的政治认同。同时，它对精神文化进行一定的约束：通过营造舆论氛围，以求赢得民心，继而引导政治行为，达到维护社会政治稳定的最终目的；通过政治文化的传承、创新和变革，和谐政治关系；通过培养一代代新人，造就政治人才，构建合理完善的政治机构，促进政治关系的再生产。高校思想政治教育在维护当前政治、促进上层建筑发展的过程中，起着非常重要的作用。具体表现为：加强高校思想政治教

育可以扩大政治认同，形成政治共识；维护政治稳定，平衡利益冲突；营造舆论氛围，进行社会动员；造就一代新人，促进政治发展。总之，高校思想政治教育正是通过培养人、造就人，提高人的素质，促进社会的政治发展。

2. 社会经济意义

社会经济意义是指高校思想政治教育通过调动受教育者的积极性，促使其主动参与经济建设以促进经济发展的意义。市场经济受价值规律的制约，因而，市场经济是自由的经济。如果没有了政府的宏观调控，缺乏必要的社会规范、道德监督和约束，那么就很容易出现市场秩序混乱不堪、不正当经济竞争频繁发生的情况，甚至出现经济垄断的极端局面，这就很难确保人类对自然资源和生态环境的合理使用，最终导致经济发展停滞。高校思想政治教育对社会主义市场经济发展的促进作用在于以下两个方面。

其一，培养具有良好品德的经济建设人才。高校思想政治教育虽不传授经济领域的专业知识，但可以对经济建设人才进行经济道德、规范法则等教育，指导他们开展符合国家和人民利益的经济建设行为，为社会主义经济发展提供人才保证。

其二，优化经济发展环境。高校思想政治教育关系到精神文明建设的同时，还关系着经济建设。它引导人们进行合理的经济竞争，并提倡人们树立合理、科学的消费观；它响应党的号召，为自然、社会、个人谋求全面、协调、可持续的发展，有助于形成有利于经济发展的认识环境、道德环境和社会心理环境，从而为人类更好地发展做出贡献。

3. 社会文化意义

高校思想政治教育的文化创造主要体现在于对教育事业的整体促进和对社会主义人才的培养等方面。

高校思想政治教育的社会文化意义，一方面表现为文化选择意义。高校思想政治教育的文化选择主要体现在两个方面，一是肯定选择意义，二是否定选择意义。肯定选择就是吸收、继承和弘扬与高校思想政治教育目的和方向一致的文化因素；否定选择就是排斥、抵制和摒弃与高校思想政治教育目的和方向相悖的文化因素。另一方面表现为文化创造价值。高校思想政治教育培养具备创新精神和创造能力的社会主义建设人才，帮助成才者选择成才目标、养成良好的思想政治品德、进行创造性思维的训练。

4. 社会生态意义

高校思想政治教育的生态价值是由高校思想政治教育实践活动创造的，最终也要转化为现实的生态行为。高校思想政治教育的社会生态意义主要表现在以下三个方面。

其一，对良好生态行为的导向和强化。高校思想政治教育通过组织环保宣传活动，倡导正确的生活方式，鼓励学生全面参与生态环境建设，努力在全社会形成提倡节约、爱护生态环境的行为导向。

其二，对不良生态行为的辨别和纠正。高校思想政治教育提倡人与自然和谐共处的原则与方法，帮助受教育者辨别各类行为是否有助于保持生态平衡，及时发现并纠正违背生态科学发展规律的错误行为，指导人们在实际生活中互相监督和自我约束。

其三，引导学生树立科学的生态世界观，增强生态责任感。

（二）高校思想政治教育的集体意义

整个社会群体中，除了个体以外，群体占相当大的比重。所谓集体，就是由多位成员组成的集合体。高校思想政治教育的集体意义是指高校思想政治教育活动对这个集合体的存在和发展需要的满足。集体意义的大小就是这个满足程度的大小。个体意义与集体意义的关系正如个体与集体的关系，个体意义凝聚成集体意义，并推动着集体意义更加优化。高校思想政治教育的集体意义主要表现在以下几个方面。

一是强化集体认知。高校思想政治教育让集体成员充分认识到集体是连接个人与社会的重要纽带，是个体自我价值实现和全面发展的平台；认同集体意义观念和行为准则，认可其对成员的制约和影响；支持集体发展规划，确认集体目标的科学性和合理性。

二是深化集体情感。集体情感是集体成员对集体态度的一种体验，不是理性的推导，而是日积月累形成的非理性结果。高校思想政治教育的人性化优势能够使集体成员渴望成为集体中的一分子并以此为荣，在集体面临困难时不离不弃、共渡难关。

三是坚定集体信念。高校思想政治教育能够维护集体成员的忠诚度、责任感和荣誉感，增强自信心和自豪感，鼓舞成员以高昂的斗志齐心协力应对外来竞争，坚信集体目标一定会实现。

（三）高校思想政治教育的个体意义

高校思想政治教育的个体意义就是指高校思想政治教育对以个人为单位的个体需要的满足。具体说来，个体意义的内容包括个人利益能否实现、个体需要满足的程度等。高校思想政治教育往往被看成统治阶级巩固统治的手段和方法，而个体意义让人们清楚地认识到高校思想政治教育不仅关乎遥远的上层建筑，而且关乎个人自身的实际利益。它不是一种外来的甚至强加于人的东西，而是与人自身的生存和发展息息相关的。高校思想政治教育的个体意义具体表现在以下几个方面。

1. 引领个体的政治方向

在新世纪新阶段，加强高校思想政治教育，提高个体的思想政治素质，把个体的思想和行为引向积极、健康的方向，有利于保证我们在日益激烈的国际竞争中保持优势，巩固我们在国际社会中的地位。就国内状况而言，它有利于我们继续坚持走社会主义道路，加快推进社会主义现代化进程，培育社会主义建设的接班人，实现中华民族伟大复兴的中国梦。高校思想政治教育通过先进理论的灌输教育，使个体形成科学的世界观、人生观、价值观，促进个体加快社会化，这既是时代的要求，也是高校思想政治教育的必然逻辑。

2. 激发个体的创造力

高校思想政治教育在培养、激发和增强人的能力尤其是创新能力方面发挥着重要作用。它通过运用多种手段，激发人的行为动机，启发人的思想觉悟，调动人的积极性、主动性和创造性，帮助价值主体形成和提高自己的创造力，并在此基础上促使人们实现个体意义。

3. 促进个体的人格完善

高校思想政治教育依据人的思想动机与行为的相关性，一方面，通过普及科学知识、灌输科学理论，使受教育者不断明确自己的奋斗方向；另一方面，坚持理论联系实际，加强社会实践活动，通过这种特殊的实践形式，人们可以意识到思想政治教育的巨大作用，从而实现高校思想政治教育的价值和受教育者自身的价值。

第三节　高校思想政治教育的目标

随着经济和社会的发展，科技和教育的地位凸显。随着全球范围内信息产业的进步，高等教育发展迎来了良好机遇，同时也面临严峻的挑战。高等教育要造就有理想、有道德、有文化、有纪律，德智体美劳全面发展的社会主义合格建设者和可靠接班人，必须重视高校思想政治教育。要使高校思想政治教育真正落到实处、收到实效，就必须遵循党的教育方针，根据经济发展与社会进步对人才素质的要求，从大学生思想道德水平和政治素质实际出发，确定高校思想政治教育的目标，充分发挥其在高校思想政治教育过程中的导向作用。

一、高校思想政治教育目标的主要内容

高校思想政治教育的目标，就是培养具有良好道德素质、社会主义思想观念、正确行为实践的建设人才。具体来说，就是培养以马克思主义为指导思想，坚定拥护社会主义制度，坚定拥护国家的方针、政策、路线的人才，这也是与资本主义国家思想政治教育的最大区别。

当代高校思想政治教育的目标应该科学定位，关注我国已发生巨大改变的社会实情。丰富多彩的社会环境使得高校大学生思想发展呈现多元化特点，只有创新教育目标，才能满足大学生的思想要求。高校思想政治教育目标主要包括以下内容。

（一）培养大学生的社会主义思想品德

从培养社会主义思想品德这个意义上说，必须对大学生灌输社会主义理论，从思想上提高大学生的觉悟以及道德水平。

一是要引导大学生学习与掌握党的基本路线、方针与政策，培养大学生坚定中国共产党领导和坚持党的基本纲领的决心与意志。

二是要引导大学生理解与掌握马克思列宁主义、毛泽东思想、邓小平理论、“三个代表”重要思想、科学发展观、习近平新时代中国特色社会方义思想，从而掌握认识世界的科学世界观和改造世界的科学方法论。

三是要鼓励大学生积极参与社会实践,多了解我国的国情,客观分析国际、国内形势,明确历史赋予自己的时代使命。

(二)塑造大学生理想的社会主义人格思想

理想的社会主义人格思想,即在思想观念、道德品质、心理素质和行为方式上与中国社会主义市场经济体制相适应。

一是具有积极的进取精神,勇于挑战,敢于参与竞争,具有适应社会发展的能力。

二是具有良好的创造性,能通过深入探索大胆提出新见解,并积极努力寻求解决方法。

三是不断寻找与探索新问题,实现自我超越,使思想行为跟随社会的发展而不断发展。

(三)从思想上科学引导大学生的行为实践

高校应从思想上引导大学生具备正确认识环境的能力,使其能在任何环境下选择正确的行为方式;思想政治教育可以引导大学生积极践行真、善、美的行为准则。当代大学生面对的是转型时期千变万化的社会现实,社会环境非常复杂,仅仅依靠大学生本身的努力,很难分辨行为实践是否符合社会发展的科学规律。因此,高校一方面要对大学生进行有效的指导,另一方面要培养大学生努力发展适应与科学改造社会环境的能力。

二、高校思想政治教育目标确立的必要性

首先,确立思想政治教育目标是对大学生进行教育活动的前提。只有构建并确立高校思想政治教育的目标,才能依照目标的要求来确定教育的内容、实施的途径方法。遴选合适的实施执行者,安排合理的时间和必要的制度,才能制定出思想政治教育体系的具体任务,使思想政治教育工作者和大学生的双向互动机制有目的、有计划地进行,才能引领高校思想政治教育行为向着一个明确的方向发展,高校思想政治教育的成效才能有科学、客观的评价标准。

其次,确立思想政治教育目标是提高大学生参与教育活动自觉性的

关键。由于目标具有导向性和可测性，目标一旦确立后，就会显示出明确的发展方向和社会价值，使思想政治教育工作者与大学生都能从中感受到目标实现所带来的人才效应及精神需要的满足，从而使目标产生导向和激励效应，激发和推动人们自觉、积极地为实现目标而奋斗。

最后，确立思想政治教育目标是检验教育效果的重要标准。高校思想政治教育目标具有双重功能，它既是高校思想政治教育活动的起点，又是高校思想政治教育活动的终点。目标在高校思想政治教育过程中所处的这一特殊地位，使它成为评估高校思想政治教育效果指标的依据。一般而言，目标比较抽象，但具体化为一系列定性与定量的指标，就能评定高校思想政治教育的实际效果，就能检验教育活动的过程是否正常运行，是否偏离目标所指引的方向。同时，以高校思想政治教育目标为依据，还可以从评估指标中测出预期的教育效果是否达到以及达到的实际程度。

三、高校思想政治教育目标确立的要求

首先要满足社会发展需要和人才成长需求。在知识经济时代，科技是第一生产力，它要求人们不断反省自身，进行知识创新、技术创新和生产创新。时代呼唤创新型人才的大量涌现。在这样的社会转型期，新旧道德、价值观念激烈碰撞，必须慧眼识真，在碰撞中把握时代的主旋律。现代化的大生产、知识的普遍应用、网络时代的到来意味着当今时代有越来越多的纽带把人们紧密联系在一起，极端个人主义、自私自利的思想必将碰得头破血流，而合作精神、协调理念、集体主义、为人民服务成为时代的主旋律。在激烈的市场竞争、知识竞争、人才竞争中，法治观念和开拓进取精神，乐观向上、务实求真的生活态度，勇于竞争、不怕挫折的顽强意志，自信、坚韧、果断、机敏、谨慎、热情等个性心理品质都是不可或缺的。创新、合作、协调、反省、超越、进取、务实的品质是现代社会人才发展的需求。中华民族正处在和平崛起的伟大时代，这是一个需要人才也是人才辈出的时代。大学生大多渴望成才，报效祖国。然而他们的成才需求绝不是传统性的，而是现代性的；不是整齐划一的，而是变化多样、富有个性化发展色彩的。无论外在适应，还是内在提高，健全人格

的培养都是符合人才成长需求的理性选择。而人才的个性化发展，必须以“宽基础”为前提。健全人格的培养，正是着眼于提高大学生整体的政治、思想、道德、心理等各方面基础素质，满足大学生的成才需求。

其次要符合教育规律和学生成才规律。教育存在两条基本规律。一是教育既适应又促进社会发展的规律。社会决定着教育的性质和发展方向，并为教育的发展提供保证条件；教育通过提高人的素质培养人才，又反过来不断推动、促进社会的文明与进步。二是教育适应并促进人的发展规律。坚持全面发展的教育就是促进人的身心和谐发展的教育。学生成才规律也可以概括为两条：一是要立足于身心特点和个性发展等现实条件，做好自我价值的选择；二是坚持自我价值与社会价值相统一。高校思想政治教育目标的确立应按照学生成才规律的要求，着重分析大学生的自我需要与社会环境需要及其制约性。而高校思想政治教育目标的价值性，应合乎教育基本规律的要求，一方面直接促进大学生健康而全面的发展，另一方面使大学生在适应社会、适应时代、服务社会的同时，推动社会的发展和时代的进步。

最后，符合大学生思想政治教育的总体要求。《中国普通高等学校德育大纲(试行)》规定：“高等学校的根本任务是培养德智体等方面全面发展的社会主义事业的建设者和接班人。”[①]分析这一任务，可以看出它包括对大学生在政治、法律、思想、道德、心理、行为等各方面的要求。因而，健全人格培养目标的确立，正是根据这一任务，在分析当今社会发展需要的基础上得出的理性结论。

四、高校思想政治教育目标的内外结构

高校思想政治教育目标具有一定的层次性和系统性，它融于整个社会主义精神文明建设的大系统中，形成了外在结构和内在结构统一的大系统，反映大学生身心健康成长的各方面。

(一) 外在结构

高校思想政治教育是社会主义精神文明建设的一个重要组成部分，

① 中国普通高等学校德育大纲(试行)[J].中国高等教育，1996(2)：4-7.

它是社会主义政治、思想、道德等社会意识形态在大学生个性心理中的内化，并在大学生德智体美劳等方面的发展中起指导作用。因此，社会意识形态、大学生个性心理品质教育、智育、体育、美育、劳育等对思想政治教育的影响，是认识思想政治教育内容不可缺少的重要因素。可以把它们看成高校思想政治教育目标系统外的环境因素，构成高校思想政治教育目标的外在结构。

1. 社会意识形态

我国的思想政治教育以马克思主义为指导，辩证唯物主义和历史唯物主义决定思想政治教育的根本观点、全部过程和所有工作。在高校思想政治教育的目标内容中，科学世界观和方法论的形成是基础，它决定或制约着社会主义的人生观、价值观、道德观的形成。政治思想是对经济基础、阶级利益关系最直接最集中的反映和表现。政治思想在社会意识形态中处于主导地位，并对其他形式的社会意识起着直接的、全面的、重大的制约和影响作用，同样也对思想政治教育特别是对思想政治教育目标和内容起着直接、全面、重大的制约和影响作用。在社会主义社会，共产主义思想在意识形态领域处于指导地位，它对社会主义思想政治教育目标、内容以至整个过程都发挥着直接、全面、重大的制约和影响作用。

道德观念影响思想政治教育目标的基本内容。在社会主义社会，集体主义是思想道德建设的核心，它对思想政治教育内容中的人生观、价值观，包括苦乐观、荣辱观、义利观等各方面的目标和内容，都起着核心枢纽作用。

2. 智育、体育、美育、劳育

思想政治教育与智育、体育、美育、劳育相互渗透又相互制约。首先，它们统一于培养人的活动之中，存在于教育的整体结构之中。其次，它们又是相互渗透的，智育、体育、美育、劳育之中包含思想政治教育的因素。最后，它们之间是相互制约和促进的。只有思想政治教育与体育、智育、美育、劳育配合进行，才能彼此促进，培养出符合社会需要的、在德智体美劳诸方面全面发展的社会主义新人。

3. 个性心理品质教育

个性心理品质教育和思想政治教育之间的关系很复杂。个性心理品质一方面受到一定社会政治、思想、道德、规范的制约，另一方面又是形成政治品质、思想品质的基础。政治品质、思想品质与道德品质只有与个性心理品质融合，才会根深蒂固。思想政治教育过程本身就是内化与外化相结合的过程。外部的政治思想及道德要求，只有内化为个体的知、情、意，才能外化为行为。

（二）内在结构

在当代中国，大学生思想政治教育的基本内容包括社会主义的道德教育、政治教育、思想意识教育三个部分。社会主义道德教育处于基础性层次，政治教育处于中等层次，思想意识教育则处于最高层次。低一级层次上的教育要以高于它的层次上的教育为指导，高一级层次上的教育要以低于它的层次上的教育为基础。

道德教育是以社会主义、共产主义的道德准则和规范教育大学生的。道德教育具体包括调整社会生活中人我、群我关系，以及人与自然的物我关系的道德规范的教育，调整社会公共生活、职业生活、婚恋家庭生活的道德准则和规范的教育，包括以为人民服务为核心的社会公德、国民公德、人道主义、集体主义四个层次道德的教育以及谦虚、谨慎、自尊、自爱、自强、惜时、守信、诚实、正直、勇敢、勤劳、俭朴等优秀品德的培养。

政治思想是社会政治关系和人们物质利益的反映和表现。在阶级社会里，各阶级都非常重视用本阶级的政治思想及其体现的政治规范教育人，以维护其政治经济利益。在我国，现阶段的政治教育包括党的基本理论、基本路线、基本纲领的宣传教育，社会主义、爱国主义教育等内容。

在社会主义社会，思想意识教育特指科学世界观教育，马克思主义基本立场、观点、方法教育，其核心是共产主义理想教育，具体包括科学人生观教育，辩证唯物主义世界观、方法论教育和理想教育等。

“大学生思想政治教育的三方面内容是相互联系、三位一体的”[①]，它们所追求的大学生政治素质目标、思想素质目标和道德素质目标组成了高校思想政治教育目标的有机体系，形成了高校思想政治教育目标的内在结构。

第四节　高校思想政治教育与教学的原则

一、高校思想政治教育的原则

（一）方向性原则

所谓方向性原则，就是指在思想政治教育的过程中，坚持以马克思列宁主义、毛泽东思想、邓小平理论、“三个代表”重要思想、科学发展观、习近平新时代中国特色社会主义思想为指导，按照完善人、发展人的总目标，在思想道德修养上为教育对象指明方向，使社会主义思想道德成为激励他们进行道德活动的精神力量。思想政治教育的方向性是由教育的阶级性所决定的，任何一个统治阶级都要求教育者根据本阶级的利益原则和价值取向确定自己的思想政治教育目标。

思想政治教育是一个非常复杂的教育系统，具有系统的一般特点。系统论认为，系统的一个重要特征就是它的目的性。一般来说，个体最初落在哪个目的点或目的环上，就会按照这样的点或环的要求生长，沿着它所设定的目标发展。所以，在思想政治教育过程中，谁抢先把思想政治教育对象拉入自己的道德轨道，谁就拥有对该对象教育的主动权，也就获得了开展思想政治教育工作的优势条件。当代大学生从小就以社会主义思想道德要求发展自己的思想道德观念，这为我们做好思想政治教育工作提供了良好的初始条件。

（二）以人为本原则

以人为本是科学发展观的核心，是中国共产党人坚持全心全意为人

① 沈树永.大学生思想政治教育对策研究[M].上海：上海财经大学出版社，2020：35.

民服务的根本宗旨的体现。以人为本的科学内涵包括两个方面，即“人”与“本”。

首先是“人”这个概念。“人”在哲学上，常常和两个东西相对，一个是神，一个是物，人是相对于神和物而言的。因此，提出以人为本，要么是相对于以神为本，要么是相对于以物为本。大致说来，西方早期的人本思想主要是相对于神本思想，主张用人性反对神性，用人权反对神权，强调把人的价值放到首位。中国历史上的人本思想主要是强调人贵于物。在现代社会，无论是西方还是中国，作为一种发展观，人本思想都主要是相对于物本思想而提出来的。

其次是“本”这个概念。“本”在哲学上可以有两种理解，一种是世界的“本原”，一种是事物的“根本”。以人为本的本，不是“本原”的本，是“根本”的本，它与“末”相对。以人为本，是哲学价值论概念，不是哲学本体论概念。提出以人为本，不是要回答人、神、物之间，谁产生谁，谁是第一性、谁是第二性的问题；而是要回答在这个世界上，什么最重要、什么最根本、什么最值得关注。以人为本，就是说，与神、与物相比，人更重要、更根本，不能本末倒置，不能舍本求末。

大学强调综合、广博，培养和谐发展的人才。各大学可以有不同的办学理念与目标，但其共性的内容是：促进文明与文化的传承、积累、扬弃与发展；培植社会资本与文化资本，引导社会良性健康发展；培育具有反思性、批判性的知识分子与健全的国民。我国高校对学生进行思想政治教育时，必须加强以人为本、教育优先的理念。只有这样，才能使我国高校思政教育有很大程度的进步，有一个长足的发展。

（三）理论与实际相结合原则

理论联系实际是思想政治工作的一条根本性原则，也是党的思想政治工作的传统。现阶段社会发展处于快速变革的状态，理论的飞跃和发展与社会实际的变化都呈现崭新的局面。理论联系实际必须重视以下几个方面的新情况。

一是联系经济全球化的思潮。经济全球化使思想政治教育的内容遇到了新的挑战，我们实行的主旋律教育必然受到西方的霸权主义、人权攻势、和平演变的更大的冲击，必须对此做出新的应对。

二是联系网络信息环境对人们思想的影响。网络的出现，强化了即时相互交流的功能，创造了任由人们驰骋的虚拟环境，提供了海量的信息和全球交流的便捷手段，同时也产生了负面的影响。网络的负面影响向思想政治教育提出了帮助人们提高信息鉴别能力、提高思想道德水平的任务。

三是联系社会发展出现的诸多“多样化”。当前我们的社会出现了诸多的“多样化”：经济成分和经济利益多样化，社会生活方式多样化，社会组织形式多样化，分配方式多样化，就业岗位和就业方式多样化……社会生活现象多样化是一种客观存在，这些多样化对社会成员的思想影响极大。在这种新的情况下，主流意识形态和主旋律怎样体现，就是一个新问题。我们必须正视现实，学会在多种声音中生活，在承认和面对更加复杂多样的思想观念的同时，不随波逐流，不做群众的尾巴，在工作中赢得主动。

（四）与时俱进原则

与时俱进是马克思主义的理论品质，是指紧跟时代发展而不断地向前发展，是实现思想政治工作理论和实践创新的本质要求。党中央针对新形势条件下的新情况、新问题，坚持着眼新实践、探索新方法、建立新机制，创造性地把开展思想政治工作的要求落到实处，贯穿了与时俱进的理论品质。

高校思想政治教育要坚持与时俱进的原则，体现时代性，把握规律性，富于创造性。随着市场经济的深入发展，人们的思想也随着社会条件和环境的变化而不断发展变化。广大人民群众特别是青少年思维活跃、独立性强，很容易接受新事物，但同时也容易对周围环境产生盲从和困惑。当前，网络技术的发展使得人类的交流几乎没有时间和空间上的限制，这也为不良信息的进入提供了可乘之机。这些信息容易在大学生中间滋生自由放任的现象，诱发拜金主义、享乐主义、利己主义和个人主义。我们必须加强对学生的正确引导，帮助他们辨别和分析各种社会现象，使他们能够透过现象看到本质。这就要求我们深入探索和掌握新形势下思想政治教育工作的规律和特点，努力研究新情况，探索新路子，解决新问题，在继承的基础上改进与创新思想政治教育方法。

思想政治教育理论和方法若不能与时俱进，根据社会实际情况做出适当调整，则只能丢失意识形态斗争的阵地。思想政治教育方法的创新同其他改革发展一样，无规矩不成方圆，方法的改进与创新也要遵循一定的要求，坚持一定的原则。因此，思想政治教育工作必须立足于新的客观实际，不断更新思想政治教育工作的理论和形式，科学地选择和运用正确的思想政治教育方式方法，提高思想政治教育的针对性和现实性，从而实现思想政治教育的创新与发展。

二、高校思想政治理论课教育教学的原则

（一）根本原则

"根本"即事物的本源、根基，是事物的根源或最重要的部分。思想政治理论课教育教学的根本原则就是理论联系实际。理论联系实际是马克思主义认识论的基本要求，也是中国共产党一贯坚持的思想路线和三大优良作风之一。它是对马克思主义普遍真理同中国革命和建设的具体实践相结合原则的概括表述，其基本精神是达到主观和客观、理论和实践、知和行的具体的历史的统一。

思想政治理论课教育教学坚持理论联系实际的根本原则，包括课堂教学和实践教学两个层面的含义。

一方面，课堂教学环节强调理论联系实际，拒绝空洞的说教和本本主义。真正具有思想穿透力的理论必然反映客观实际，切中教育对象的实际需要。为此，思想政治理论课教育教学要从学生的身心特点和成才诉求出发，通过专题讲授、案例分析、问题研讨等多种形式，把基本理论的灌输与社会现实和大学生的思想实际结合起来，使学生真正理解和掌握基本理论，并能够运用基本理论观察、分析和解决实际问题。

另一方面，实践教学环节强调实际要联系理论，没有理论指导的实践是盲目的实践。因此，面对新形势、新任务，思想政治理论课教育教学既要坚持用发展着的马克思主义武装大学生的头脑，又要坚持以马克思主义实践观指导和引领大学生的社会实践活动，使他们通过形式多样的实践教学活动提高思想政治素质和观察分析社会现象的能力。

坚持理论联系实际的根本原则是进一步加强和改进思想政治理论

课教育教学,增强教育教学的针对性和实效性的必然要求,这主要是由以下几个方面所决定的。

第一,坚持理论联系实际的原则是由思想政治理论课教育教学的目标任务所决定的。对大学生进行系统的马克思主义理论教育,培养他们运用马克思主义的立场、观点、方法分析和解决实际问题的能力,是高校思想政治理论课肩负的重要使命和任务,而完成这一使命和任务的过程就是理论联系实际的过程。从理论教育的角度来看,思想政治理论课教育教学只有立足于学生的思想特点,并结合恰当的现实材料讲解概念和原理,才能被学生深刻地理解和领会。从能力培养的角度来看,能力总是和人完成一定的实践活动联系在一起。离开具体的实践既不能表现人的能力,也不能发展人的能力。学生的思想政治品德及其分析、解决实际问题的能力正是在参加实践、接触社会的过程中逐渐形成的。由此可见,理论联系实际是完成思想政治理论课教育教学任务的必由之路和根本途径。

第二,坚持理论联系实际的原则是由思想政治理论课教育教学的内容特性所决定的。马克思主义及其中国化理论创新成果是思想政治理论课最主要的教育教学内容。从广义上讲,作为中国共产党和社会主义事业指导思想的马克思主义,既包括由马克思、恩格斯在19世纪工人运动实践基础上创立的马克思主义的基本理论、基本观点、基本方法,也包括经列宁等革命家的继承和发展,推进到新阶段的中国化的马克思主义。从其产生、发展的历史进程来看,本身就是理论联系实际的结果。同时,马克思主义认为,实践是理论的基础,理论对实践具有反作用,二者相辅相成、紧密结合。理论与实践的统一是马克思主义的理论核心和基本原则,也是我们党在长期的革命斗争实践中形成的光荣传统和优良作风。马克思主义及其中国化理论创新成果的这一特性,决定了以此为教育教学内容的思想政治理论课必须坚持理论联系实际的原则。只有这样,才能使学生真正理解马克思主义及其中国化理论创新成果的精髓,掌握马克思主义的立场、观点、方法。

第三,坚持理论联系实际的原则是由思想政治理论课面临的新形势、新要求所决定的。新形势下思想政治理论课教育教学应当承担重要的使命，这就要求思想政治理论课必须因事而化、因时而进、因势而新，必须遵循思想政治教育规律、教书育人规律、学生成长规律，必须坚持正确的政治方向、坚持理论联系实际，必须贴近实际、贴近生活、贴近学生。只有这样，才能不断提高思想政治理论课教育教学水平，不断提升思想政治教育的亲和力、说服力、针对性、实效性。

第四，坚持理论联系实际的原则是由大学生思想政治品德形成的过程特点所决定的。人的思想政治品德的形成是知、情、意、信、行诸要素相互作用、辩证发展的过程，这一过程是在思想政治理论教育和社会实践相结合的基础上不断演进的。思想政治理论课课堂教学是对学生进行系统的马克思主义理论教育的基本环节和重要基础，其地位和作用是毋庸置疑的。但是，学生仅有对理论知识的认知并不能自然而然地转化为正确的世界观、人生观、价值观，还需要经过情感、意志、信念的催化，并在实践活动中履行一定的思想道德义务，才能完成从认知到行为的内化过程。实践对于促进大学生了解社会、了解国情，增长才干、奉献社会，锻炼毅力、培养品格，增强社会责任感具有不可替代的作用。因此，要促进大学生思想政治品德的形成与发展，把思想政治理论课的教学要求内化为学生的思想品质和价值观念，使学生真正实现是非判断、价值判断和价值选择的统一，客观上要求思想政治理论课教育教学必须坚持理论联系实际的根本原则。

（二）具体原则

思想政治理论课教育教学的具体原则是理论联系实际这一根本原则的体现和运用。它是由多层次原则相互联系、相互作用而有机构成的一个系统。除适用于一般课程的教学原则外，思想政治理论课教育教学尤其强调方向性、思想性、启发性、层次性等具体原则。

1. 方向性原则

所谓方向性原则，是指思想政治理论课要坚持用发展着的马克思主义武装大学生，始终保持教育教学的正确方向。这一原则反映了高校思想政治理论课的根本性质和目的，体现了社会主义大学的本质特征。中华人民共和国成立以来，党和国家十分重视高校思想政治理论课教育教学的正确方向问题。

坚持教育教学的正确方向,既是思想政治理论课的价值所在,也是实现其价值的首要途径。在国际、国内形势发生深刻变化的新形势下,思想政治理论课坚持方向性原则显得尤为重要。

首先,贯彻方向性原则要突出理论指导。这个理论指导就是马克思列宁主义、毛泽东思想、邓小平理论、“三个代表”重要思想、科学发展观、习近平新时代中国特色社会主义思想。唯有如此,才能使思想政治理论课教育教学真正做到科学性与政治性的统一、知识性与思想性的统一,以及理论与实践的统一;才能坚持以人为本,贴近实际、贴近生活、贴近学生,努力提升教育教学的针对性和实效性。

其次,贯彻方向性原则要增强使命意识。思想政治理论课教师是马克思主义理论和党的路线、方针、政策的宣讲者,社会主义意识形态和精神文明的传播者。认真履行这一任务和使命,就是坚持了方向性的原则。

最后,贯彻方向性原则要讲究科学方法。要摈弃生硬与教条,解放思想、实事求是,把坚定的原则性与方法的灵活性、多样性结合起来,通过精心设计和组织教学活动,探寻方向性原则与教育教学目标之间的契合点,进一步增强教育教学的亲和力和吸引力,使方向性原则贯穿于思想政治理论课教育教学的全过程。

2. 思想性原则

所谓思想性原则,是指思想政治理论课教育教学不仅使学生掌握一定的知识、理论,而且通过相关知识、理论的传授对学生进行崇高理想信念和科学世界观、人生观、价值观教育,提高学生的思想道德修养和政治觉悟。知识性与思想性的统一,是所有课程教学对教育性规律的反映。道德教育之所以离不开教学,其原因就在于道德的培养离不开知识。这说明,在教学过程中,任何知识、理论的传授总是同一定的教育目的和思想观点密切联系的。而思想政治理论课教育教学不仅具有丰富的知识性、理论性,更具有鲜明的思想性和意识形态色彩。这种特殊性决定了它的教育教学不仅要解决学生“知”的问题,而且还要着重解决学生“信”的问题。因此,思想性原则反映了思想政治理论课教育教学由知识体系转化为信仰体系的客观要求,体现了求真与求善、教学与教育、教书与育人的有机统一。

思想政治理论课教育教学贯彻思想性原则，对教师有以下要求。

一是明确教育教学目的，认真钻研教材内容。贯彻思想性原则是实现思想政治理论课教育教学目的的重要步骤。思想政治理论课教师作为直接实施教育教学活动的主导力量，应充分认识这一原则的内涵及意义，其核心在于通过相关知识、理论的传授对学生进行思想政治教育，提高他们的思想觉悟和认识水平，而不是单纯地教授知识、理论。为此，教师要深入领会教材内容，准确而严密地掌握知识、理论的科学性和思想性，做到方向明确、目标清晰，并在教育教学过程中抓住重点、难点，以知识、理论的科学性突出教育教学的思想性，努力引导学生形成正确的科学观点。同时，教师要以教育教学的思想性引领学生对相关知识、理论的学习和把握，提高他们对是非、善恶、美丑的分辨能力，实现知识体系向信仰体系的转化。

二是严格遵守职业道德，注重发挥人格魅力。思想政治理论课教师作为高校教师队伍的一支重要力量，是党的理论、路线、方针、政策的宣讲者，是大学生健康成长的指导者和引路人。这一角色定位要求教师在贯彻思想性原则时，一方面要坚持正确的政治方向，践行社会主义核心价值体系，遵守国家法律法规和教师职业道德，坚持学术研究无禁区、课堂讲授有纪律，帮助和引领学生形成正确的世界观、人生观和价值观。另一方面，要不断提升理论水平和人格修养，不仅注重以自己深厚的理论功底和深邃的学术魅力去吸引学生，更要注重通过自己的言行，以坚定的马克思主义信仰、社会主义信念，崇高的敬业精神和强烈的社会责任感，以及坦荡的胸怀、正直的为人、端庄的仪表去感染、熏陶学生，让学生从对教师的敬佩和信赖中自觉接受和认同相关知识、理论，并使他们通过教师的品行思考如何立志、树德和做人。

三是紧密联系学生实际，讲究教学方法艺术。贯彻思想性原则的根本目的，是以知识、理论为载体对学生进行生动的、有针对性的思想政治教育，引导学生把知识、理论转化为正确的思想观念和科学的人生信仰。为此，教师要正确处理知识性与思想性之间的关系，既不能单纯地进行知识、理论的传授而不回答和解决学生的思想困惑，又不能脱离知识、理论去片面强调思想教育而陷入空洞的说教。与此同时，要注重理论联系实际，根据学生的年龄和特点，通过多种多样的教学形式和方法，将思想政治理论课教育教学的知识性与思想性有机结合起来，充分发挥学生学习的主体作用，激发学生学习的积极性和主动性，最终使学生在知识、理论的学习和掌握上有提高，在思想、观念的转变和确立上有变化。

3. *启发性原则*

所谓启发性原则，是指在思想政治理论课教育教学中，教师要注重营造宽松、民主、和谐的教学氛围，激发和调动学生的主体意识和学习热情，启发和引导学生积极参与和独立思考，促进学生对知识、理论的理解和掌握，提高他们分析和解决实际问题的能力。这一原则是教学与发展相互影响和相互促进规律的反映，教学不仅要给学生传授知识和技能，还要促进学生的思维、意志、情感及创造力的发展。

思想政治理论课教育教学贯彻启发性原则，对教师有以下要求。

一是发扬教学民主，确立学生的主体地位。大学生既是思想政治理论课的教育教学对象，又是学习思想政治理论课的主体。思想政治理论课教育教学只有经过学生的思考、认同及内化才能发生作用，只有调动学生的学习积极性使其主动参与并接受教育影响，才能产生良好的效果。这一特点要求思想政治理论课教育教学必须树立正确的学生观，注重营造民主的环境和氛围，激发学生的主体意识，尊重学生的主体地位。只有建立民主、平等的师生关系，承认学生是教学活动的主体，让学生成为学习活动的主人，学生才可能真正做到自由地、充分地提问和独立地思考，教师的启发才可能是有针对性的和有效的。

二是创设问题情境，启发学生积极思考。贯彻启发性原则必须做到有的放矢，否则，教育教学活动就没有针对性。而所谓的“的”，就是要根据教育教学内容，结合学生关注的社会问题或其自身的思想困惑，创设一定的问题情境，教师以“催化剂”和“助产士”而非真理代言人和学术权威的角色，引导学生在此情境中积极思考和深入探究，使教育教学活动紧紧围绕提出问题、分析问题、解决问题而组织起来，并以此激发学生的学习兴趣，达到师生之间、学生之间的启发与互动。需要强调的是，问题情境的创设要具有新颖性、双向性和灵活性，并与思想政治理论课的教育教学内容及学生的身心特点和思想实际相适应。

三是运用多种方法，适当深化教学内容。贯彻启发性原则要摈弃机械和教条，而要以图文并茂、视听结合的问题形式来吸引学生的注意、唤醒学生的思维，以专题讲授、问题讨论、师生对话、案例分析、思维助产等多种方法激发学生的主体意识、引导学生的思考探究，从而变单向灌输为双向互动、变注入式教学为启发式教学。同时，教育教学内容的选择和讲授要有适当的广度和深度，重点、难点要鲜明、突出，分析问题要深入浅出、循循善诱、有理有据，特别是教师独到的视角和见解，往往给学生留下深刻的思考和启迪。

4. *层次性原则*

所谓层次性原则，是指思想政治理论课教育教学要从大学生的年龄特征和身心特点出发，针对大学生不同的学科专业、成长需求和思想状况等因材施教，有目标、有计划、分层次地进行教育教学活动，以进一步增强教育教学的针对性和实效性。这一原则的实质就是承认大学生的个体差异，在把握大学生整体思想状况的前提下，有的放矢地施加教育影响，从而实现教育教学的预期目标。因此，层次性原则是马克思主义“实事求是”思想路线在高校思想政治理论课教育教学中的具体运用，是理论联系实际的根本原则的重要体现。

思想政治理论课教育教学贯彻层次性原则，有着内在的依据和重要的现实意义。

首先，层次性原则是由教育教学对象的层次性特征所决定的。现实社会生活中的个人，其思想发展状况是不平衡的。对于大学生来说，由于个人家庭环境、生活阅历、学习条件的不同，以及受社会因素的影响和各自的主观努力不同，每个人的思想认识、思维方式及能力素质的差异是客观存在的。同时，随着我国对外开放不断扩大、社会主义市场经济深入发展，以及社会经济成分、组织形式、就业方式、利益关系和分配方式日益多样化，大学生思想活动的独立性、选择性、多变性和差异性也日益增强，其思想状况、成才目标呈现出多元化、多层次的特点。这就必然要求高校思想政治理论课教育教学具有层次性、针对性。

其次，层次性原则是进一步增强思想政治理论课教育教学效果的迫切需要。长期以来，高校思想政治理论课存在着脱离实际、简单粗放、忽视学生个体差异的现象，习惯于用单一的目标、同一的内容、统一的方式对不同专业、不同特点的学生进行“一刀切”“一锅煮”，这不仅使得教育教学效果大打折扣，而且使一些学生产生逆反心理和抵触情绪，极大地影响着学生的学习兴趣和积极性。而要克服上述弊端，就必须正视学生的实际情况，区分层次进行教育教学。这是思想政治理论课教育教学的一个现实立足点。此外，层次性原则也是思想政治理论课教育教学规律的客观要求。

思想政治理论课教育教学贯彻层次性原则，对教师有以下要求。

第一，深入调查研究，准确把握学生的思想特点。这是贯彻层次性原则的基本前提。

第二，整体统筹规划，合理确定教育教学的目标。在进行调查研究、了解学生特点的基础上，教师要区分层次，根据思想政治理论课教育教学的总体要求，针对不同学生群体的实际情况确立适宜的教育教学目标。

第三，根据不同对象，恰当选择教学内容和方法。大学生作为一个整体，他们有着相当的智力水平、相近的心理发展特征，以及相似的校园教育环境和社会化任务等诸多共同的方面。然而，不同学科或同一学科的不同专业又有着不尽相同的培养目标和要求，他们的思维方式、成才目标以及所面临的困惑、问题等各有自己的特点，这又形成了大学生群体的不同个性。这就要求教师在教育教学内容和方法的选择上既要遵循共同性、统一性的要求，又要根据不同学生群体的个性和特点而有所调整。

此外，高校思想政治理论课教育教学的具体原则还有主体性原则、针对性原则、时代性原则、知行统一原则等。

第二章

现代高校思想政治教育管理体系

第一节 高校思想政治教育的领导

从结构学和词法学的角度看,“领导”是一个合成词。“领”是带领、率领的意思,“导”是方向、目标的意思。“领”和“导”是两个各具内涵和意义的独立词,两者既有区别又有联系,辩证统一。《现代汉语词典》对“领导”一词的定义是率领并引导,这个定义至少包含两层含义。第一个层面是对人的规定性,也就是说这个定义涵盖了两类“主体人”,一类是起带头、率领作用的人,一类是被率领或者从属地位的人,这类人在地位上虽然不占主导地位,但是发挥主要功能。第二个层面是对事的规定性,也就是一部分人引导、率领另一部分人为了某个事物的完成或者某个目标、预期和愿景的实现而开展相关工作。

现代意义上的领导是指在一定条件下指引和影响个人或组织,实现某种目标的行动过程。在马克思主义看来,领导在本质上是一种客观存在的关系。恩格斯认为“我们党有个很大的优点,就是有一个新的科学的世界观作为理论的基础”[①]。这个理论基础是辩证唯物主义和历史唯物主义,中国共产党人继承和发展了马克思主义领导理论,认为“什么叫领导?领导就是服务”[②]。

西方对于领导理论的规范化、规模化研究始于20世纪初期,在一百多年的研究历程中取得了丰硕的成果。20世纪80年代以前形成了领导特质、行为和权变三种主要的传统理论范式,20世纪80年代以后又形成了领导魅力理论、归因理论和愿景领导等主要理论学派。进入21世纪以来,西方领导理论研究的主要方向表现为更加注重领导的能力、素质等与现实环境、情况和问题的融合,更加注重对被领导者、团体或者组织成员的关注,更加注重多元性、立体性和综合性领导方法的研究,更加注重学派间和学科间的融合研究。中国的领导思想源远流长,古代关于领导的研究不仅形成了丰富的领导思想,如孔子的“民以君为心,君以

---

① 马克思,恩格斯.马克思恩格斯选集:第2卷[M].北京:人民出版社,2012:10.

② 邓小平.邓小平文选:第3卷[M].北京:人民出版社,1993:121.

民为本”(《礼记·缁衣》)、孟子的“民为贵,社稷次之,君为轻”(《孟子·尽心下》)和荀子的“水则载舟,水则覆舟”(《荀子·王制》)等,而且还关注领导方法等。

近代以来,学界不仅关注西方领导科学的发展而且更加关注理论和实际相结合,在马克思主义领导思想和理论的基础上更加注重与中国特色社会主义制度相结合的问题,因为“一切划时代的体系的真正的内容都是由于产生这些体系的那个时期的需要而形成起来的”①。近年来,人们更加注重情感认同、人本关注和组织行为视角的研究。

管理学视域的思想政治教育存在管理的问题。这种管理不仅关注管理的有效性、实效性、科学性与合理性,而且还关注管理的体系化问题。按照这样的逻辑思维,领导或者思想政治教育领导在这个管理的过程中或者管理体制中应该占有重要的位置,因为思想政治教育领导在管理活动或者管理体系中具有统领地位、支配地位和主体地位。这在一定层面上规定了思想政治教育领导的效果导向和结构形变。在管理体系的话语背景下研究思想政治教育领导,不仅要关注其共性的理论特质,还要结合学科实际和工作实际关注领导在特定话语范畴内的内涵界定、要素组成运作程式和基本问题。只有这样才能保证思想政治教育领导的针对性、有效性和指向性,这也是研究的根本价值旨归和诉求表达。需要特别注意的是,思想政治教育领导既有领导理论的共性遵从,也有学科性、边界性和特质性的坚守,这是讨论和研究思想政治教育领导的条件性设定和学理性遵从。

一、高校思想政治教育领导的内涵

高校思想政治教育领导是工作实践的必然诉求,其产生和发展有既定的特质性和规律性。理解思想政治教育领导的内涵应该运用具体的、历史的和辩证的思维方法,不能犯机械主义和形而上学的错误。思想政治教育领导在实践中产生,因而要回到实践的论域去考察其内涵。从本体之内的视角观察,思想政治教育在本质上是一项实践活动,同时也是

① 马克思,恩格斯.马克思恩格斯全集:第3卷[M].北京:人民出版社,1960:544.

处理各种社会关系的过程，在处理这些社会关系的过程中，在方针问题、认识问题解决之后，还要解决体制问题。也就是说，在处理各种社会关系的过程中需要一个组织或者领导组织来统筹协调各种矛盾和问题，这在本体角度提出了思想政治教育领导存在的必要性。从客体方面来说，新时代的高校大学生不仅在思想、观念和思维等方面发生了深刻的变化，而且学生的群体性和时代性等特征较之过去也发生了深刻的变化，更为重要的是学生的价值观念系统也发生了非逆转性的变化。这就对思想政治教育的领导提出了更为迫切的要求。从主体的角度分析，高校思想政治教育的领导机构是学校的党委，学校党委要加强对学生思想政治工作的领导，把它列入党委的重要议事日程，校系两级都要有一名副书记主管学生的思想政治工作。校党委可以根据具体情况，设立学生思想政治工作的机构，如学生工作部或青年工作部，要把行政、共青团、学生会、工会、教师等各方面的力量统一组织起来，共同做好工作。可以说，多年以来，高校思想政治教育在学校党委的领导下取得了值得肯定的、突出的和显著的成绩，但在现实层面上仍多少存在领导混乱、管理无序、效果弱化的问题，这对新时代的高校思想政治教育领导提出了更高的要求。

总而言之，理解思想政治教育领导不能将其置于单体的、一维的环境中去认识和考察，而应在立体的、多元的话语场中去研究和讨论。高校思想政治教育领导在本质上有三层内涵。

（一）高校思想政治教育领导是一种领导者

在高校思想政治教育话语体系中，领导有两方面的基本界定。一方面是作为个体而存在的人，也就是说作为特指的个人。这里的“人”之所以能够成为领导，是因为思想政治教育关系的界定或者由于公权等要素所赋予的职责和职权等。概言之，无论是关系的界定，还是公权赋予而形成的思想政治教育领导，都必须在思想政治教育关系网络或者关系体中才能够得以确立。另一方面是作为集体而存在的组织。在高校思想政治教育的现实中，领导任务仅凭个人的职权或者能力是无法完成的，或者说领导目标任务的完成不是靠单一个体就能完成的，这就为领导组织或者集体的产生奠定了充分的现实基础和合理性基础。

从狭义上来看,高校思想政治教育的领导组织或者集体一般是高校的党委,因为党委在高等学校的教育教学和事业发展过程中发挥着定向作用。这种定向作用主要表现在两方面,一方面是保证高校的教育教学和事业发展的方向,另一方面确保党的教育方针、政策得以顺利落实和实施。无论是过去还是现在,高校党委的定向作用一直存在,从未消失,也正是这种定向作用从根本上保障了中国特色社会主义事业建设人才的培养。这种理论和实践充分印证了我们的高校是党领导下的高校,是中国特色社会主义高校。高校的思想政治教育作为学校教育教学的重要任务或者事业的重要组成部分,以党委为领导具有应然性和必然性,学校党委对思想政治工作负有领导责任。高校要加强党的思想建设和组织建设,会同行政部门统一协调工会、共青团、学生会等各方面的力量,做好学生和教职工的思想政治工作,保证和监督党的路线、方针、政策的贯彻执行。

从广义上来看,高校思想政治教育领导组织的范围不仅限于学校的党委、院系党组织以及班级的党小组等基层党组织,它们除了执行各项决策、计划和任务以外,还具备一定的领导功能并履行领导职能。因而,从这个意义上看,除了学校党委以外的各级、各类党组织也属于思想政治教育领导组织。需要强调的是,这个领导组织体系的空间结构既有横向上的排列又有纵向上的组合,也正是这种平行和垂向关系才形成了思想政治教育的领导体系。

(二)高校思想政治教育领导是一种实践

作为一种实践的高校思想政治教育领导是指思想政治教育领导的实践或者实践工作。从理论的角度阐释,就是组织者通过指引或者影响被领导者而实现某种目的的过程和行动。作为一种实践的高校思想政治教育领导的理论界定有三个方面的表达指向:一是领导者工作的指向是思想政治教育工作或者思想政治教育目标的实现;二是被领导者要在领导者的率领或者引导下为了思想政治教育目标的实现而履行相关的工作职责;三是这个实践或者过程要根据思想政治教育工作的实际或者思想政治教育预期目的而界定本体的作用域和能值域。

在现实工作中,思想政治教育领导实践的内容包括:形势的分析和研判、目标的研究和设定、方案的制订和执行、机制的建立和调试、任务的确定和部署、组织的建立和管理、人员的管理和考核、体系的建构和完善、结果的跟踪与控制等。需要强调的是,思想政治教育的领导实践定位于思想政治教育工作,而又高于思想政治教育工作。

思想政治教育领导实践在思想政治教育或者思想政治教育管理中占有重要的地位,这个实践工作的成效直接关系到思想政治教育整体目标的实现,同时对思想政治教育各个要素、环节和流程产生重要的影响作用。从这个意义上看,思想政治教育领导或者领导实践是整个思想政治教育或者思想政治教育管理的中枢模块。因而,要用科学的思维和方法认识、对待思想政治教育领导实践,不能犯经验主义、教条主义、机械主义和形而上学的错误。

(三)高校思想政治教育领导是一种关系

马克思主义认为:“人的本质不是单个人所固有的抽象物,在其现实性上,它是一切社会关系的总和。”[①]这个论断科学地回答了“人是什么”的重要理论问题。思想政治教育的直接面向是现实的、具体的人,而且是时时刻刻与社会、环境和不同主体建立各种关系的人。这种关系具有复杂性、多样性和立体性的特点,这不仅对思想政治教育领导工作提出了更高的要求,而且对思想政治教育领导者的素质和能力等提出了更高的要求。

思想政治教育的关系主体及其要素比较复杂:从学校层面看,包括学校的软硬件建设、文化氛围和校风学风等;从学生层面看,包括学生的思想、政治和道德状况,世界观和价值观状况等;从环境层面看,包括经济、政治、文化、社会、生态等发展水平和总体状况;从家庭层面看,包括家风、家教和家庭成员的情况等。这种关系主体和要素的多样性决定了思想政治教育关系的复杂性。

产生于实践的思想政治教育关系的类型同样具有多样性和复杂性的特点,具体来看包括领导与被领导的关系、主体和主体的关系、主体和客体的关系、整体和部分的关系、体制和机制的关系、规章和制度的关

① 马克思,恩格斯.马克思恩格斯选集:第1卷[M].北京:人民出版社,2012:135.

系、激励和惩戒的关系、管理和控制的关系等。这些关系的主体结构的复杂性和多样性特点不仅决定了关系的多样性和立体性，而且形成了关系的网状结构。思想政治教育领导关系在本质上是主体与主体之间的联系、沟通和互动。因而，处理思想政治教育领导关系最为重要的是对主体利益的关照和平衡、矛盾风险的管控和化解。主体利益诉求的多样性决定了处理思想政治教育领导关系的技术性和艺术性，也就是要求思想政治教育的领导者在处理各种关系的过程中不能用暴力性的、单向度的和家长式的方式，而应该运用现代领导理念研究领导活动的规律性，建立平等畅通、协商对话型的领导关系。

二、高校思想政治教育领导的机构

思想政治教育领导机构是思想政治教育管理和思想政治教育工作的核心，在整个体系中发挥组织、协调、统筹、沟通和管理等作用。这种作用的发挥状况直接对思想政治教育或者思想政治教育管理目标的最终实现产生促进作用或者制约作用。从这样的层面考量，思想政治教育领导机构的组成、建立和运行受到来自本体和客体的多种要素的影响，需要在实践中科学地把握构建机制、空间结构和整体布局，运用最优化的原则和方法实现效能的最大化和最优化。

在高校论域中，思想政治教育领导机构的组成有横向层面和纵向层面的型构表达：在横向层面，主要表现为同级部门的平行关系和结构布局，如党委学生工作部（处）和院系之间；在纵向层面，主要体现为上下级部门之间的隶属关系，如党委、党委学生工作部（处）、院系学生工作办公室之间的关系等。需要特别强调的是，高校思想政治教育领导机构不是单体化的构成，其他主责部门和工作实施部门在履行职能以外也承担一定的领导功能。从整体上看，除了校党委履行主要领导职能以外，其他相关组织或者机构履行领导职能的比重在整体中占有很小的比例。总体来看，高校思想政治教育的领导机构主要包括以下几个部分。

（一）党委

党的思想政治工作是经济工作和其他一切工作的生命线，是团结全党全国各族人民实现党和国家各项任务的中心环节，是我们党和社会主义国家的重要政治优势。在新时代，思想政治工作在党的全部工作中的地位不能变，各级党组织坚持不懈地抓思想工作的任务不能变，不断提高思想政治工作的质量和水平的要求不能变。

思想政治工作是党的一项重要的工作，在包括经济工作在内的其他一切工作中占有重要的地位，这种地位不会受到其他因素的影响而弱化。思想政治工作是我们党的政治优势。这也就是说，在革命战争年代，我们通过思想政治工作最大限度地凝聚了人心、鼓舞了斗志，最终取得了革命的胜利；在改革开放的过程中，我们通过思想政治工作消除了人们的思想困惑，解放了思想、统一了共识，为改革开放的顺利推进发挥了重要的作用；在新时代，我们通过思想政治工作凝聚各族人民，为实现中华民族伟大复兴的中国梦和建设社会现代化强国不懈奋斗。在不同的发展阶段，思想政治工作发挥了重要的作用，思想政治工作的地位、要求和质量会根据时代的发展和形势的变化而变化，但不会降低标准。

党委是高校的重要领导部门，要坚决贯彻落实党的方针、政策和工作要求。从这个意义上看，高校党委对思想政治教育的领导具有应然性和必然性。高校党委在思想政治教育中的领导地位和作用是由其本身属性所确定的，同时也是一定时期内党和国家对思想政治教育的任务和要求所决定的。也就说，高校党委作为思想政治教育的领导机构既有固有的合理性、既定的诉求性，又有实践的规定性。

高校党委的思想政治教育领导的职能主要包括：贯彻落实党的教育方针政策和意识形态建设的重要要求，分析和研判思想政治教育形势，评估本校学生的思想政治教育状况和思想政治教育工作，制定思想政治教育目标、任务和计划，组建思想政治教育各级组织部门和机构，构建思想政治教育工作体制和机制，制定思想政治教育指导意见和实施意见，指导各相关部门的思想政治教育工作，听取职能部门思想政治教育汇报并提出意见等。

高校党委是高等学校思想政治教育的核心领导机构，对本校思想政治教育工作的质量、成效等有关键的或者重要的影响。高校党委地位和功能的重要性决定了党委成员需要具备过硬的政治素养和素质、工作水平和能力、领导艺术和方法，特别是党委的主要负责人要具备相当的专业水准、决策水平、领导能力和统筹能力。党委班子按照分工统筹、协调补位和各司其职的要求开展思想政治教育领导工作。

（二）党委学生工作部（处）

高等学校的学生工作部（处）是党委领导下的学生工作部门和机构，负责全校学生的思想政治教育、管理和服务工作，是连接学校和学生的重要工作机构。党委学生工作部（处）是思想政治教育的重要领导机构和工作部门，既有领导、统筹和协调功能，又有组织、推进和落实功能。

党委学生工作部（处）的思想政治教育领导职能主要是：贯彻落实校党委制定的思想政治教育目标、任务和计划，制定思想政治教育实施方案，制定相关工作办法、工作规范和工作制度，协调各院系推进和开展思想政治教育工作，跟踪全校思想政治教育任务和计划的实施情况，向校党委报告工作，监督各院系思想政治教育工作，制定思想政治教育工作指标体系、考评方案、实施细则和方法体系，组织全校思想政治教育工作的评估和考核，对全校思想政治教育工作过程实施跟踪和质量监控等。

党委学生工作部（处）是高等学校思想政治教育工作的中坚力量，因而对成员的政治敏锐性、组织能力、协调能力和工作能力都有相当高的要求，特别要求具备工作的全局性、系统性、前瞻性能力和水平。党委学生工作部（处）的职能和性质又决定了其工作要有科学性、合理性、公正性和公平性，这些要求对全校的思想政治教育工作产生至关重要的影响。党委学生工作部（处）是介于党委和院系、班级之间的中间机构，既是“桥头堡垒”，又是“运转中枢”，这种地位决定了其不仅要向上对党委负责，而且要向下对层级组织负责。从这样的层面看，党委学生工作部（处）在思想政治教育管理体系中占有重要的地位、发挥重要的作用，是高校思想政治教育管理的重要部门或者组织机构。

（三）学生工作科

学生工作科是各院系的重要组成机构和工作部门。这支工作队伍的人员组成较为多元，主要包括主管或者从事学生工作的行政人员、团总支组成人员、辅导员和班主任等，因而是学校学生工作的骨干力量。按科室建制和功能定位，学生工作科的主要职责是：学生的思想政治教育、党员和团员的发展与管理、学生学习的跟踪和管理、就业指导和职业生涯规划、心理咨询与辅导、资助工作等。学生工作科的工作种类繁杂、任务繁重，是学生管理和服务的重要部门。

学生工作科的思想政治教育领导职能主要是：贯彻落实学校党委和党委学生工作部（处）制定的思想政治教育目标、任务和计划，执行学校学生思想政治教育实施方案和细则，分析和研究本院系学生思想政治教育的形势（如学生的思想状况、政治动向和道德水平），组织和开展思想政治教育工作，开展思想政治教育理论和实践研究，向上报告思想政治教育工作进度和质量，创新思想政治教育工作方式和方法，搭建思想政治教育平台和载体，根据思想政治教育工作的实际向上提出工作意见和建议等。

学生工作科直接面向学生，它是开展思想政治教育最前沿、最直接的组织或者机构，因而对工作人员有专业的规定和要求。根据大学生思想政治教育工作的实际情况来看，学生工作科特别注重对马克思主义理论，尤其是思想政治教育学科专业背景的要求。除了专业方面的要求以外，它还对工作人员的沟通技巧、职业道德和工作能力有一定的要求。这种工作能力和水平要伴随学生群体特征的变化而变化，伴随学生综合素质的提升而提升。

（四）班委会

班委会是由学生民主推选而形成的基层组织，主要由负责班级事务和团支部事务的学生干部组成，是分布于学生中间的管理机构。班委会是学生和学校之间沟通的桥梁和纽带，是学生工作中不可或缺的一级学生组织。班委会的工作主要是传达学校、院系的工作、任务、要求和规定，了解本班学生的学习情况、思想政治情况等，组织学生实现自我管理、自我服务，开展服务和管理工作等。

班委会的思想政治教育领导职能主要是：在辅导员或者班主任的指导下了解本班学生的思想政治教育状况，执行院系的思想政治教育工作计划和安排，自主性地开展有关的思想政治教育工作，对学校和院系的大学生思想政治教育工作提出合理化的意见或建议，负责学校和家长之间的沟通和联系，对特定学生开展帮扶和交流，按照有关工作要求向辅导员或者班主任报告本班思想政治教育工作的开展情况，负责思想政治教育调查的实施工作等。

班委会的本体在本质上是学生，他们受到经验和经历等方面的限制，不能完全像专门从事思想政治教育工作的教师等人员一样出色地完成有关工作，因而学校在工作实践中要加强指导和管理的力度，既要注重锻炼学生干部的能力，又要注重适时地跟踪和帮助。班委会来源于学生又服务于学生，因而对本班学生有最直接、最详细的了解，我们在现实的思想政治教育工作中要注重发挥这只支队伍的作用。

三、高校思想政治教育领导的运行模式和基本方法

（一）运行模式

思想政治教育领导的运行以机构或者组织的建立为基础，是思想政治教育领导付诸实践的核心环节。从内涵方面看，思想政治教育领导的运行就是在一定的规则或者制度的约束下开展思想政治教育领导工作，既包括领导组织系统的运行，也包括领导工作的开展。从本质方面看，思想政治教育领导的运行是协调各要素之间的关系，并保障相互协作的过程。从结构方面看，思想政治教育领导的运行是一个包含判断、决策、实施的系统，各要素之间既相互区别又相互联系，在运行系统中发挥重要的功能和作用。在客观上，各要素、环节之间既相互独立又相互统一，因而在思想政治教育领导运行的实践中需要正确处理各要素、各环节和各部分之间的关系，保证系统整体功能的实现。从影响要素方面，思想政治教育领导的运行不仅受到主体因素的影响，而且受到客体因素的影响，因而具有一定的不确定性。这就要求在运行实践中全局性地分析问题，在充分利用积极因素的同时竭力消除负面因素的消极影响，实现运行效率和能值的最大化。从结果方面看，思想政治教育领导的运行最终指向领导功能的实现和领导工作的顺利开展，这个方向是确定性的、主导性的。结果的实现不仅依靠体制机制的运行、规章制度的规约，而且需要健全有力的保障系统和支持系统，这就要求在思想政治教育领导的运行过程中实施过程管理和目标控制。

高校思想政治教育领导的运行不是空洞化和经院式的存在，不仅有

理论基础，而且有方法遵循。认真研究并科学设定运行模式和基本方法是高质量完成高校思想政治教育领导工作的重要前提和基础，也是保证其正常运行的条件和要素。需要特别指出的是，高校思想政治教育领导的运行不仅具有一般领导运行的共性，而且因为个体要素、内容、特点、规律等的区别性而具有个性，需要置于特定的话语空间来理解和讨论。

（二）基本方法

领导方式是一种具有权威性、结果性的组织行为方式和社会行为方式，是领导主体以其特定的作风、习惯、性格、态度、倾向、思想和教育素质在特定的领导环境制约下形成的、对领导客体做出反应并施加影响的基本行为定式。从本质上看，领导方法就是领导者根据任务在职责权限范围内通过一定的方法影响被领导者，引导被领导者实现既定目标的过程行为。思想政治教育领导方法就是各级思想政治教育的领导者，根据一定阶段或者时期的思想政治教育目标、任务和计划，在既定的领导权限之内通过自己的领导方法、艺术、思维、习惯、经验影响下级组织或者个人，引导各级部门和工作人员实现预设效果和目标愿景的过程性行为。在高校思想政治教育特定话语体系中，领导方法主要包括以下几种类型。

1. 强制型领导方法

强制型领导方法主要是指领导通过下达指示或者发布命令等方式，引导或者要求被领导者完成特定工作任务的方法。这种领导方法的基础是领导者的权威或者权力的层级设定，在思想政治教育领导实践中一般用于纲领性、关键性和权威性任务的完成。强制型领导方法具有较强的单边性和主导性，有特定的话语背景和使用边界。这种领导方式的优点是有利于提高下级部门或者工作人员的思想认识和执行力，有利于凝聚共识、统一行动；缺点是不利于搜集各方面有关工作的意见和建议，不利于营造民主的工作氛围。

2. 激励型领导方法

激励型领导方法是领导者运用物质或者精神奖励等方式对下级部门或者人员进行激励，激发下级部门或者人员的工作积极性、主动性和创造性，进而实现任务目标的过程性方法。激励型领导方法是一种柔性的领导方式,在思想政治教育管理实践中一般适用于常规性和长期性工作任务。这种领导方法的优点是有利于营造民主和谐的工作氛围,有利于激发下级的工作热情和激情,有利于工作目标的达成和实现。

3. 示范型领导方法

示范型领导方法主要是指,领导者通过展示自己的工作方式、方法以及领导艺术和技巧,以言传、身教、榜样等方式影响被领导者,以让被领导者揣摩和学习为主要目的的过程性方法。这种领导方式更加注重被领导者学习领导者的习惯、思维、做法和经验,是一个潜移默化的学习过程。示范型领导方式对领导者的综合能力和水平有很高的要求。

4. 民主型领导方法

民主型领导方式主要是指,领导者针对特定的工作与下级部门或者工作人员开展对话、协商和讨论,经过广泛研究和讨论而形成有关结论或者决定的过程性方法。这种领导方法有利于集中各方面的建议,针对特定目标或者任务开展方法性、策略性研究,有利于形成具有可行性或者可操作性的决定和决策。需要特别强调的是,民主不等于自由放任,也不等于推卸责任,而是以集中为基本遵循的民主。

5. 服务型领导方式

服务型领导方式主要是指,领导者通过解决工作任务推进过程中的困难和矛盾,以提供策略、支持和服务为主要内容,促进工作任务的完成或者目标的达成的过程性方法。这种领导方法侧重对工作人员和工作任务的双重关注,既提高了工作人员的幸福感、获得感、责任感和使命感,又提高了工作的效率,对于目标任务的完成具有重要的作用和意义。服务型领导方式要求领导者具备较强的分析判断能力、研究决策能力、资源集中能力和沟通协调能力,这对领导者提出了较高的要求。这种领导方式具有一定的挑战性,但同时也具有较高的说服性、可感性和效率。从理论上看,这种领导方式实现了对人和事双重维度的关注,因而是值得肯定和提倡的领导方法。

四、高校思想政治教育领导机构设立的原则

思想政治教育领导机构是领导工作开展的重要载体,在工作过程中

发挥重要的作用。在高校思想政治教育话语背景下，领导机构既有一般意义上机构的普遍属性，又有专门化机构具有的特质。从本质上看，高校思想政治教育领导机构因性质、内容等方面的特殊规定具有定向化、针对性的特点。高校思想政治教育领导机构的建立有特定的路径遵循，具体而言主要包括以下几个方面。

（一）人员配备专业化

人员配备专业化是构建思想政治教育领导机构的基本要求。思想政治教育是一项专业性的社会实践活动，有基本的理论遵循、方法遵照和逻辑遵从。虽然思想政治教育有广泛的外延，但遵循专业化的要求是构建其领导机构的核心诉求。人员配备的专业化不仅是对高校思想政治教育管理工作专门化或者专门从事思想政治教育管理工作的约定，而且是人员专业化的规定。人员配备专业化最理想的状况是各级领导机构的主要负责人甚至工作人员具备思想政治教育或者马克思主义理论学科背景，特别是思想政治教育管理一线的人员对专业化的要求更加迫切。人员配备的专业化不仅可以提高管理队伍的工作能力和水平，而且还可以促进思想政治教育效果的体现和凸显。因此，领导人员和工作人员的专业化在高校思想政治教育管理工作中占有十分重要的地位。

（二）系统运行一体化

各级思想政治教育领导机构是一个互相耦合、相互影响的系统。系统各要素的功能发挥情况都会对整体的领导效果产生重要影响。系统运行的一体化要求各级思想政治教育领导机构和要素按照预设的体制、机制、逻辑和轨迹运行，各构成要素之间保持协同性、互补性和同向性。强调系统运行一体化主要是为了防止和避免各要素、各机构各自为政的状态，消除结构方面的相斥因素和张力效应。系统运行一体化有两个方面的规定。一方面是构成思想政治教育领导机构的各要素或者各模块要实现结构化形塑，在结构上形成“共振”效应。另一方面是对指令运行和应答反馈机制的规定：在指令运行方面要保证指令下达后能够快速、精准地到达目标节点，而且得到准确执行；在应答反馈方面要保证指令的回应和落实形成通信闭环。这两方面的规定性是系统一体化运行的重要保障。

（三）层级制动高效化

思想政治教育领导机构体系在本质上存在主动和驱动的关系，这种关系的运转需要层级制动来实现。无论是垂直的结构布局，还是环形的呈现结构布局，都会存在层级制动的问题。思想政治教育领导机构之间的制动关系主要表现为两个层面：一个是上级机构对下级机构的管理和控制关系；另一个是下级机构对上级机构的服从和应答关系。层级制动的迅速化主要包括两方面的规定：一方面是上级部门向下级部门下达指令或者实施制动时，要保证处于低时延状态，也就是指令或者制动行为能够在较短的时间到达目标主体。具体到思想政治教育领导工作中，就是有关思想政治教育的决定、指示、任务和计划安排能够快速传递到信息接收方。另一方面是下级部门向上级部门反馈决定、指示、任务和计划安排的执行情况时能够快速到达目标主体，也有时间和效率方面的要求。具体到思想政治教育实践中，就是下级部门主动或者被动向上级部门报告工作时，要在最短的时间内完成。层级制动的迅速化是思想政治教育领导体系高效运转的根本要求。

（四）模块平衡科学化

思想政治教育领导机构之间存在领导与被领导关系，但同时也存在平衡和制约关系。这种平衡关系的存在不仅可以有效地规避领导工作随意性、随性化的问题，而且为决策和任务部署的科学性、合理性、合法性及合规性提供了有效的保障。模块之间的平衡关系依靠监督等方式来实现，具体而言，就是在思想政治教育领导工作实践中，下级部门对上级部门的决定和决策负有建议职责。模块平衡的高效化就是监督、反馈或者建议等环节的快速化和精准化。模块平衡高效化的实现一方面需要民主、和谐的环境氛围，另一方面需要通畅的信息运行渠道。理论上，平衡高效化包括两个方面的内涵，一个是方式有效，另一个是结果有效。方式有效就是指在平衡的过程中通过合理、恰当的方式实现监督和建议效能，结构有效就是指平衡的结果符合相关方的目的预期。概言之，平衡关系和效能是思想政治教育领导组织构建的必备要素。

（五）责权划分明晰化

权力和责任或者权利和义务是思想政治教育领导机构的基本属性和重要内容，是组织或者机构的行为边界。责权划分明晰化是思想政治教育领导机构建设的基本内容和关键要素，不仅要设定为与不为的内容，而且要规定行为的幅度。在思想政治教育实践中实现责权划分明晰化的关键是领导组织和机构制定权力清单和责任清单，这不仅有利于行使权力，而且有利于履行义务。责权划分明晰化的价值诉求是防止思想政治教育领导工作中的缺位、越位、推诿、扯皮等现象和问题的发生，从根本上在保障组织机构良性运转的同时保障效能的发挥。在思想政治教育领导实践中，领导机构的责任和权力的划分由功能属性、能级、能值等要素决定，责任和权力应对等或者匹配。明晰的权力和责任是思想政治教育领导工作开展的前置性要素，也是保证领导工作科学性、合理性和有效性的前提。

（六）信道运行畅通化

思想政治教育领导机构功能的实现不仅有要素构成方面的规定性，而且有支持保障方面的规定性，因而构建高效的思想政治教育领导机构既需要构建结构完整、运行高效的结构体系，又需要构建交流通畅、反应敏捷的信息沟通体系。在思想政治教育工作实践中，信息沟通体系的要素包括电话、会议等传统载体和大数据、互联网、新媒体等新兴媒介，同时包括体制、机制、规章和制度等保障性要件。信道运行畅通化的要求是各机构互联互通、载体丰富、机制健全和运行高效。信道运行畅通化的价值诉求是提高思想政治教育领导工作的实效性。信息运行通畅的功能性决定了其重要性，因而在构建思想政治领导机构的实践中应该特别重视信息运行渠道和载体的建设，为完成高效率的思想政治教育领导工作提供必要的支撑和支持。

第二节　高校思想政治教育的预警

思想政治教育预警是以思想政治教育运行为主体，对于运行中的不良现象和问题及时发现、快速警示、科学研判的工作机制。思想政治教育预警的主要功能是强化思想政治教育工作以及思想政治教育管理工作的及时性、主动性和有效性，价值意义是把思想政治教育运行中的矛盾、问题和负面表征消除于萌芽之中，避免系统性、关键性和决定性矛盾对思想政治教育运行产生根本性和全局性的影响。

思想政治教育运行的环境需要思想政治教育预警。思想政治教育是一个开放系统，其运行不仅受到内部要素的制约，而且还受到外部环境的影响。目前，思想政治教育运行的环境在物质环境、文化环境、网络环境的基础上出现了信息环境以及风险环境。从思想政治教育的内部运行看，各构成主体、运行环节和结构要素的运行受到现实要素的制约而表现出不同程度的不确定性和不稳定性，影响了思想政治教育本体的正常运行，这使得思想政治教育预警具有迫切性和必要性。从思想政治教育面对的环境看，在思想政治教育和外部环境交互的过程中，外部环境的复杂性、多样性和风险性加剧了思想政治教育运行与既定轨道相背离的可能，这使得思想政治教育预警具有必然性和必需性。

思想政治教育目标的实现需要思想政治教育预警，思想政治教育目标是对一定时期思想政治教育愿景的设定，其实现离不开实践过程和实际行动。思想政治教育预警不仅能够对结果进行检视，而且能够对过程进行观察，当偏值出现时通过纠偏和干预保证思想政治教育活动在预定的区间内运行，在根本上保证思想政治教育目标的实现。从这一点上看，思想政治教育目标和思想政治教育预警具有功能层面的契合性和互构性。

思想政治教育运行关系的复杂性需要思想政治教育预警。思想政治教育运行既是一个过程，又是一个关系网络。思想政治教育运行的内部要素涉及人员和人员之间、组织和组织之间、人员和组织之间、人力物力和财力资源之间的关系等。这些关系既有互补性，又有互斥性，当负面要素过量就会对思想政治教育运行构成影响。从思想政治教育运行的外部要素看，思想政治教育还涉及社会、家庭、企业、组织、团体和机构等方面的关系。这些关系不仅具有多样性和复杂性的特点，而且具有利益互诉性和需求排他性的特点，使得思想政治教育运行处于更加不稳定的状态之中。内部和外部关系的复杂性要求人们及时地掌握动向、合理地规避风险、正确地研判形势，在这一点上，思想政治教育运行中关系风险的规避与思想政治教育预警的本体价值之间能够实现统一。

一、高校思想政治教育预警的内涵

思想政治教育预警作为一种工作机制和工作方法有其特定的理论基础、建构思路和运行方法。

从语义学的角度看，机制有四层含义：一是机器的构造和工作原理，如计算机的机制；二是机体的构造、功能和相互关系，如动脉硬化的机制；三是指某些自然现象的物理、化学规律，如优选法中优化对象的机制，也叫机理；四是泛指一个工作系统的组织和部分之间相互作用的过程和方式。[①] 在思想政治教育话语背景下，机制是第四层面的意思，指思想政治教育系统内部各要素之间互相作用、相互影响的过程和方式。

预警一般是指在灾害没有发生以前，根据各种现象和规律发布紧急信号，最大限度地减少灾害所造成损失的行为。预警机制就是以危机管理为理论基础而构建的，由相关组织、机构和工作程序等组成的有机系统。从理论的角度看，预警机制具备科学性、合理性、预见性、系统性、敏锐性和及时性的特点。

思想政治教育预警是预警机制在思想政治教育领域的嫁接和运用。从本体意义上看，思想政治教育预警是思想政治教育管理部门在突发事件、紧急问题和偏轨现象发生前根据掌握的具体情况和基本规律发出警报信息，从而避免系统性、全局性问题发生的行为。思想政治教育预警的机制意义在于通过快速检视、分析、研判问题和形势，做出快速反应，防止负面问题发生。从要素构成看，思想政治教育预警主要包括主体要素、通信要素和机制要素等模块。

（一）思想政治教育预警的主体要素

本质而言，思想政治教育预警是一个有机系统，离不开构成要素作

① 中国社会科学院语言研究所词典编辑室.现代汉语词典[M].5版.北京：商务印书馆，2005：628.

用的发挥。思想政治教育预警的主体要素包括三个层面。一是观测层，主要由分布于思想政治教育运行各个节点和模块的观测站点组成，站点的布局可以根据检测任务的实际而定，布局的基本要求是全过程、全方位和全覆盖。二是研判层，主要由信息接收模块和分析研判模块组成。这是思想政治教育预警的核心部分，其不仅承担信息接收的任务，而且发挥分析、研究、判断和发布信息的功能。三是发布层，也是可感层，是思想政治教育预警运行的终端，主要是由预警发布机构组成。

（二）思想政治教育预警的通信要素

信息通信是思想政治教育预警的重要保障因素。从通信的渠道看，信息通信主要包括观测站点向接收信息主体的信息传递、接收信息主体向分析研判主体的信息输入和分析研判主体向预警发布主体的信息输出三个方面。从通信的类型看，信息通信主要包括传递信息、信息输入和信息输出三种形式。思想政治教育预警要求信息传递具有通畅性和及时性的特点，信息通信延迟会影响预警的效果和质量。

（三）思想政治教育预警的机制要素

思想政治教育预警的机制要素包括观测、研判和发布三个部分。思想政治教育预警的工作原理如图 2-1 所示。

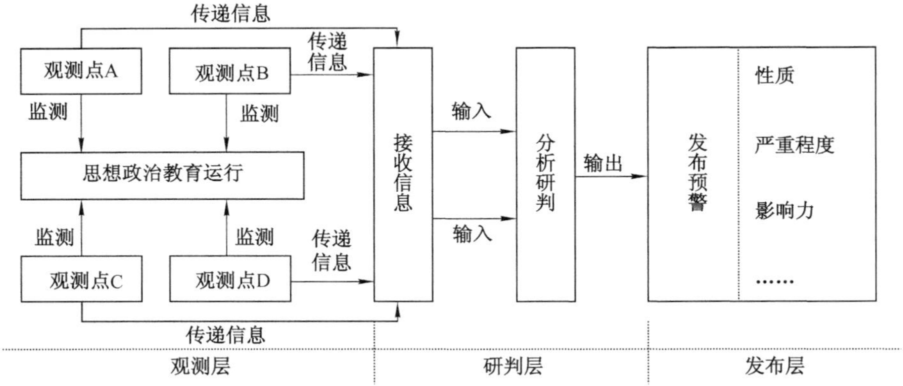

图 2-1　思想政治教育预警的工作原理

二、高校思想政治教育预警的功能

高校思想政治教育是一个开放的体系，在和外部环境、载体等要素互动的过程中，外部风险也在向思想政治教育体系渗透，使得思想政治教育的风险性和不确定性逐步增加。不仅如此，内部要素的互动和交流、利益的表达和获取、主体的协调与配合等都带有一定的偶然性和随机性。这也在一定程度上增加了思想政治教育运行的风险。这就需要思想政治教育预警发挥重要作用，及时预判风险，防止矛盾和风险的发生。总体而言，高校思想政治教育预警的功能主要包括以下几个方面。

一是预测功能。思想政治教育预警管理部门可以通过布局于思想政治教育运行过程中的各个环节和节点的观测站点，监控思想政治教育管理或思想政治教育的运行情况；通过搜集、掌握的动态运行资料研究基本规律，预测这些影响因素可能的发展方向、产生的影响及影响程度，进而对思想政治教育运行的趋向和性质实现预测，在源头上预防重大问题和矛盾的出现。思想政治教育预警的预测功能是其基本功能之一，也是最为重要的功能之一。

二是警示功能。思想政治教育预警管理部门能够在充分掌握各种表象的基础上开展分析和研究，根据思想政治教育运行的目标要求，对可能发生、即将发生或者大概率发生事件进行预判、评估和警示。警示的内容包含引起不良反应的事件的属性、影响方式和程度等。思想政治教育预警的警示功能会发挥导向功能，在及时干预的前提下可避免风险和突发事件的发生。

三是防范功能。思想政治教育预警管理部门在收到预警系统的预测结果和警示内容后会及时地采取干预措施，对有关环节和部门的工作进行指导和纠偏。这就在很大程度上降低了不良现象发生的概率，为思想政治教育和思想政治教育管理的健康运行提供了重要的基础和保障。预警的价值在于防范和规避风险的发生，从这一点上看，防范功能是思想政治教育预警的核心功能。

三、高校思想政治教育预警机制的构建原则

高校思想政治教育预警在本质上是一个工作系统和机制，因而其建构组成、运行机制和功能发挥等有其特殊性和异质性。从思想政治教育预警运行的现实看，构建高校思想政治教育预警机制不仅要关注其本体内涵，而且要关注其延展阈值，因而其基本原则应该包括以人为本、注重时效和反应灵敏三个方面。

（一）以人为本

思想政治教育预警，从主体意义上看，是为思想政治教育管理健康运行和实现思想政治教育管理的预期目的而服务的；从价值意义上看，其最终目的是为开展思想政治教育和接受思想政治教育的人而服务的。因而，人本性原则是思想政治教育预警的核心关键。思想政治教育预警的以人为本原则主要包含两个层面的内涵：一是服务于思想政治教育管理者；二是服务于被管理者。服务于思想政治教育管理者，就是在其可操作性等方面要便于人的管理，成为管理者有效的管理方式和途径。服务于被管理者就是在其目的性、价值性和导向性上面向被管理者，而且在运行的过程中更加突出人文关怀、突出对人的主体性和价值性的尊重。思想政治教育预警的以人为本原则突出了“为了什么人”和“服务什么人”的理论内涵，只有厘清了这一重要的价值导向，才能在实践过程中达到良好的目的和预期。

（二）注重时效

思想政治教育预警的核心功能是能够及时有效地对突发事件和重大风险进行预测和警示。预测和警示的结果可能会在危机发生之前产生，这就对时效性有了约定和要求。思想政治教育预警的时效性贯穿于其运行的全过程，主要内容包括以下几个方面：一是搜集信息的及时性，也就是各个观测站点所观测的信息要第一时间发出，并传递给信息接收部门；二是分析研判信息的及时性，也就是分析研判部门在接收到有关信息以后，要及时地对信息的性质、类型、影响力、衍生结果等方面开展精准的分析和研究并形成分析结果，为发布预警信息做准备；三是发布

预警信息的及时性，也就是预警发布部门在第一时间把问题可能导致的结果和影响程度等信息向有关管理部门报告。从其基本内容看，时效性的要求贯穿于思想政治教育预警工作过程的始终，这不仅是由其本体的价值属性所规定的，而且是由价值诉求所决定的。思想政治教育预警的时效性与管理部门的决策和执行部门的行动干预息息相关，是思想政治教育管理体系中的重要环节和内在要求。

（三）反应灵敏

在思想政治教育的实践过程中，有些因素或者事件表现出随机性、任意性和不确定性的特点，这就在一定程度上对思想政治教育预警提出了关于灵敏度的要求。思想政治教育预警的反应灵敏原则主要包括以下几个层面的内涵。

一是思想政治教育预警的过程要灵敏，也就是从观测站观测信息到信息接收处理再到信息发布的过程要体现出较高的灵敏度，同时相关运作节点的工作要反应灵敏，这是保证整个预警系统灵敏性的必要前提。

二是思想政治教育预警的工作机制要灵敏，也就是支撑思想政治教育预警运行的动力形成机制、体系保障机制、系统制导机制等要体现出较高的灵敏度，这是思想政治教育预警系统高效运转的重要支撑和保障。

三是思想政治教育预警的构成主体要反应灵敏，也就是各观测站点、信息接收部门、分析研判部门和预警发布部门的工作要有较高的灵敏性，工作主体的灵敏性是工作过程灵敏性的核心性元素。

总而言之，反应灵敏原则是思想政治教育预警的重要原则，它不仅对预警工作产生重要影响，而且对思想政治教育管理运行和思想政治教育目的的实现产生重要影响。

四、高校思想政治教育预警机制的构成

思想政治教育预警作为一个系统或者工作机制而存在，其工作运行离不开构成模块的相互协作和体制机制的充分保障。构成模块发挥主体功能作用是思想政治预警机制的核心要求，体制机制发挥驱动和保障作用是思想政治教育预警机制的本体诉求。这两部分要素互相影响、相

互作用，共同构成了思想政治教育的本体结构。从理论和实践角度看，高校思想政治教育预警机制的构成要素主要包括：及时的信息接收系统、科学的风险研判系统、迅捷的信息通信系统和有效的行为干预系统。其运行方法和路径主要包括线性和环体两种类型，线性运行路径主要体现为组织之间和系统之间的协作和运转呈现出线性结构，环体运行路径主要体现为组织之间和系统之间的运转和协作在功能上和关系上呈现出环形结构。线性结构和环形结构是根据预警机制运行而建立的关系结构，各有其不同的作用域。构成要素和运行机制是高校思想政治教育预警机制的本体要素和价值承载，是高校思想政治教育预警机制运行的核心要求和前置条件。

（一）信息接收系统

信息接收系统是思想政治教育预警机制的基础性和关键性要素，对思想政治教育预警机制的运作产生系统性的重要影响。信息搜集系统的功能在于通过搜集信息全面、系统地掌握各个运作环节和主体的运行情况和状态，保证思想政治教育管理健康运行，同时防止负面因素产生消极作用。建立信息接收系统主要包括以下几个方面的内容。

一是通过设定观测站点，实现“点对点”式的信息传递。一方面，在思想政治教育管理各环节建立观测站点，通过定向通信的方式将各环节的运行情况定向传输到信息接收部门。另一方面，通过在思想政治教育管理各部门建立观测站点，信息传输介体把信息传递给信息接收部门。“点对点”式通信的介体选择面较广，以信息到达为最终目的。

二是通过多点互动实现“多点循环”式信息传递。在思想政治教育管理系统的各构成要素和模块间建立观测站点和信息输出机构，各站点和机构间实现信息互联互通，形成网状通信结构，保证信息搜集的多样性和全面性。

三是以信息源为主体，实现“单点单向”式信息传递。这主要包括两条渠道：一条是思想政治教育管理部门根据工作需要，通过工作体制和机制“向下”掌握各运作环节的基本情况，主动搜集信息；另一条是思想政治教育管理的构成主体按照管理部门的要求和工作的实际，“向上”传递本体的运行情况，主动向上传递信息。各种信息传递方式所选用的介体不仅包括电话、短信和会议等传统媒体，还包括微信和电子邮件等新兴媒体。信息接收系统不仅包括观测站点、信息输出源等主体通过电话和网络等方式所构建的传输信道，还包括信息接收系统运行的工作机制和保障机制等要素。

信息接收系统对时效性有较高的要求，因而无论是站点的布局还是信息的传递，都要以低时延为基本要求。

（二）风险研判系统

风险研判系统是思想政治教育管理的中枢模块，其主要功能是对所搜集的信息开展定性分析和定量分析，进而确定信息的性质、影响范围和程度等。从理论上看，研判系统的工作过程是从具体到抽象、从表象到本质的过程。研判系统的主责部门一般是领导决策系统的专设机构，通常由决策咨询委员会等部门承担。从研判系统工作的程序看，风险研判系统主要包括以下几个环节。

一是信息的分类整合与汇总。把信息接收部门或者各观测站点传递的信息，按照类型、属性、紧急程度、影响度等要素进行分类，并对信息进行初步加工，一般以专题报告或者情况简报的形式予以发布或者上报决策管理部门。

二是对信息开展深入研究，形成研判结论。以确定信息的有害性、无害性、影响范围和程度为标准对信息深入深究，重点研究有害信息的程度、广度、内容、涉及部门等。在研究过程中科学运用定性研究、定量研究、归纳演绎和模型建构等研究方法，最终形成研究报告或者决策咨询报告。

三是针对特定主体发布预警信息。主责部门根据工作实际向主管部门或者相关部门通报研判结果、发布风险预警，并说明风险的等级，提醒相关部门重视并采取相应干预措施。

风险研判系统的组织架构设计比较简单，主要是由专职研判机构或者部门完成，其工作机制框架设计比较复杂，主要涉及工作机制、责任分担机制、保障机制等的制定和运行等。风险研判系统的结果运用会对思想政治教育管理产生影响，因而有时效性和精确性的要求，这是对风险预判工作最为根本的要求。

（三）信息通信系统

信息通信系统是思想政治教育预警机制的重要组成部分。信息传递的速度和质量对于预警结果会产生局部性乃至全局性的影响，因而从这一层面看，这个系统具有重要的功能性和价值性。从理论上看，信息通信系统主要由输出、传递和接收三个模块组成，这三个模块是信息通信系统架构的基础和核心。按照这样的逻辑，信息通信系统主要由信息输出模块、信息传递模块和信息接收模块组成。信息输出模块主要指的是信息源，在思想政治教育预警机制中主要是布局于各环节、各要素和各主体的观测站点，以及主动输出信息的机构和组织。信息传递模块主要是信息传递的媒介载体和工作机制：媒介载体主要包括通信方式和通信终端两方面；工作机制主要包括信息传输机制、工作程序和办法、主体和关系的权责界定以及奖惩办法等。信息接收模块主要是负责信息接收并对信息开展进一步分析的相关机构和组织。从运行实践看，信息通信系统的各要素、各环节之间要构成闭环管理的运行方式，这是由其本体的价值和功能所决定的。

从组织架构看，信息通信系统主要包括两个核心模块：一是信息通信控制模块，该模块是通信系统主管部门所设定的包含相关主体和工作程序的控制单元，重点是对通信工作、质量和系统运行做出规定。这个模块主要涉及相关主体、工作程序和办法等。二是保障模块，该模块是为保障信息通信系统的运行而设定的主体、工作程序和办法，主要包括人力和物力资源等。

信息通信系统一方面要求相关主体反应的灵敏性，另一方面要求通信的畅通性，这是该系统最为重要和基本的要求。在现实工作中，通信保障系统的框架设计比较灵活，以时效性为核心要求，也要求通信方式的现代性和科技性。总而言之，信息通信系统的设计和建构应摆在十分突出的位置，只有这样，这个系统才能高效地发挥作用。

（四）行为干预系统

思想政治教育预警机制作为一种机制而存在，在本质上是指：“作为一个系统，基于内部构成要素之间的有机关联性以及同外部诸因素之间的有机关联性，而形成的因果联系和运转方式。”[①]从这样的视角看，思想政治教育预警机制不仅是种协同运行的组织架构，而且还包括对运作机制和工作原理的规定。行为干预系统作为思想政治教育预警机制的重要组成部分，契合而又服务于这个机制。行为干预系统是思想政治教育预警机制的衍生部分，具有独特而不可缺少的价值。

从行为逻辑层面看，思想政治教育预警机制的信息接收系统、风险研判系统和信息通信系统已经实现了本体的价值表达，但从思想政治教育管理的目的来看还需要实现预警结果的应答和回应，这是行为干预系统存在的理论和现实依据。

从组织架构层面看，行为干预系统需要构建行为干预“联动中枢”和“行动体系”。“联动中枢”一般由高校的思想政治教育主要负责人和有关部门的负责人构成，主要就干预的形式、内容、方法和要求等进行安排和部署，确保行为干预的有效性和负面影响的最小化。“行动体系”主要由高校思想政治教育管理的执行机构和学校保障部门组成。思想政治教育管理的执行机构包括党委学生工作部和院系学生工作办公室等，学校保障部门主要包括保卫处和后勤服务公司等。“行动体系”主要根据行为干预工作的具体要求提供人力、物力和财力方面的支持和保障。

从工作机制层面看，行为干预系统应该建立两大机制：一是行为干预决策机制，决策部门根据有关部门发布的预警信息及风险等级，决定采取干预行为的方式。行为干预决策机制一般包括预警信息分析、方案预案制订和论证、工作任务部署等环节，重点就风险应对做深入的研究。二是行为干预执行机制。行为干预执行机制包括重点任务的分解落实、人员调配、部门联动，保障资源统筹和干预行为实施等环节和要素。整体而言，行为干预系统的最终目的是防范负面事态的发展和扩大，减少消极因素对思想政治教育管理的影响，确保思想政治教育管理的健康运转和运行。

① 吴东莞，沈国权.思想政治工作机制论[M].北京：军事科学出版社，2008：3.

五、高校思想政治教育预警机制构建的要求

高校思想政治教育预警是针对工作实践而建立的工作机制，来源于实践而又服务于实践。高校思想政治教育预警机制的构建有其特定的理论逻辑和实践遵循，但这并不是形而上的存在，要根据实践变量的变化而有所调整和完善。从实践的角度看，在现实中构建高校思想政治教育预警机制应该重点注意以下几个问题。

(一) 反应灵敏、便于操作

新时代的高校思想政治教育和思想政治教育管理所面临的环境，“在物质环境、文化环境、网络环境的基础上出现了信息环境以及风险环境”①。风险环境的出现要求危机预警和预控，因为没有危机预控，危机预警的作用就不可能充分发挥，因为危机预控是危机预警的主要目的。从理论上看，风险环境的出现是高校思想政治教育预警机制建立的必要性前提，在这样的逻辑下，风险、预警和预控构成了统一的关系体和联系体。从问题导向和结果导向层面看，高校思想政治教育预警在高校思想政治教育管理体系中居于核心和重要地位。从应对风险的实践层面看，高校思想政治教育预警机制的体量规模并不是越大越好，也不是越烦琐越健全，相反应该要反应灵敏、便于操作。按照这样的逻辑思维，在构建高校思想政治教育预警机制的过程中，应该在保证效果的前提下本着扁平化的原则构建预警组织和工作程序。在工作实际中，各种工作办法和措施应该本着简洁高效、便于操作的原则进行规划和设计，注意反应灵敏的问题。

要实现这样的目标，一方面需要建立快速敏捷的应答机制和回应机制，也就是指令下达和被执行之间要保证全面性、完整性和时效性，这就需要在架构设计和人员配置过程中全面考虑各要素的能值和功效，确保制动的有效性和运转的高效性。另一方面，需要建立畅通的通信机制，在通信体系的建立和运转机制的构建方面全面考虑和统筹设计。高校

① 梁剑宏.大数据时代：思想政治教育环境新论[M].北京：光明日报出版社，2015:239.

思想政治教育预警机制的灵敏性和可操作性以现实问题为基本导向，同时又需要在实践中检验和完善。

（二）对话及时、沟通迅速

从理论视角观察，思想政治教育是“社会或社会群体用一定的思想观念、政治观点、道德规范，对其成员施加有目的、有计划、有组织的影响，使他们形成符合一定社会、一定阶级所需要的思想品德的社会实践活动”①。从这个层面上看，思想政治教育不仅仅是一项社会实践活动，而且是一个组织系统。要实现思想政治教育目标不仅需要思想政治教育过程，而且需要思想政治教育管理。思想政治教育管理话语中的思想政治教育预警既是一种手段，又是一个体系。从体系论的视角观察，思想政治教育预警体系不仅包括组织机构等架构体系，而且包括体制机制等运作体系。在思想政治教育预警体系中，各个构成模块和要素在保持相对独立性而发挥功能作用的同时，彼此之间存在着不可割裂的联系。因而，在实践过程中不能把思想政治教育预警机制和各构成要素单纯地看作被动的、割裂的存在，应该将其置于价值主体和主体际性关系的视角加以考察。

在构建高校思想政治教育预警机制的过程中要关注对话及时和沟通迅速的问题，需要把握以下两个方面的内容。

一是对话的实现方式和时效。思想政治教育预警机制的各主体和要素通过信息输入和输出构成相互交换、相互影响的关系场，在这种场景下的对话就是各构成模块的诉求表达和价值弥合之间矛盾统一的过程。在思想政治教育预警机制中，对话就是部门和要素主体对问题、现状、矛盾和价值之间的表达和协调过程。从现实来看，思想政治教育预警机制就是信息的系统性共享、矛盾的一体化解决和行为的协同化实施。

二是沟通的表达渠道和要求。沟通在思想政治教育预警机制中既表现为个体与个体之间、个体与多主体之间的沟通，同时也表现为上级和下级之间、同级之间的联系和交流。从表达渠道来看，沟通主要是依

---

① 陈万柏.思想政治教育学原理[M].北京：中国人民大学出版社，2012：4.

靠预警机制的通信模块来实现，要强化沟通的实效性就必须建立通信系统、健全通信机制。从价值外化的层面看，思想政治教育预警机制中沟通的根本要求是迅速。这样不仅可以保障通信的及时性，而且在一定程度上保障了预警机制功能的实现。

（三）精简环节、节约成本

思想政治教育预警功能的实现离不开整个体系的功能建构和各构成要素的效能耦合，需要发挥整个体系的凝聚力和资源整合力。按照这样的思辨逻辑，思想政治教育预警机制的凝聚力和资源整合力的实现需要发挥系统内各组织、机构等主体的个体作用，同时也要发挥预警系统的资源整合作用和本体建构作用。构建思想政治教育预警机制是一个实现资源体系化整合和功能协同性实现的问题，因而，在工作实践中要有“投入-产出”的理念，也要有边际效益的思维。

在构建高校思想政治教育预警机制的过程中要注意精简环节和节约成本，需要重点关注以下两个问题。

一是组织机构的建立和工作程序的设定要注重发挥集成效应。具体而言，就是在设定组织机构的过程中要以工作的实际需要和主体的功能补位为导向，遵循结构扁平化和运行直线化的原则，杜绝大而全、杂而繁的问题，要树立规模集成的思维，控制组织机构规模合理化。

二是注重合理利用资源，最大化发挥价值的问题。这个问题包含两个方面：一方面是节约资源成本，也就是在思想政治教育预警机制构建的过程中要节约人力、物力和财力资源，特别是在设计和规划的工作中要做到“人尽其能、物尽其用”，充分考虑各种资源的价值性和功能性。另一方面是节约时间成本，思想政治教育预警机制对时效性有着较高的要求。在功能价值层面上，思想政治教育预警机制要求在较短的时间内分析和研判各种信息、情况和问题并及时发布预警信息，以便于有关部门或者机构及时采取恰当的干预方式，这是思想政治教育预警机制本体的价值要求。在效能实现层面上，思想政治教育预警机制需要建立迅捷、畅通的信息通信机制，这是思想政治教育预警机制功能高效发挥的基本前提，同样也是节约时间成本的要求。

总之，精简环节和节约成本不仅是思想政治教育预警机制本体的要求，也是其面向客体和对象的要求。

（四）系统健全、责任明确

高校思想政治教育在本质上是一项社会实践活动，与各类主体之间存在必然的联系，这也就决定了高校思想政治教育既是一个相对独立的主体，也是一个必然开放的客体，在关系交换过程中形成了关系交换场域。在构成各种关系的各种要素中，有些要素具有消极负面作用，这是预警机制存在和功能发挥的必要性前提。高校思想政治教育管理中的预警机制在本质上也是一个系统，系统中各个要素和模块只有协作运行才能保障整体功能的发挥。从这个意义上看，系统健全是预警机制构建的根本要求。

需要强调的是，系统健全不等同于机构冗余，而是要以要素功能的最大化发挥为基本诉求。因此，在注重机构健全性的同时更需要关注机构规模、运行成本和功能集成的问题。预警机制作为一个工作体系而存在，不仅要求具备组织要素，而且要求与职权相符的责任落实机制。对于思想政治教育预警机制而言，责任落实涉及组织和个人两个方面。对于组织而言，责任明确就是规定功能机构的业务范围和职责权限，如决策部门的领导责任、业务部门的工作责任、保障部门的协作责任等。对于个人而言，责任明确就是根据部门的业务职能而具体到个人的工作任务和权力等，涉及个人的责任界定要做到内容具体、责任明确。在具体的思想政治教育管理过程中，责任明确还涉及工作完成时限的问题，因而，在落实具体责任的过程中采取“任务到人、责任到边、时间到节点”的方式较为实用和常见。概言之，预警机制的运行机理和功能作用决定了思想政治教育预警机制系统健全、责任明确的现实性和重要性。

第三节　高校思想政治教育的控制

高校思想政治教育在运行过程中受到各种因素的影响，在方向上具有可变性和多向性的特征，这就为管理活动的存在提供了必要性和必然性。思想政治教育管理的过程在本质上是与不同主体产生联系并合理处理关系的过程。从思想政治教育管理内部看，管理过程涉及组织、人员、体制、机制等要素。在运行过程中，这些要素受到内外因素的影响在作用效能层面上具有离散性的趋向，对思想政治教育管理的总体效果和效能产生牵制性的作用。从思想政治教育管理外部看，管理过程涉及机构、部门、家庭和社会环境等要素，是思想政治教育面临的“最大变量”。这些要素具有两面性的特征，既有可能产生积极作用，也有可能产生消极作用，是思想政治教育管理中的不可控因素。当这些要素发挥负向作用时，它们对思想政治教育管理的效果和思想政治教育本身的整体效能会产生消解作用。因此，不论是外部因素还是内部因素，在对思想政治教育管理的效能产生解构作用时，都需要采取干预措施，这不仅是管理的实践要求，也是思想政治教育的本体诉求。

作为干预措施而“出场”的思想政治教育控制，不论对于思想政治教育管理还是思想政治教育本身都会产生积极的作用，因为思想政治教育控制的基本功能在于在适当的时间节点对产生负面作用的要素进行干预和调节，在改变功能发展方向的基础上保证其促进和保障作用的发挥。思想政治教育控制在思想政治教育管理体系中发挥重要的作用，不仅可以对思想政治教育管理运行过程中各要素的消极表征、机制的不利影响和人员的负面作用实施控制，而且能够对各个节点的不良状态和趋向实施干预。这在整体上保障了思想政治教育管理活动的正常开展和进行，有利于管理效能的实现。从思想政治教育本体层面看，控制活动能够积极应对外部因素和内部主体所形成的风险，从而提高思想政治教育管理运行机制的韧性，保障思想政治教育实践活动的运行，促进思想政治教育效果的凸显，在整体上发挥保障和促进功能。

控制理论和实践有着悠久的历史，不仅在自然科学领域，而且在社会科学领域都有着广泛的运用。控制科学有其特定的理论内核和行为边界，在不同的话语背景下有不同的使用场域。在思想政治教育学科话语背景下研究、讨论和使用控制科学，不仅要秉持控制科学的理论核心，而且要实现其与思想政治教育本体的结合。在思想政治教育实践过程中，控制作为一种方法或者管理方式侧重于问题和风险的化解，在本质上发挥干预和整合功能。

在思想政治教育中运用控制理论和方法，要在理论层面上解决“控制什么”和“如何控制”的前置性问题，这既是核心又是前提。“控制什么”是回答控制对象的问题，具体而言，就是对思想政治教育的哪些环节、哪些要素、哪些主体开展控制的问题。“如何控制”是方法论层面的问题，就是通过什么样的方式、途径和载体对控制对象开展控制的问题。这两个问题相辅相成、互为表里，只有把这两个问题联系地、辩证地看待，才能把握思想政治教育控制的作用。从进程逻辑的角度看，研究思想政治教育控制，首先要厘清思想政治教育控制的基本内涵、特点；其次要研究基本类型和控制过程；最后要讨论和研究实施的具体方法。只有构成了这样的理论体系，才能全面把握在思想政治教育管理过程中运用控制方法的价值和意义。

一、高校思想政治教育控制的含义

客观存在的事物必然存在联系，因而要运用全局思维和系统思维认识事物及其关系。从这样的逻辑来看，要阐述思想政治教育控制的基本内涵首先应厘清控制的理论边界。控制作为一种方法有着悠久的历史，到 19 世纪 40 年代演变为一门科学，此后在工程技术、生物医学和数理统计等领域被广泛运用。

控制，在本意上有两层含义：一方面是指掌握事物或者活动不超越范围，另一方面是指事物或者活动处于自己的占有、管理或影响之下。在管理的层面上，控制是指为了确保组织内各项计划按规定完成而进行的监督和纠偏的过程。按照这样的逻辑进行分析，管理层面的控制首先是一个过程：这个过程是以原计划为基本参照对系统内的组织及其行为所开展的干预行为，同时要求具备控制主体、实施主体等要素，有目的性和结果性的要求；这个过程以保证行为不超越预定区间，促成任务完成和效果实现为根本目的，要实现这个目的不仅有信息交换的要求，而且有导向性和针对性的要求。

思想政治教育控制是指思想政治教育管理者为了确保思想政治教育计划的顺利实施和预期目的的实现，对主体、行为等要素开展监督和纠偏的实践活动及过程。思想政治教育控制具备一般控制的基本要素，有共同的理论遵循和方法约定，但也具有其鲜明的异质性和代表性。思想政治教育控制的实现必须具备四个核心要件：

一是建立在信息交换的基础上。换言之，思想政治教育控制以信息通信为基本前提。信息主要来源于系统内各构成主体所输出的运行情况和主管部门通过监控所发现的有关要素的情况。

二是建立在恰当的干预方法的基础上。针对有关主体的运行偏向问题而采取的干预措施应该体现精准性、对象性和科学性的特点，失当的干预方法不仅不能促成预期的实现，而且还会产生张力效应。

三是建立在完整的运行架构之上。这个架构从组织层面看包括决策主体、执行主体和评价主体，从运行机理层面看包括体制、机制等要素，从系统的层面看包括本体、客体、介体和保障等模块。

四是控制对象具有多种发展可能。控制对象发展的多向性和多变性是控制必要性的基本前提。这种多向性和多变性是指思想政治教育控制的对象在运行机理层面上有良性运转的趋势，但也有反向发展的可能；在发展态势层面上，既有趋利方向也有近弊方向，还有利害相互转化的可能。这种多向度的可能性虽然对思想政治教育控制产生了挑战，但也为其提供了基本的逻辑前提。

思想政治教育控制在具备了以上四个核心模块以后才能完成基本的组织架构，实现基本的运行。

二、高校思想政治教育控制的类型

思想政治教育控制的现实依据，一方面来源于系统主体要素发展的多种可能性，另一方面来源于思想政治教育环境的变化所形成的影响。“凡是与人有关系并对人发生影响的物质和精神条件都可以称为思想政治教育环境。”[①]从人和环境的关系角度看，人是环境的产物，人一生的每一时刻中所处的环境和他的天生品质使他成为什么样的人，他就是什么样的人。也就是说，人和环境之间存在辩证统一的关系，在保持相对独立性的同时又互相影响和改变，因而，“环境的改变和人的活动或自我

① 陈秉公.思想政治教育学原理[M].沈阳：辽宁人民出版社，2001：279.

改变的一致，只能被看作是并合理地理解为革命的实践”①。主体要素的多元性、人活动的多样性和环境的多变性决定了思想政治教育控制不可能只有一种类型，而是根据客观实际的变化而变化。通常意义上说，高校思想政治教育控制按照不同的参照系进行归纳，主要包括以下几种类型。

（一）开环控制和闭环控制

高校思想政治教育管理中的控制有特定的主体、运作机理和实现方法。不论控制的类型如何区分，其诉求最终统一于控制目标和目的预期的实现，这是高校思想政治教育控制的基本价值。统治阶级的思想在每一个时代都是占统治地位的思想。这就是说，一个阶级是社会上占统治地位的物质力量，同时也是社会上占统治地位的精神力量。因此，为了实现思想政治教育的预设效果，思想政治教育管理部门有必要采取适当的控制方法。

开环控制和闭环控制是按照控制过程中的反馈情况而做的分类，也是以控制运行方式为标准而做的分类。这两种控制方法在运行方式层面存在差别，在控制的组织形式和结果实现方式等方面也有所区别，但在本质上是控制方式的一体两面，都是为实现控制目标而服务的，在工作实践中要根据控制对象的实际和发展方向有所选择和取舍。

1. 开环控制

开环控制是思想政治教育控制主体对控制对象实施的单向控制。在运作机理层面上表现为：在控制主体发出控制指令后，控制对象执行控制指令，控制对象不向控制主体反馈控制结果。换言之，控制主体和控制对象之间产生单向的控制路线和通信运行路线，不存在控制回路和通信回路。具体到思想政治教育管理实践中，思想政治教育的管理部门在发现问题或者异常情况时输出控制指令和控制行为，体系内各部门执行管理部门的控制命令，但不会向管理部门反馈控制行为所产生的结果。开环控制有固定的运行方式和路径，其运行原理如图 2-2 所示。开环控制的优点在于思想政治教育管理部门在控制过程中采取一次性控

① 马克思，恩格斯.马克思恩格斯选集：第 1 卷[M].北京：人民出版社，2012：134.

制行为，避免因控制行为频繁而产生的矛盾和冲突，保障了控制的时效性和实效性；缺点在于管理部门不能实时掌握控制行为所产生的实际效果，进而不能适时控制异常行为和现象。在现实的管理实践活动中，开环控制的使用一般针对特定场景和行为。

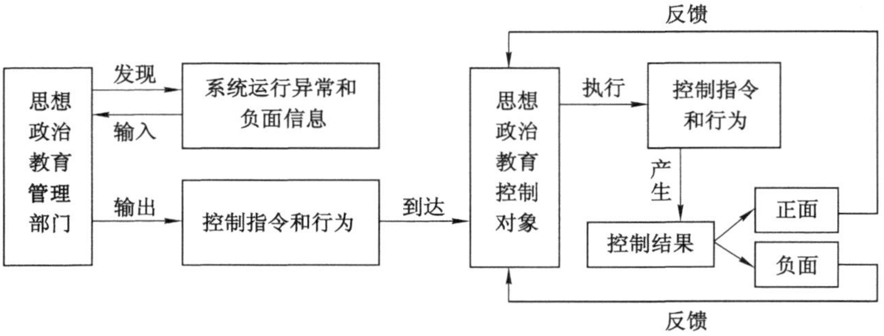

图 2-2　开环控制的运行原理

2. 闭环控制

闭环控制是控制主体和控制对象之间形成控制回路和通信回路的一种控制方式。控制主体根据系统运行的异常情况和外界干扰所导致的不良结果对控制对象发出控制指令，控制对象在执行控制指令和控制行为的过程中把控制结果反馈给控制主体，这样就形成了控制回路和通信回路。通过实施闭环控制，一方面控制主体能够实现对控制对象的适时控制和精准控制；另一方面控制主体能够适时调整控制行为和策略，最大限度地保证控制效果。具体到思想政治教育管理实践中，思想政治教育管理部门在发现系统内各要素、环节运行异常或者外界环境干扰以后及时采取控制行为，思想政治教育管理系统内各部门通过执行控制指令实现自身调整后，把运行状态及时反馈给思想政治教育管理部门，思想政治教育管理部门根据各部门的运行状态和控制结果决定是否继续采取控制行为，或者采取何种具体的控制方式。闭环控制在运行原理和作用方式方面具有明显的特质，其运行原理如图 2-3 所示。闭环控制的优点是控制部门和控制对象通过通信回路能够保持实时通信，能够保证控制的互动性和有效性，促进预定控制目标的实现；缺点是通信过程存在时间差、控制行为具有滞后性，在一定程度上影响控制目标的实现。

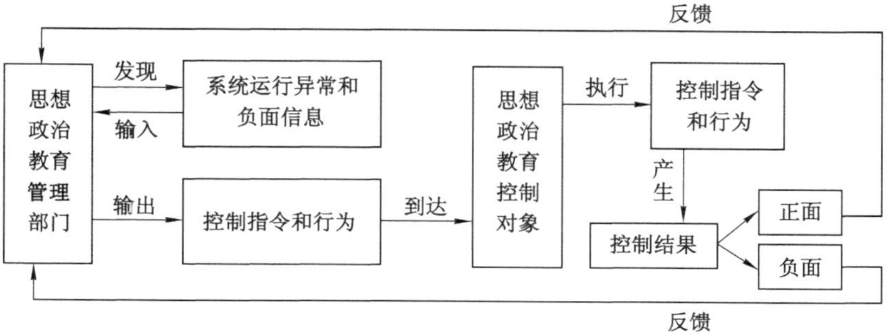

图 2-3 闭环控制的运行原理

从开环控制和闭环控制的运行机理和工作模式看，两者的区别在于是否存在控制回路和通信回路。两种控制模式虽然都是面向控制对象的控制，但会产生不同的控制效果。从思想政治教育管理的实践来看，建立在通信回路基础上的控制方式能够在控制主体和控制对象之间建立互动、协作关系。这种关系可以确保控制行为的针对性和目的性，从而保证控制结果的可实现性。因此，闭环控制在实践过程中的运用具有普遍性和实用性的特点。需要特别指出的是，开环控制和闭环控制是两种相互区别又相互联系的控制方式，不存在优劣之分，两种控制方式都有其特定的适用场景。

（二）前馈控制、同期控制和反馈控制

控制行为的选择和控制目标的实现一方面以控制对象的现实情况为依据，另一方面以信息通信为基础。信息和控制的这种依存关系反映了认识论中知和行的统一，“知”表示获得信息，“行”表示实行控制。新时代的高校思想政治教育和思想政治教育管理深受多种环境和要素的影响，这就决定了单一的思想政治教育管理方法不能满足现实的需要。伴随着大数据、互联网、自媒体等的快速发展以及新兴学科的大量出现，思想政治教育管理和控制的载体有了更多的选择空间。根据思想政治教育控制行为的现实需要、时机、阶段和过程的不同，思想政治教育控制行为又可以分为前馈控制、同期控制和反馈控制。这三种控制方式适用于不同的场景，也会产生不同的控制效果，虽然形式上相互区别，但它们在本质上都是控制行为的不同表达方式。

1. 前馈控制

从理论上看，前馈控制是思想政治教育控制主体在思想政治教育工作开展之前对控制对象进行的控制，属于事前控制。前馈控制的理论前提是思想政治教育控制主体经过大量研究和反复论证，能够预见思想政治教育管理在运行过程中可能出现的问题。前馈控制就是在这些能够预见的问题和趋向还没有对思想政治教育活动和管理产生负面影响，甚至问题没有出现以前所采取的干预活动。这些活动能够防范问题的发生，更为重要的是当问题出现以后能够采取措施有效制止问题的发展，防止影响的扩大。由此可以看出，前馈控制不是在问题出现以后才会采取的干预行为，而是事前预见未来并有效防范的活动。前馈控制一般在占有大量信息或者实施者丰富经验的基础上才能实现。前馈控制的运行原理如图 2-4 所示。

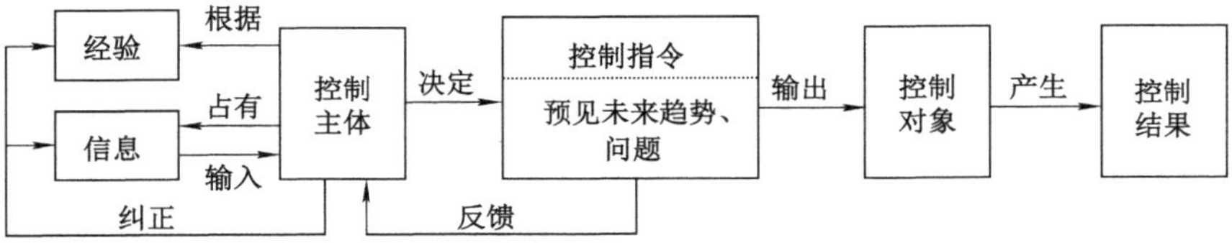

图 2-4　前馈控制的运行原理

2. 同期控制

同期控制就是过程控制，是指思想政治教育控制主体在思想政治教育运行过程中对控制对象采取的控制行为。同期控制要求对思想政治教育各主体、环节和要素实现适时控制，在及时掌握控制对象运行状态和预见可能出现问题的基础上对特定节点实施精准干预，一方面能够保证各主体、要素的运行处于良好状态或者预定区间；另一方面可以针对可能出现的问题实施精确防控，防止负面现象和问题的出现。同期控制具有及时性和低时延的特点：及时性就是及时发现问题、及时解决问题；低时延就是问题出现和采取干预措施之间的时间差比较短，可以防止负面影响继续扩大，保证系统的运行状态和效果。同期控制要实现目的预期就要保证控制的动态性。在控制实践过程中,要注意控制不足和控制过度的问题。控制不足不能对控制对象产生有效的影响,控制对象的失范行为就不会得到有效的干预;控制过度不仅不会产生目的预期,而且还会产生新的问题和矛盾,因而同期控制也要注意精准度的问题。同期控制的运行原理如图 2-5 所示。

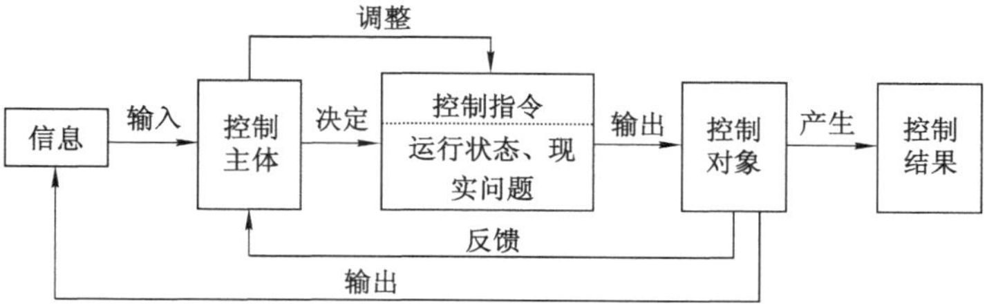

图 2-5　同期控制的运行原理

3. 反馈控制

反馈控制是思想政治教育控制主体根据已经采取的控制行为所产生的结果或者效果而开展的干预活动,在本质上是一种事后控制。反馈控制的具体过程:控制主体将控制行为所产生的效果和预先设定的目标相比较,根据两者之间的差值决定是否采取控制行为或者采取什么样的控制措施。实际上,反馈控制是用已经发生或者已经产生的结果对未来进行干预和控制。也就是说,反馈控制的功能是为了改善受控对象的功能或发展状况。

在理论层面上,反馈控制分为三种状态:第一种状态,控制行为所产生的结果与目的预期是基本相符的,这说明未来的控制行为不需要纠正或者进一步调整;第二种状态,控制行为所产生的结果与目的预期之间存在一定的偏差,在实施干预行为以后达到目的预期,这说明干预行为是积极有效的,反馈控制发挥了积极作用;第三种状态,控制行为所产生的结果与目的预期之间存在偏差,在实施干预行为以后没有改变控制行为的状态和结果或者没有实现目的预期,这说明干预行为是无效的,反馈控制没有发挥作用,或者产生了负面作用。这就要求控制主体根据控制行为所产生的结果,在下一次控制的过程中采取精准有效的控制行为。在思想政治教育管理实践中,反馈控制是较为常用的控制方式,但反馈控制是事后控制且控制行为具有明显的滞后性,因而也不是最为理想的控制方式。反馈控制的运行原理如图 2-6 所示。

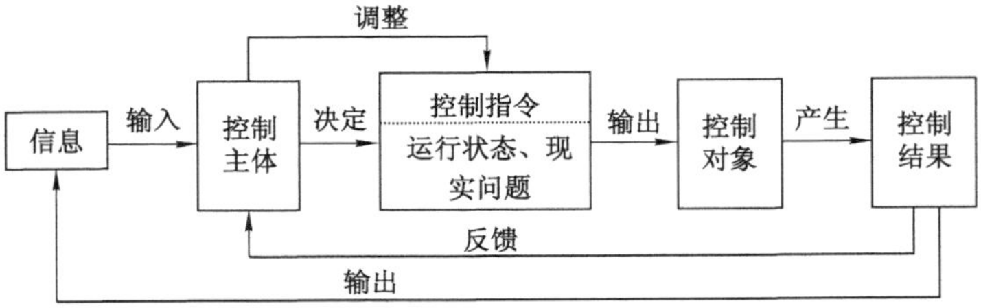

图 2-6　反馈控制的运行原理

通过以上分析可以看出,前馈控制、同期控制和反馈控制是根据控制行为发生的节点而做的分类。前馈控制是事前控制,具有超前性和预设性的特点,最大的优点是克服了时滞性的问题,但也存在依赖经验而失灵的缺点;同期控制是过程控制,具有动态性和及时性的优点,但也有随机性的缺点;反馈控制是事后控制,具有精准性和针对性的优点,但也有滞后性和失范性的缺点。总之,每种控制方法都需要在特定的环境中才能有效发挥作用。在现实的思想政治教育管理运行过程中,主体、流程、环节和环境等要素处于运动状态,特别是思想政治教育及其管理活动中人的要素会随条件、环境和自身因素等的变化而发生变化,因而,在现实的管理实践过程中需要采取几种控制方法的组合才能取得预先设定的控制效果。需要特别指出的是,各种控制行为既是控制目标实现的过程,也是信息交换的过程,因而有效的控制行为离不开通信系统的构建。

（三）自组织控制和自适应控制

思想政治教育管理过程中的控制行为按照主体来源的不同可以分为系统内部和系统外部两种类型。系统外部主体的控制行为主要是思想政治教育管理部门针对控制对象实施的控制行为。这种控制行为主要依靠系统外部的力量来实现,比如开环控制和闭环控制,前馈控制、同期控制和反馈控制等。系统内部的控制行为主要是在系统构建的过程中预设了自动纠正模块，当系统受到外部环境和条件的影响而发生偏向时，系统能够自我调节并消除不利影响。这种控制主要有两种方式，一种是自组织控制，另一种是自适应控制。

1. 自组织控制

从理论上看，自组织控制就是当内外部条件和环境发生变化时，系统能够自动调整本身的组织结构，从而实现目的预期的自我调整方式。思想政治教育管理的自组织控制，是指当思想政治教育运行系统内的机构和要素发生变化，以及发展方向出现不良趋势，或者系统外部环境和条件的影响致使要素、机构的运行处于更多不确定状态时，系统通过自身的调整而规避不利因素的影响，从而保证目的实现的行为。思想政治教育管理的自组织控制包括两种境况。一种是自身方式和状态的调整。当系统运行受到内外部不确定要素的影响时，系统会自动调整工作方式、路径和环节，使得自身能够应对不利因素的影响，实现预先设定的功能和目标。一种是自身组织的调整。当内外部不确定因素对系统运行造成负面影响时，系统会通过调整结构的方式规避不利因素的影响，从而保证预期目标的实现。组织结构的调整不仅包括系统内组织关系的改变，而且包括系统布局的改变，二者均是为应对负面影响、实现既定目标而服务的。

2. 自适应控制

从技术层面上看，自适应控制是随着环境的改变而自动调整控制参数的控制行为。自适应控制的实现包括两个必备环节：一是系统能够识别不确定因素；二是系统根据不确定性因素的变化采取适当的控制行为。这两个环节不仅存在逻辑关联关系，而且存在辩证统一关系，在现实中识别风险是前提和基础，采取控制行为是结果和目的。思想政治教育管理的自适应控制，就是思想政治教育管理系统内的各部门、要素和环节自动识别不确定性风险并分析可能产生的影响，根据形势的发展和趋势的变化适时采取恰当的应对行为，以保证思想政治教育管理在合理的区间运行并保证效果和效率的实践行为。思想政治教育管理的自适应控制效果的实现强调发挥组织和部门的主体性作用，特别是组织和机构中人的作用，有关部门和机构的责任人员和工作人员根据形势的变化自我分析、研判并采取措施，在维持自身正常运转的同时保障整个系统的正常运行。思想政治教育管理的自适应控制是以系统调节功能为基本要素的控制行为，是思想政治教育实践中较为常见的控制方式。这就要求思想政治教育管理层在设计管理体系的结构和运行机制等要素的过程中，以及在设定功能模块的过程中设定自我控制和调节模块。

思想政治教育管理的自组织控制和自适应控制是两种不同的控制行为和方式，二者虽然在运作方式上存在差别，但在本质上是统一的。通过对二者内涵和运行原理的分析可以发现，思想政治教育管理的自组织控制包含了自适应控制的基本功能和要素。从这个层面上也可以理解为，思想政治教育管理的自组织控制是自适应控制的高级发展阶段。自适应控制仅仅是根据环境和条件的变化来调整运行方式，而自组织控制不仅改变运行方式，而且改变组织结构。这两种控制方式各有优点，但也都存在劣势。

在思想政治教育管理实践中，要根据内外部环境的改变和系统运行的真实状态而采取相应的控制方式，不能一概而论。需要特别指出的是，思想政治教育管理在本质上是以人为主体的行为，人在管理实践中发挥主观能动性的同时也存在行为合理性与合规性的问题，加之外部环境的复杂性、多样性和易变性，这些因素给思想政治教育管理工作带来了一定的风险和挑战，因而在控制方法的选取方面也存在优化调整和组合运用的问题。

三、高校思想政治教育控制的过程

思想政治教育控制的过程就是思想政治教育控制主体为了实现控制目标对控制对象实施控制行为的实践过程。具体而言，思想政治教育控制的过程就是思想政治教育控制主体根据思想政治教育运行的目标或者控制目标，针对控制对象的异常行为或者内外部不确定性要素所产生的负面影响采取干预和纠正措施，使控制对象的行为回归合理区间，以保证预期目标实现的过程。

从思想政治教育控制过程的运行实践来看，实施控制行为的基本依据是控制目标和控制对象的行为趋势。控制目标是控制过程和实践的目的遵循和行为导向。控制行为必须具备目标前提，控制对象的行为趋势是控制行为的动因，如果控制对象的行为不超出目标区间，控制行为就失去了存在的价值和意义。由此可以看出，控制目标和控制对象的行为趋向是思想政治教育控制的前提性要素和基础性条件。

高校思想政治教育控制作为实践导向的干预行为，不仅有理论层面的遵从性，而且有实践层面的符合性。高校思想政治教育控制的实践性决定了其必然具有逻辑递进性和方法建构性，这就要求在实际运作过程中应该有具体的逻辑遵从和方法体现。根据控制理论和思想政治教育的具体实践，高校思想政治教育控制的过程要具备确立指标、对比结果和偏差分析与纠正三个环节。

（一）确立指标

指标不是思想政治教育学科所独有的事物和现象，相反，其广泛存在于各个学科和领域，但就思想政治教育学科和思想政治教育管理而言，指标具有特定的指向和内涵。思想政治教育控制指标有两个层面的内涵：一方面是指思想政治教育控制的目标，也就是控制行为所要实现的目的预期；另一方面是指思想政治教育控制的内容，也就是控制行为的具体指向。作为行为预期层面的控制指标，需要确定控制行为产生的具体结果，如主体行为被允许的区间、任务的执行情况和完成情况、目标的实现度和可预期度等。作为行为内容层面的控制标准，需要确定控制行为所指向的主体、要素和环节，如系统运行的基本状态、体制机制的完善状况和机构部门的工作状态等。

“当我们按照我们所感知的事物的特性来利用这些事物的时候，我们的感性知觉是否正确便受到准确无误的检验。如果这些知觉是错误的，我们关于能否利用这个事物的判断必然也是错误的，要想利用也决不会成功。可是，如果我们达到了我们的目的，发现事物符合我们关于该事物的观念，并产生我们所预期的效果，这就肯定地证明，在这一范围内，我们对事物及其特性的知觉符合存在于我们之外的现实。”[①]思想政治教育控制指标不是主观臆想的产物，其来源于对思想政治教育、思想

① 马克思，恩格斯.马克思恩格斯选集：第3卷[M].北京：人民出版社，2012：758.

政治教育管理和思想政治教育控制实践的客观认识。

在实践过程中，确定控制指标的方法主要包括观察统计法、经验集中法和模型分析法三种类型。观察统计法，就是以思想政治教育控制的历史资料为依据，通过观察不同类型、不同阶段的控制指标的运行状况、矛盾问题和趋向态势，采取量化统计的方法确定将要执行的控制标准的一种方法。这种方法的基本特征是“以历史预见未来”，具有预见性和前瞻性的优点，但也有不稳定性的缺点。经验集中法，就是控制指标的确定人员根据自身的工作经验和专业素养，结合专家意见法、头脑风暴法、座谈咨询法、调查研究法和现实求证法等综合方法确定控制指标的方法。这种方法具有权威性的优点，但也具有经验主义、主观主义甚至机械主义的缺点。模型分析法，就是以数量关系分析为基础，通过搜集不同时期和类型的控制数据建立分析模型，以规避不合理要素和不规范行为为主要目的而确立控制指标的方法。这种分析方法具有科学性的优点，但也具有片面性的缺点。需要特别指出的是，每一种方法在具备优点的同时也不可避免地具有一定的局限性，每一种方法都不一定是最优或者最好的唯一模式，要根据实践而有所取舍。

从属类的角度看，思想政治教育控制指标主要包括面向环体、面向介体和面向本体三种类型。面向环体的控制标准主要涉及思想政治教育管理系统以外的要素，如风险、行为、主体、要素和不确定性等；面向介体的控制标准主要包括方法、途径等载体类要素，人力、物力、财力等保障类要素，部门、模块、体系等协同类要素；面向本体的控制标准主要包括系统内的组织机构、要素环节、体制机制、运行协作、制导控制等要素。在实践过程中，受到管理主体和行为的发展性、动态性等要素的影响，控制的标准一定不会局限于上述三种类型，这就要求在确定标准的过程中以实践和现实情况为基本依据，在契合实践的同时又检验实践。

（二）对比结果

真理要在实践中实现客观性的检验，思想政治教育控制实践也是如此。思想政治教育控制的指标和实际效果也有通过实践来检验的过程，这个过程就是检验控制行为的合理性和控制指标的科学性，具体而言，就是把控制指标与控制效果相对照，实现结果的测定。

控制结果通常有三种状态：高于目的预期、契合目的预期和低于目的预期。高于目的预期，就是通过实施控制行为产生了高于预先设定目标的效果，这是最为理想的控制结果。一方面说明控制标准的设定科学预判并完整覆盖了思想政治教育控制行为的未来状态；另一方面说明控制行为按照预定的方案运行，并发挥了超过预期的作用。契合目的预期，就是通过实施控制行为产生了符合目的预期的结果，这是一种理想状态。一方面说明对思想政治教育控制的分析、研究和判断符合实际；另一方面说明执行控制标准的行为和效果在既定的期望区间之内。低于目的预期，就是指控制行为没有实现目的预期。一方面说明控制标准的设定偏离了实际，或者对整体形势、系统状态、主体行为做了失实性的判断；另一方面说明所执行的控制行为违背了控制标准和目标，产生了张力效应。思想政治教育管理者在现实实践中要区别对待这三种状态：对于高于预期结果的控制方法，要认真总结经验做法，在实践中大力推广和应用；对于契合预期结果的控制方法，要总结合理成分并分析潜在问题，在推广和应用过程中根据实际情况而有所调整；对于低于预期结果的控制方法，要分析问题、吸取教训，在未来的应用过程中规避问题和矛盾的出现。

对比结果的实现方法主要包括定性、量化和指标验证三种方法。定性验证就是验证控制行为所产生的实际效果和预设结果之间的契合程度，一般从整体层面上衡量效果实现度；量化验证是指验证要素模块的期望值与控制行为的实际值的契合度，一般偏重验证数值的达标情况；指标验证就是检验各类指标的实现程度和控制行为所产生的结果之间的契合度，一般注重指标的实现程度。需要强调的是，对比结果的实现方法会根据检验实际的变化而有所不同，因而也有从实践中来、到实践中去的问题。

（三）偏差分析与纠正

思想政治教育控制实际上是控制指令发出和控制效果反馈的统一。控制指令的输出是控制过程的初始环节，是控制过程的逻辑开端。控制效果反馈实际上是施控系统的信息（又称给定信息）作用于被控系统（对象）后，产生的结果（真实信息）再输送回来，并对信息的再输入产生影响的一种过程。理论上认为，施控主体、受控主体、控制指令的运行和控制行为都存在动态性和变化性，致使控制效果与目标效果之间产生偏差。在思想政治教育控制实践中，偏差有两种类型：一种是发挥正向效能的偏差，一种是发挥负向效能的偏差。正向效能的偏差是控制行为的实际效果超出了目标效果而产生的偏差。虽然正向效能偏差的作用和功能是积极的，但是也要客观地分析其产生的具体原因，在必要的条件下调整控制目标、计划和行为。负向功能的偏差是控制行为的实际效果没有达到目标效果而产生的偏差，这是在思想政治教育管理实践中需要分析和纠正的。

偏差分析与纠正包括偏差分析和偏差纠正两个环节。偏差分析就是分析偏差产生的原因，纠正偏差就是根据偏差产生的原因及时调整控制行为或者标准。分析和纠正偏差所发挥的效能既可以作用于当前的思想政治教育控制行为，保障预期目的的实现，也可以作用于未来的思想政治教育控制活动，对于未来控制标准的制定、行为的选择等都具有积极的作用和意义。

偏差分析主要分析导致偏差产生的具体诱因。在现实的思想政治教育管理和控制实践过程中，受到控制标准的静态性、控制行为的动态性、控制对象的变化性等因素的影响，控制过程所产生的实际效果和预期效果之间存在偏差。偏差分析主要分析负向偏差产生的现实原因，在分析的过程中关注主观和客观两个要素。主观要素是控制行为实施者的因素，包括个人的经验、能力、水平、工作方式、积极性、主动性和总体素质等；客观要素是控制过程中“物”的功能和作用，包括环境的制约、不确定性要素的影响、载体的约束和要素的规制等。思想政治教育控制受到多种要素的影响，因而偏差产生的原因也不尽相同，分析偏差应该树立全局思维和立体思维，不能以偏概全。

纠正偏差是在分析偏差产生原因的基础上对偏差实施调整的行为，主要包括调整控制行为和修正控制指标两个环节。调整控制行为主要是对控制的工作方式、实施方法和行为路径进行调整，主要目的是去除不合理因素，规避问题和矛盾，切实解决控制行为与控制目标不符合、不适应和不相关的问题。修正控制指标是调整针对不同主体、要素和环节所设定的具体控制标准。修正控制指标一般包括两个层面的含义:一是调整标准的数量,二是调整标准的要求。修正的根本目的是增加控制标准与控制主体、控制目标的符合度和契合度。修订标准要考虑的是标准所产生的负面影响,因而在坚持问题导向原则的同时要坚持可操作性和可实现性的原则,着力避免形式主义的问题。

四、高校思想政治教育控制的实施

高校思想政治教育控制的实施就是把控制的计划付诸实践的过程。实施思想政治教育控制需要考量控制环境、控制行为和控制主体三个方面的要素。控制环境主要包括控制系统的内部和外部环境,环境的变化和调整不仅对思想政治教育实施的方式方法产生影响,而且对控制的效果产生至关重要的作用。控制行为是思想政治教育控制的主要载体,也是控制计划外的主要力量,在一定程度上决定着控制目标的实现。控制主体是思想政治教育控制实施的主要变量和最大变量,是控制行为的组织者、实施者和接受者,不仅对实践进程发挥重要作用,而且对实践结果产生决定性作用。

从本质上来看,高校思想政治教育管理和控制是一个系统,受到环境等多方要素的影响,这些要素相互影响、相互联结、相互制约,在一定程度上形成了环境系统。在环境系统中,各个要素都会对思想政治教育控制本体产生影响,这不仅决定了思想政治教育控制具有复杂性的特点,而且规定了控制实施方法具有多样性的属性。在思想政治教育控制实践中,实施方法有很多种,但具体方法的使用要与控制主体、目标等要素结合起来,根据具体情况选取相应的方法。从高校思想政治教育控制的实践过程来看,实施方法主要包括适时控制、适度控制和弹性控制三种类型。

(一)高校思想政治教育的适时控制

适时控制是企业在生产经营过程中常用的控制措施和办法,主要是针对生产经营过程中存在的偏差进行纠正,避免偏差扩大带来负面影响。从理论层面看,适时控制就是在“正确的时间”进行控制。思想政治教育控制是一种实践行为,也存在“偏差”的问题,这是控制实践的逻辑前提。思想政治教育的适时控制就是在恰当的时间节点上对机构、部门、主体、要素和环节等实施干预行为，在纠正行为偏向的基础上保证控制效果实现的一种控制方法。

思想政治教育的适时控制在逻辑上包括行为偏向、信息反馈和调整干预三个重点环节。行为偏向是指控制主体和对象的行为轨迹表现出偏离正常区间的趋向和状态，这是适时控制的动因前提。信息反馈是适时控制的关键要素，在适时控制中发挥重要的作用。“信息社会是社会的原则被信息的原则取代了的一种秩序、社会性被某种信息性取代的一种秩序。”①从这个视角看，信息赋予了社会的要素和内容，对社会的结构和形态产生了重要的作用。信息对于思想政治教育的适时控制也发挥了重要的作用。从地位层面看，信息不仅是适时控制的条件，而且是必备要素。信息和适时控制相互作用的过程包含两个层面的内容：一个是各个受控主体和环节将自身运行状况传输到实施控制的主体，这个过程是信息输入；另外一个是控制主体根据实际情况做出调整后再将控制指令传递到各个受控主体和要素，这个过程是信息输出。这两个过程实际上是一个回路，正是在信息输入和输出的过程中控制主体的控制行为发生了改变，受控主体的状态也发生了改变，实现了适时控制的过程和目标。调整干预是思想政治教育适时控制的结果层面，也是目的实现层面，其运行逻辑是在信息传递的基础上通过行为的介入实现结果的改变。思想政治教育适时控制的这三个环节是渐次递进、相互统一的，有逻辑次序的设定，也有行为秩序的安排。

在思想政治教育适时控制的实践中有一个关键的问题，就是在什么样的时间节点上实施控制行为的问题。解决这个问题的方法就是建构预警模型。预警模型设定受控主体的正常值和预警值，当受控主体的行为达到预警点的时候，施控主体即采取相应的干预行为，以确保受控主体的行为在合理区间运行。

思想政治教育适时干预效果的实现需要两方面的要素来保证，一方面是对时间节点的精准把握，另一方面是干预行为的快速实施。这两方

① 拉什.信息批判[M].杨德睿，译.北京：北京大学出版社，2009：123.

面是由思想政治教育适时控制的性质和特征决定的。

（二）高校思想政治教育的适度控制

在管理学科和管理实践中，适度控制指控制的范围、程度和频度恰到好处。从适度控制的理论可以看出，适度控制的核心在于对度和量的把握。思想政治教育管理是一项涉及人、财、物等要素的干预和调整行为，在运行实践中表现出复杂性和多变性的特征，这就需要管理者对不同的主体和要素实施适度控制。遵从适度控制原理的一般规定，思想政治教育的适度控制在内涵层面上是指控制的范围、程度和频度恰到好处，契合需求、符合实际。由此看来，思想政治教育的适度控制既是一项实践活动，更是一门艺术，不仅有唯物论的规定，而且还有辩证法的遵从。

1. 控制范围

控制范围涉及组织、机构、主体、要素和环节等要素。适度控制范围的确定一方面取决于控制目标，另一方面取决于受控对象的实际状态。在控制实践过程中，控制范围太广会涉及不相关要素，控制活动难以发挥实际作用，反而在一定程度上干扰正常要素的运行和功能的发挥；控制范围太窄则不能涵盖相关要素，不能对主体和要素运行的异常情况或者产生负面作用的要素和主体进行有效的干预和调整，控制的效果也不会实现。因此，控制范围应该根据控制的实际需要来确定。

2. 控制程度

控制程度即控制力度。控制力度的确定一方面取决于预期效果和实际效果的相差程度，另一方面取决于受控主体的行为轨迹与被允许范围的偏离程度。控制程度要根据实际情况来确定：控制力度过大不仅难以发挥正面作用，反而可能发挥负面作用；控制力度过小则不能对受控主体实施有效控制，受控主体的行为轨迹和运行状态就不会得到有效的干预，控制的效果也不会实现。因此，在控制力度的把握方面也需要遵照客观实际和辩证法的要求。

3. 控制频度

控制频度涉及控制数量和次数的问题。思想政治教育控制效果一方面受制于控制主体的控制行为，另一方面受制于受控主体的实际状态。在现实中，受控主体表现出复杂的运行状态，这就决定了控制频度会根据不同主体的实际状态而有所不同。从这个层面上看，控制频度不能一概而论、以偏概全，应该根据实际情况而有所区别。

在适度控制的实践过程中，需要注意两个问题：一个是控制有效性的问题，一个是控制方法的问题。对于这两个问题的处理都需要以辩证法为理论遵从。控制有效性的问题本质在于控制方法运用的恰当性。控制方法问题的本质在于正确处理整体和局部、两点和重点的关系。在控制实践中，受控主体状态的复杂性决定了控制方法的多样性，换言之，不是所有的受控主体都适用同样的控制方法，同样的控制方法也不一定适用于所有的受控主体。只有科学地把握辩证关系、采用合适的控制方法，才能达到理想的控制效果。

（三）高校思想政治教育的弹性控制

从基本概念层面上看，弹性控制是指控制行为能够应对系统内外条件的变化。思想政治教育的弹性控制，就是指控制主体所采取的控制行为能够有效应对各种风险、矛盾、问题的过程和实践。在现实过程中，思想政治教育控制的主体、行为和关系构成了一个相互关联的系统，这个系统的运行受到系统内部各主体和外部环境等要素的影响而表现出不确定的特征。这种不确定性要求实施思想政治教育的弹性控制，以便及时有效地应对各种情况和问题。

在思想政治教育管理实践过程中，可以通过模型构建的方式分析弹性控制的工作原理和过程。弹性控制模型主要分析施控主体行为和受控主体行为之间的变化关系，主要反映施控主体的行为变化值和受控主体的行为变化值之间的相关关系。按照施控主体行为和受控主体行为之间的相关关系，弹性控制分为单位弹性控制、富有弹性控制和缺乏弹性控制三种类型。

1. 单位弹性控制

单位弹性控制的基本原理：在标准情况下，当施控主体的控制行为增加或者减少一个单位时，受控主体的行为就会增加或者减少一个单位，施控主体的控制行为变化值和受控主体的行为变化值表现为正比例函数关系。单位控制是一种理想的控制状态，反映了控制方案和形势判断的统一。

2. 富有弹性控制

富有弹性控制的基本原理：在标准情况下，当施控主体的控制行为增加一个单位，受控主体的行为增加值超过一个单位。也就是说，施控主体的行为能够充分应对受控主体行为的不确定性，所产生的效果超出了目的预期。在思想政治教育管理实践中，富有弹性控制有效预判了受控主体行为的变化和不确定性要素的影响，针对主体和要素等的不确定性采取了积极有效的控制行为，产生了较好的目的预期，是最为理想的控制方法。

3. 缺乏弹性控制

缺乏弹性控制的基本原理：在标准情况的基础上，当施控主体的行为增加一个单位时，受控主体的行为增加值小于一个单位。也就是说，施控主体的行为不能有效应对受控主体行为的不确定性，所产生的效果小于目的预期。一方面是因为施控主体对受控主体的研究和判断没有得出正确的结论；另一方面是因为施控主体的控制行为在执行过程中出现了偏差，或者控制行为的干预作用没有充分发挥。

需要强调的是，缺乏弹性控制行为是一种性价比不高的控制行为，在思想政治教育管理实践过程中应该慎重使用，多使用效率更高的控制方法促进控制效果的实现和目的预期的实现。

五、高校思想政治教育控制的作用

作为管理方式的一种类型，思想政治教育控制对于思想政治教育和思想政治教育管理具有重要的理论意义和现实意义。这种理论意义和现实意义主要表现在对于思想政治教育管理的优化和思想政治教育效果的提升两个方面。

（一）优化思想政治教育管理

思想政治教育管理是思想政治教育的重要环节和组成部分，同时也是思想政治教育学科的重要分析模块，在思想政治教育实践过程中发挥着重要的作用。思想政治教育管理包括人、要素、体制和机制等多个方面，这些模块在现实的运作过程中表现出不同的向度和特质，可变性和动态性是其最为显著的特征。因此,思想政治教育管理不仅是一项艺术性的工作,而且是一项必要性的工作。管理对象和要素的多变性决定了思想政治教育管理的方法不可能一元,只有立体多元、丰富多样的管理方式才能有效应对各种不确定性和可能性。控制方法和理论所具有的天然的管理属性决定了其是思想政治教育管理的可行方法和途径。

思想政治教育管理是任务,而思想政治教育控制是方法。思想政治教育控制在本质上是施控主体对受控主体在实践过程中所表现出来的状态和趋向所实施的干预行为和活动,目的在于矫正受控对象的行为和状态,在根本上促进或者保证控制效果的实现,进而保证思想政治教育管理的有效性和思想政治教育的实效性。思想政治教育控制具有应对各类主体和要素的不确定性以及由此带来的风险的功能,从外围层面上有效防范和化解突发状况,为保障思想政治教育管理的运行发挥了重要作用。思想政治教育控制作为一种方式和方法,丰富了思想政治教育管理的途径和载体,同时也丰富了思想政治教育管理的实践,提升了管理的效能。从这个意义上看,思想政治教育控制具有优化思想政治教育管理的功能和作用。

（二）提升思想政治教育效果

思想政治教育从其产生之时就作为一种工具为特定的阶级服务,在教化民众、传播社会主流价值观方面发挥了重要作用,古今中外,概莫能外。思想政治教育不仅在机关、学校、军队和企业等机构中有广泛的运用,而且在农村、社区和城镇等区域也有较广的运用空间。学校的思想政治教育特别是高等学校的思想政治教育,承担着为社会主义培养合格建设者的重任,对于青年学生的思想和政治教育发挥了重要的作用。当前,伴随世界格局的变化和调整,在经济全球化和世界一体化的进程中,世界各国的文化、思想和价值观在特定的区域和空间激烈碰撞和交锋,国外思想和文化的输入在推动我国文化和社会思想发展的同时,也对我国的意识形态、社会文化和青年学生的思想形成了较大的冲击,高校思想政治教育的形势和环境变得更加复杂、挑战更加艰巨。

高等学校作为社会主义和共产主义建设人才的重要培养机构,应该高度重视学生的思想政治教育工作,重视思想政治教育控制的作用。要理解思想政治教育控制的作用必须首先理解思想政治教育效果的要求。思想政治教育在本质上是一定的阶级为了实现一定的目的，通过特定的方式和手段影响和改变受教育对象，使受教育对象接受特定的思想观念、政治观点和道德规范的过程。从这个意义上看，思想政治教育是一项有目的的社会实践活动。思想政治教育的目的性决定了其效果性。

思想政治教育控制对主体行为的多向发展、要素的状态改变和环境的不确定性具有干预功能，能够有效制约主体和要素的行为边界和运作状态。在这个层面上，思想政治教育控制行为和思想政治教育的效果要求具有一致性。从辩证法的角度看，思想政治教育控制是思想政治教育管理的一种行为和方法，而思想政治教育管理的目的是促进思想政治教育效果的实现，因而思想政治教育控制行为和思想政治教育效果的实现存在辩证统一的关系。通过以上理论分析，我们可以得出结论：思想政治教育控制具有增强思想政治教育效果的功能。这种功能和作用的实现需要控制行为实施主体发挥主观能动性，对控制对象实施有效控制。

需要特别强调的是，要发挥思想政治教育控制提升思想政治教育效果的功能，需要辩证地看待两者之间的关系，解决好基础和前提的关系、原因和结果的关系，在这一点上不能犯机械主义、教条主义、主观主义和形而上学的错误。同时，要在实践过程中注意方法、途径和载体的运用问题，发挥介体对结果实现的重要作用，正确处理主体和要素之间的关系，促成整体效果的凸显和实现。

第四节　高校思想政治教育的评估

思想政治教育是一项有目的、有计划的实践活动，其根本目的是通过行为的实施促进目标的实现。思想政治教育不仅有一般的理论约定，而且有通用的实践范式，但在不同的领域和行业会表现出相应的特殊性。高校思想政治教育虽然在理论和方法上遵循思想政治教育的一般规定，但是因为教育主体和对象等要素的区别而表现出独有的特质。高校思想政治教育以青年大学生为教育对象开展思想教育和政治教育，目的是培养符合社会主义建设和发展要求的人才。从这个意义上看，高校思想政治教育是一项有目的、有计划的实践活动。在实践的过程中，教育主体通过发挥主导和引领作用围绕思想政治教育目标开展教育活动，受教育主体通过教育主体的教育行为和过程完成转变，这是思想政治教育的基本逻辑关系，思想政治教育的目标在这个基本关系互动的过程中实现。

从实践层面看，高校思想政治教育涉及多个要素：从主体的角度看，包括教育者和受教育者；从系统的角度看，包括决策系统、执行系统和保障系统等；从载体的角度看，包括机构、组织、部门、体制和机制等；从环境的角度看，包括内部环境和外部环境等。在思想政治教育运行的过程中，这些要素在具有稳定性的同时也有可变性的表征，有时发挥同向促成作用，有时也会发挥反向消解作用，因而其功能和效果的实现具有不确定性。从要素互动的角度看，高校的校风、学风、教风、软件和硬件建设，思想政治教育工作者的能力水平和学生的综合素质，社会和家庭等都会对高校思想政治教育的运行产生影响，这些影响具有正向建构和负向消解的功能和作用。这些要素多方面发展的可能性增加了思想政治教育效果实现的可变性和不确定性。

要保障思想政治教育按照预定的轨道运行，进而实现思想政治教育的效果，就需要对思想政治教育过程进行干预。从理论层面看，这种干预行为一般是通过思想政治教育管理来实现的。思想政治教育管理就是对思想政治教育本身进行规划和设计，通过制订工作计划、分解工作任务、界定责任主体和建立保障体制机制的方式对思想政治教育过程进行干预和调节。思想政治教育管理实践过程一般会经过领导、计划、预警、控制等环节，这些环节分布于思想政治教育的各个节点，对相关要素实施控制和管理。在思想政治教育管理的运行过程中，各个环节和要素都存在一定的张力，对自身功能和系统效能的实现产生对冲作用。因此，需要对这些环节和步骤的实施、运行和功能发挥情况进行评估。

通常认为，对思想政治教育管理过程和要素的评估就是思想政治教育评估。思想政治教育评估的理论前提主要包括两个层面：一个是思想政治教育管理的各个环节不仅有行为指向的诉求，同时还有结果导向的诉求；另一个是思想政治教育管理的实效性对思想政治教育评估过程的诉求。从辩证关系的角度看,思想政治教育管理的实践需要一种工具或者方式来评价其功能作用,实现自我反观,思想政治教育评估在反映思想政治教育管理效能的同时促进管理效能的优化和提升。正是在理论前提和辩证关系的基础上,思想政治教育评估和思想政治教育管理才会在价值和功能层面上实现契合、在价值需求和功能满足的层面上实现统一。从这样的角度观察,思想政治教育评估具有改善思想政治教育管理、提升思想政治教育实效的功能和作用。

一、高校思想政治教育评估的内涵

评估在词源学中是评价、估量的意思,原意是指对事物的价值进行评判和估计。在经济学领域中,评估是对资产的价值进行品评和估计,主要是指资产的当前状态和可用经济单位度量的价值刻度。在哲学论域中,评估是评价主体根据一定价值观对评估客体的功能、意义和价值进行评判的实践活动,在本质上是一种价值判断活动。对于事物价值的评估实际上包括定性和定量两个层面,定性是指对事物的状态、功能和价值做出肯定或者否定的评判,定量就是通过刻度单位衡量事物的数量和规模,定性和定量两个向度的结合能够对事物的价值做出客观的估计。在实践过程中,评估就是用实证分析和事实判断的方法直观反映事物的属性、状态和对客体的满足情况。

总而言之,评估具有普遍性的理论约定,但在不同领域和话语背景下有不同的内涵和运作方法。评估作为一种客观存在的社会实践活动,在不同领域发挥着重要的功能和作用。

评估实践伴随人类社会活动而存在和发展。在人类思想史上,不同的思想家和理论家都界定过评估的含义,内容各异、不尽相同。当代学术界对于评估含义的认定基本趋于统一,大多数专家和学者认可的关于评估的内涵主要包括评价和估量两个方面。自从把评估引入教育领域以后,关于教育评估的内涵也有了多种表达。有人从理论内核角度界定评估的内涵,克龙巴赫(Cronbach)认为:"教育评价是指为了获取教育活动的决策资料,对参与教育活动的各个部分的状态、机能、成果等情报进行收集、整理和提供的过程。”[①]也有人从过程论的角度界定了教育评估的内涵，泰勒(Tyler)认为：“评价过程在本质上是确定课程和教学大纲在实际上实现教育目标的程度的过程。”[②]在教育界，不论对于评估的内涵如何界定，但有两点是统一的：一是评价的目的是为教师、学生和教育事业发展提供保障；二是评价是建立在对主体、活动、过程的价值评判基础之上的。从这一点看，教育评估是立足于教育而又服务于教育的。

自从思想政治教育学科成立以来，不断有专家和学者针对评估开展专门研究。在研究的过程中，厘定并廓清了思想政治教育评估的基本内涵，系统阐述了思想政治教育评估的理论内涵、实践方法和运作机理。有人认为：“思想政治教育评估是要解决做得怎样的问题，即通过科学的反馈对思想政治教育做出实事求是的、准确的分析评估，以利总结经验，发扬成绩，激励先进，纠正错误，克服缺点。”[③]也有人认为：“思想政治教育评估就是根据社会对思想政治教育的要求以及思想政治教育的评估要求，采用测量和统计分析等先进方法，对思想政治教育的实际效果进行价值判断的过程。”[④]通过以上两种关于思想政治教育评估内涵的界定可以看出，思想政治教育评估要解决三个核心问题：一是思想政治教育评估要“评估什么”，对于这个问题的回答实际上解决了评估的主体、要素和对象的问题，这是思想政治教育评估的核心问题，也是前置性要件。二是思想政治教育评估“如何进行”，对于这个问题的回答实际上解决了思想政治教育评估的方法、途径和载体的问题，这是思想政治教育评估开展的现实路径，解决了方法论的问题。三是思想政治教育评估的“目的是什么”，对于这个问题的回答实际上解决了思想政治教育评估的价值和意义问题，是关于思想政治教育评估的目的论和价值论。通过以上理论思辨，我们可以推演思想政治教育评估的基本内涵。思想政治教育评估是指评估行为实施主体借助科学的方法，对思想政治教育及其主体、要素和环节的状态和效果进行价值判断的实践活动。通过我们所界

① 李聪明.教育评价的理论与方法[M].台北：幼狮书店，1972：154.

② 陈玉琨.教育评估的理论与技术[M].广州：广东高等教育出版社，1987：78.

③ 陆庆壬.思想政治教育学原理[M].上海：复旦大学出版社，1986：233.

④ 邱伟光.思想政治教育学[M].上海：学林出版社，1990：321.

定的思想政治教育评估的概念,可以界定至少五个方面的内涵。

一是思想政治教育评估要对思想政治教育的效果做出质的判断。思想政治教育的效果是对相关主体的价值和需求被满足情况的外化表现,具有可感知的特点。从现实角度看,思想政治教育效果的现实表征是多维性的,既有积极的方面,也有消极的方面。对思想政治教育的效果进行评估,就是对思想政治教育的效果做出肯定或者否定的评判,对其本体价值的实现和有关诉求的满足做出明确的判断。按照有关标准评判思想政治教育效果的质,是思想政治教育评估的重要内容和根本任务。

二是思想政治教育评估要对思想政治教育的效果做出量的描述。思想政治教育的效果不仅具有可感知的特点,而且还具有可度量的特征。思想政治教育效果的可度量性是对其进行量化评估的前提和基础。评估思想政治教育效果的量,一方面要描述思想政治教育目标的实现程度,另一方面要描述对相关主体和要素的需求的满足程度,这个量通常是可以用数值来表示的。思想政治教育效果量化的载体主要是指标和指标体系。针对思想政治教育的表现结果和方式设定测量指标,通过对指标的赋值实现对质量和效果的衡量。对思想政治教育效果的量做出测定和描述是思想政治教育评估的核心,也是思想政治教育效果直观体现的主要方式。

三是思想政治教育评估在本质上是一项价值判断的实践过程。"思想政治教育评估是根据社会对思想政治教育的要求,以及思想政治教育评估对象的实际,确立指标体系,采用测量和统计分析等方法,对思想政治教育的实际效果进行价值判断的过程。"[①]辩证唯物主义认为,价值是主体对客体需要的满足,思想政治教育评估通过本身功能和价值的实现来满足主体的需要,因而,其在本质上属于价值的范畴。思想政治教育评估的过程主要是对思想政治教育的功能和作用等进行评估和判断的过程,这个过程实际上就是价值判断的过程。

四是思想政治教育评估要借助于科学的手段和方法来实现。思想

① 邱伟光,张耀灿.思想政治教育学原理[M].北京:高等教育出版社,1999:266.

政治评估在本质上是一项社会实践活动，要以客观事实为依据才能保证评估的客观性和真实性。思想政治教育评估需要借助一定的方法来实现，可以是内因评估与外因评估的统一、水平评估与方向评估的统一、一般评估与个别评估的统一，也可以是经验评估法、分类加权法、纵横评估法、综合评估法。当前，科学技术的快速发展丰富了思想政治教育评估的方法和载体，同时也使得思想政治教育的主体和环境等要素发生了新的变化，这就要求思想政治教育评估自身必须不断优化和完善，以现代化和科学化的手段评估思想政治教育效果。在当前的思想政治教育评估实践中可以把互联网、大数据等技术运用到评估实践过程中，增强评估结论的全面性、合理性和客观性。

五是思想政治教育评估的目的是促进思想政治教育效果的实现。思想政治教育评估是对各环节、主体、要素的运行状态和功能发挥情况进行评判、估计，在肯定正向要素的同时也在发现负面要素，在整体上有利于促进思想政治教育效果的实现。从这一点上看，思想政治教育评估具有导向功能、激励功能、诊断咨询功能、检验功能和选拔功能。从另一个层面上看，思想政治教育评估在促进各要素功能发挥的同时，也会推动各主体改进自身的问题和不足，推动其正面功能和作用的发挥。从这个层面上看，思想政治教育评估在过程控制、目标管理和正常运行等方面发挥了重要作用，同时也对思想政治教育效果的实现发挥了促进和推动作用。

二、高校思想政治教育评估的内容

思想政治教育评估是思想政治教育管理的重要环节和组成部分，在思想政治教育实践过程中发挥重要的作用。从理论层面上看，思想政治教育评估的实现要解决两个基本问题：一个是评估什么；一个是如何评估。这两个问题辩证地统一于评估理论和实践过程中。对于第一个问题的回答是解决评估的对象和要素的问题，这是评估实践的前提和条件，也是评估工作的逻辑起点。对于第二个问题的回答实际上解决的是评估方法的问题，也就是过程论和方法论的问题，这是评估工作的核心环节，也是逻辑中项。对于评估而言，无论进行理论创新还是方法创新，都必须坚持这两个问题的核心作用和基础作用。研究和讨论思想政治教育评估的内容，实际上就是回答“评估什么”的问题，把这个问题分析清楚，一方面实现了厘定和廓清理论的目标，另一方面对于开展思想政治教育评估工作发挥了导向作用。

相较于其他领域的思想政治教育，高校思想政治教育有特定的要素和环境，因而思想政治教育评估也有特定的作用域和话语场。高校思想政治教育的要素，从横向层面看，包括外部环境、内部环境、教育主体、受教育主体和保障主体等；从纵向层面看，包括管理者、被管理者、学生和教师等。这些要素彼此联系、相互影响，对思想政治教育产生促进或者消解作用。更为关键的是，要保证思想政治教育整体效果的实现，不仅需要每个部分充分发挥功能和作用，而且要规避和防范不确定性要素的影响。从这样的角度看，在思想政治教育管理的过程中，需要发挥评估的功能和作用，实现对相关主体和要素的评价、测控和管理，同时要强化评估的客观性和精准性，促进各要素正向功能的发挥。从思想政治教育管理的实践和要求看，思想政治教育评估的基本要素包括施教主体、受教主体、综合环境、实施过程和目标效能五个部分。

（一）施教主体的评估

考察高校思想政治教育的施教主体需要从两个视角分析。从纵向层面看，施教主体主要包括学校党委班子成员、党委学生工作部的负责人和工作人员、院系党总支成员、院系学生工作办公室的负责人和工作人员、课程教师、辅导员、班主任等。这类主体有的从事思想政治教育的决策和管理工作，有的从事执行和实施工作，是思想政治教育的直接相关方。从横向层面看，施教主体主要包括学校团委班子成员及其职能部门的负责人和工作人员、校学生会和院系学生分会等学生组织的各部门负责人和工作人员、学校保障部门的负责人和工作人员、学校保卫部门的负责人和工作人员等。这两类主体构成了思想政治教育的施教主体，对于推动和保障思想政治教育实施发挥了重要的作用。

评估思想政治教育施教主体要抓住德、能、绩三个关键点，设定政治立场、思想品德、理论素质、政治修养、工作能力、业务水平、事业心、责任心和工作业绩等指标。对施教主体进行评估的作用主要体现在两个方面:一方面评价和测定施教主体在思想政治教育实施和管理过程中发挥的实际作用;另一方面帮助施教主体发现问题、整改问题,实现自我能力和素质的提升,促进思想政治教育效果的实现。

(二)受教主体的评估

思想政治教育的受教主体是学生。高校学生是社会主义现代化的建设者和共产主义事业的接班人,他们思维活跃、知识丰富,具有较强的创新力和发展力。当前,我国经济快速发展、社会全面进步、科技实力日渐增强、国际话语权逐渐增加,正在走向世界舞台的中央。同时,世界格局深刻调整、国际关系风云变幻,全球发展处于新的机遇期和挑战期。在这样的背景下,高校学生的群体性特征出现了新的变化,表现出异于传统的新内容。因此,对学生进行思想政治教育评估不仅需要全新的视角,还需要全新的方法,只有这样才能保证评估结果的客观性和真实性。高校学生思想和行为的变化、政治素养和能力的提高等要素是衡量思想政治教育效果和成败得失的重要标准。

对学生进行思想政治教育评估,需要坚持以学生为主体和中心,重点抓住思想和行为两个关键点,设定思想品德、政治修养、世界观、人生观、价值观、国家观、民族观、集体观、宗教观、学习观、事业观、责任心、进取心、心理健康水平等指标,全面衡量学生的综合素质和水平。

(三)综合环境的评估

思想政治教育环境是一个复杂的动态系统,其发展和变化受到多种主体和要素的影响。从环境和思想政治教育实践活动两者的关系看,环境是自变量,思想政治教育实践活动是因变量。也就是说,环境会对思想政治教育实践活动产生重要的促进或者规制作用,而思想政治教育实践活动只是环境变化的一个要素或者因素。思想政治教育环境按照不同的标准可以划分为不同的类型,如内部环境和外部环境、社会物质环境和社会精神环境等。把综合环境作为思想政治教育评估的一个要素或者方面,一方面是考察环境对思想政治教育效果实现的保障度和贡献度,另一方面是发现对思想政治教育效果发挥消解作用和解构作用的环境要素及其影响度,便于在思想政治教育管理过程中对其进行有效控制。

评估思想政治教育环境要抓住类型和影响程度两个关键点，根据评估对象的实际设定判断指标。环境主要分为以下几个类型：从宏观方面看，有国际环境和国内环境；从要素方面看，有政治环境、经济环境、文化环境、社会环境和生态环境；从微观层面看，有学校环境、家庭环境、生活环境、学习环境、工作环境等。

环境的影响力指标主要包括基本情况、运行状态、影响程度和发展趋势等。需要特别指出的是，对思想政治教育环境的评估要全面客观，尤其要注重对重点环境的关注和评估，同时针对不同环境采取适当的评估方法，只有在这样的前提和基础上，才能保证环境评估的有效性和精准性。

（四）实施过程的评估

对思想政治教育实施过程进行评估是思想政治教育评估的程序。实施过程是思想政治教育工作的主体要素，也是关键性因素。实施过程的有效性对于思想政治教育整体效果的实现具有重要作用。从理论层面看，思想政治教育实施过程就是把思想政治教育的计划、任务、管理、控制和目标转化为实践的过程，是一个理论向实践转化再通过实践来检验理论的过程。

要保证思想政治教育实施实现目的预期，一方面要求思想政治教育实践的理论具有科学性、合理性和指导性，另一方面要求思想政治教育实施的实践过程具有规范性和实效性。需要特别指出的是，对思想政治教育实施过程进行评估要树立全局性和立体性思维，评估的过程要涵盖思想政治教育实施的主体、要素和环节，同时要求评估方法具有针对性和有效性，只有在这样的前提和基础上，评估工作才能正确反映思想政治教育实施的全貌，进而保证评估的客观性和真实性。

评估思想政治教育实施过程需要把握过程要素和度量指标。思想政治教育实施的过程要素主要包括思想政治教育目标的研究和效果预期、方案制订、任务分解、计划实施、方法落实、过程控制、目标管理等，度量指标主要是根据要素的特点所设定的定性或者定量的标准。对思想政治教育实施过程的评估要关注到各个环节、要素和节点，在评估过程中把握重点和一般的关系、局部和整体的关系、要素和系统的关系，科学合理地评价思想政治教育的实施过程。

（五）目标效果的评估

高校思想政治教育的目标效果主要反映思想政治教育的过程和实践对青年学生的思想、行为的作用和影响。反面观之，学生的思想状况、道德品行、政治能力、情感认同反映了思想政治教育的实际效果，特别是学生的“心绪转换、人际交往、自我确认”[①]是思想政治教育效果的直接体现。评估思想政治教育的目标效果是思想政治教育评估的核心任务，因为通过评估的结果可以衡量思想政治教育形势研判的科学性、方案的合理性、方法的合规性、管理的有效性和工作的实效性。思想政治目标效果是质和量的统一，既有质的规定，又有量的体现，因而评估思想政治教育目标效果需要分为定性和定量两个步骤。定性方面主要评价目标效果实现的程度、状态和结果，定量方面主要评价各个测评指标的数值规模。做评估时，需要将定性结论和定量结论结合起来。

评价思想政治教育目标效果需要抓住本体要素和对象要素两个关键点。本体要素的指标包括：思想政治教育方案的实施情况、计划的执行情况、任务的完成情况、行为的规范情况、体制机制的建立情况、保障措施的运行情况、管理的科学性、控制的有效性等；对象要素的指标主要包括：学生的思想和行为转变情况、能力和素质提升情况、情感和认同变化情况等。对思想政治教育目标效果的评价和判断与思想政治教育实践直接相关，因而，在形成评估结论的时候要客观、谨慎，增强事实性，减少主观性，把评估的目的统一于思想政治教育目标效果提升的过程和实践中。

三、高校思想政治教育评估的原则和方法

原则是言行所依据的准则，思想政治教育评估的原则就是开展思想政治教育评估工作所遵循的准则。之所以在思想政治教育评估实践中要坚持正确的原则，一方面是因为原则是对思想政治教育评估规律的正

① 彭兰.网络传播学[M].北京：中国人民大学出版社，2009：296.

确反映，是对思想政治教育评估实践客观的、全面的、正确的认识；另一方面是因为原则是思想政治教育评估过程和结果客观性的根本保证。

方法在一般意义上是为了获得某种事物或者达到某种目的所采取的手段与行为方式，从这个意义上看，方法和手段的意思较为接近。方法的词义非常丰富，在不同的学科中有不同的定义。在辩证唯物主义和历史唯物主义话语背景下，方法是指人们认识世界和改造世界的根本方法，也可以进一步理解为人们认识世界和改造世界的手段和途径。列宁认为："在探索的认识中，方法也就是工具，是主观方面的某种手段，主观方面通过这个手段和客体发生关系。"① 从这里我们可以看出，方法是主观的，也是客观的。之所以认为方法是主观的，是因为人在认识世界的时候是主观的，方法本质上是人的思维活动；之所以认为方法又是客观的，是因为人的认识是对客观事物的反映，事物本身是客观存在的。思想政治教育评估方法，就是人们为了开展思想政治教育评估工作或者实现思想政治教育评估的效果所采取的手段和行为方式，也可以理解为认识思想政治教育评估和改造思想政治教育评估的根本方法。

思想政治教育评估是一项求证客观性和真实性的实践活动，既要评估思想政治教育实践的运行状态，又要判断思想政治教育实践对相关主体所产生的功能和作用，因而在思想政治教育评估实践过程中，既要坚持正确的基本原则，又要采取科学、合理的方法。从现实情况看，只有坚持原则的指导性和方法的多样性，才能取得科学、全面、正确的评估结果。

（一）高校思想政治教育评估的原则

高校思想政治教育评估的原则是保证思想政治教育评估活动和结果客观性的重要保证。对于在思想政治教育评估工作中应该坚持的原则，不同的专家学者有不同的论述和界定。无论专家学者的观点存在何种不同，他们提出的依据都是思想政治教育实践。从高校思想政治教育的实践论域考量，思想政治教育评估的原则主要包括以下几个方面。

---

① 列宁.列宁全集：第38卷[M].北京：人民出版社，1959：236.

1. 坚持人本性原则

坚持人本性原则就是坚持以人为本的原则。思想政治教育在本质上是关于人的实践活动,重点关注人的思想和行为。思想政治教育评估的对象既包括人的要素,又包括物的要素,涉及多个主体、要素和环节。高校思想政治教育评估所指向的"人"的要素,包括施教主体和受教主体,施教主体是思想政治教育的领导者、决策者、管理者和执行者,受教主体主要是高校学生。从价值层面看,在思想政治教育评估过程中坚持以人为本的原则就是要回答"以人的什么为本"的问题,就是要重点解决好"为了人"和"服务人"的问题。从实践层面看,在评估过程中坚持以人为本的原则就是评估标准的建立、指标的设定、方法的选择和工作的依据等都把"人"作为逻辑起点和目的归宿,如果偏离或者失去了这个依据和核心,思想政治教育评估就失去了存在的价值和意义。

2. 坚持客观性原则

客观性原则就是按照事物本来的面目反映事物,也就是以客观存在或者实际为基本准则。思想政治教育评估的客观性原则就是按照客观实际实事求是地评价和判断思想政治教育的效果和状态。思想政治教育评估的客观性包括两个方面的要求:一是思想政治教育评估的工作人员在评估过程中坚持客观性的评估方法;二是按照评估对象的实际情况开展评估。除此之外,思想政治教育评估的客观性还有两个方面的规定:一个是评估过程的客观性,另一个是评估结果的客观性。评估过程的客观性要求评估工作者按照评估工作的客观实际和要求开展评估工作,评估结果的客观性要求在评估过程中以评估对象的实际和真实状况为根本遵循。在思想政治教育评估过程中坚持客观性原则并形成客观性的评估结论,要求评估指标不仅具有客观性,而且紧贴评估对象的实际。

3. 坚持全面性原则

在现实要求层面上,全面性和整体性的意思比较相近,但也有所不同,全面性注重覆盖面,整体性更加关注要素间的联系。在思想政治教育评估实践中坚持全面性的原则,既有覆盖面的要求,也有关联性的要求。在思想政治教育评估过程中坚持全面性的原则有两个方面的要求:

一方面是评估覆盖被评估主体和要素;另一方面是评估覆盖思想政治教育及思想政治教育管理工作的全部过程。从评估结果的有效性看,在坚持全面性原则的同时还要注重联系性,这个联系性主要指两个方面:一方面是主体间的联系性;另一方面是指标间的联系性。关注主体间的联系性的原因是:一种结果的出现不仅受本体要素的影响,也受客体要素的影响,因而要辩证地、联系地考察一种结果和现象,在考察主要因素的同时也要关注次要因素。关注指标间的联系性的原因是:同一个主体所表现出来的状态可能是由多种因素共同影响的,因而单个指标可能不能够全面反映评估主体的实际情况。需要特别指出的是,在思想政治教育评估实践过程中运用全面性原则要切实避免样本观测、推断和估计的问题,不能以偏概全、以点论面,要切实按照全面性原则的方法和要求开展思想政治教育评估工作。

4. 坚持历史性原则

辩证唯物主义和历史唯物主义认为,历史是由人民群众的社会实践创造的,人民群众是历史的创造者,一部社会发展史就是人民群众社会实践的历史。思想政治教育在本质上是一项社会实践活动,是社会历史的一部分,因而也有历史性的规定和内涵。在思想政治教育评估过程中坚持历史性原则,就是把评估活动和评估对象的发展过程紧密结合起来,不仅要研究评估对象在当下的状态,还要研究评估对象在过去的表现,也就是说,要考察历史和当下之间的联系。概括起来看,思想政治教育评估要坚持历史性原则,就是在工作过程中要切实做到考察过去、分析现在、预见未来。思想政治教育的各个主体、要素都时刻处于变化和发展中,正因为如此,在思想政治教育评估过程中不仅要运用历史的方法判断评估对象的状态和结果,还要深入分析各种因素对评估对象的影响,只有如此,才能对被评估对象做出客观的判断和估计。

5. 坚持导向性原则

导向包含引导和方向两层含义。引导就是通过外力的影响使事物发生改变,方向就是事物运动或者变化的指向。导向性就是方向性,通俗地理解就是引导事物发展或者变化的方向。在思想政治教育评估实践过程中坚持导向性原则,就是充分发挥思想政治教育评估对思想政治教育的引导作用，真正实现以评促改、以改促建的功能和效果。

从理论的角度看，在思想政治教育评估实践过程中坚持导向性原则有两层含义：一是评估活动对被评估对象要发挥导向性作用，就是评估的目的一方面是判断被评估对象的状态和效果，另一方面是促进被评估对象更好地发展和改进；二是评估活动对思想政治教育的功能凸显和效果提升发挥导向性作用，评估的根本目的一方面是评估思想政治教育的效果在特定时点的状态和特征，另一方面是促进有关部门、主体和环节发现自身存在的问题，并及时整改。只有被评估对象改变了自身的不利情况和局面，思想政治教育评估才算真正发挥了导向性作用。

6. 坚持科学性原则

科学性原则指在一定科学理论的指导下运用科学方法指导实践行为。科学性原则的核心要求是客观性，就是指事物的存在和发展、本质和联系、形势和内容不以人的主观意志为转移。思想政治教育评估坚持科学性的原则就是要求用科学的理论和恰当的方法指导评估实践。

思想政治教育评估的科学性原则包括以下几个层面的内涵：一是评估工作必须有科学的理论指导。思想政治教育评估不是主观任意的行为，需要以思想政治教育学和统计学等学科的理论为根本指导。二是评估过程要具有科学性。在思想政治教育评估实践中，要按照评估的规律、工作程序、环节步骤和现实要求开展评估工作，不能随心所欲、为所欲为。三是评估方法要具有科学性。在评估工作中只有坚持正确的方法，才能正确反映背后的真实意图。思想政治教育评估过程中除了要运用科学的方法以外，还要求指标的设置具有科学性。这两个方面相互作用，才能保证思想政治教育评估结论的科学性。

7. 坚持实效性原则

实效性就是有用性，从哲学上看，实效性是指主体的功能和作用对客体所产生的影响。思想政治教育评估坚持实效性的原则，就是在思想政治教育评估实践中注重发挥评估的实际功能和作用，具体而言就是评估的评价作用、判断作用、引导作用和促进作用等。

思想政治教育评估的实效性原则有以下几个方面的要求：一是评价指标设置的有效性，就是思想政治教育评估指标的设置能够真正反映被评估主体的状态、功能和结果，评估指标衡量或者描述的内容要建立在被评估对象的客观实际基础之上。如果指标标准高于被评估对象，就不能正确反映被评估对象的实际情况；如果指标标准低于被评估对象，就不能得出正确的评估结论。二是评估结果的有效性。一般意义上而言，思想政治教育评估的结果一方面要全面、科学地反映思想政治教育实践，另一方面要有助于纠正相关主体和要素的行为偏向、功能失范和状态失常等现象和问题。因此，在思想政治教育评估实践过程中，除了要关注评估本体价值以外，还要关注衍生价值和他体价值。

（二）高校思想政治教育评估的方法

思想政治教育评估具有实践的本质属性，不仅具有需要理论指导的规定，也有被实践检验的要求，因而思想政治教育评估的方法既来源于实践，又指导实践。思想政治教育评估的实现有多种范式遵从，有时来源于理论模式，有时来源于实践模式。来源于理论模式是因为理论具有向实践转化的要求；来源于实践模式是因为模式是再现现实的一种理论性、简化的形式。学术界对于思想政治教育评估方法的研究比较深入，有的学者认为思想政治教育评估方法主要是层次分析法和模糊综合评估法，也有学者提出了其他评估方法。从思想政治教育评估工作的实践要求来看，思想政治教育评估要符合评估的基本规律，要根据评估对象的实际采取恰当的评估方法。大体而言，思想政治教育评估的基本方法主要包括以下几种类型。

1. 全面评估和部分评估

全面评估和部分评估是针对思想政治教育的整体性、规模性和系统性而言的。从一般意义上看，思想政治教育的规模或者系统主要包含组织、机构、环节、要素等核心部分，在不同的标准和参照下规模或者系统的构成也有所不同。思想政治教育评估分为全面评估和部分评估两个类别。全面评估是对思想政治教育的全部要素进行评估，包括施教主体、受教主体、环境、计划、方案、途径、载体、管理、体制和机制等。全面评估要求评估工作既覆盖全部要素，又覆盖全部过程，是过程和要素的统一。全面评估虽然有覆盖面的要求，但是也有度的把握，在现实评估工作中要正确处理要素之间的关系、要素和结构之间的关系、两点和重点的关系等。部分评估就是根据评估的需要对某个主体、过程、要素、环节等方面开展评估。全面评估能够反映思想政治教育运行的宏观状况和真实效果，部分评估能够反映特定主体的真实状态和效果，两者各有侧重、各有优势。在思想政治教育评估实践中，全面评估和部分评估的选择要根据评估的要求和被评估对象的实际而确定，不能脱离实际。

2. 时期评估和时点评估

时期评估和时点评估是根据思想政治教育运行的时间区间和评估工作的要求所确定的。思想政治教育是一项长期性和连续性的社会实践活动，这是由思想政治教育的特点、过程和要求所决定的。思想政治教育效果的实现有时间方面的要求，由于最终需要时间来保证，因而计划的实施、方案的执行和任务的完成只能在规定的时间区间内完成。针对思想政治教育本身的特点和评估工作的现实要求，以时间区间为参照可以把评估方法划分为时期评估和时点评估两种类型。时期评估就是以思想政治教育运行中的一段时间为评估单位对思想政治教育的效果进行评价和估计的行为。时期评估可以观测被评估对象在一段时间内运行和变化的情况，因而形成的结论比较全面、客观。时点评估就是在特定的时间节点上对评估对象进行评估，也就是在相对静止的状态下观察相关主体和要素的状态和效果。时期评估和时点评估是评估的两种方式和方法，存在作用领域的差别，但不存在优劣之分。时期评估和时点评估方法的选择应根据评估工作的需要和要求而确定，在工作实践中要具体问题具体分析。

3. 定性评估和定量评估

定性分析和定量分析一般多见于分析化学学科领域，定性分析一般是指界定物质中的元素或者成分，定量分析是指分析各种元素或者成分的数量。在社会科学领域中，定性分析是指对事物的质进行研究，也就是从事物的构成要素及其相互关系中把握质的规定性；定量分析就是指分析事物或者要素的数量和规模。在思想政治教育评估中，定性评估和定量评估是根据事物的两面性和统一性而对被评估对象所做的判断和估计。思想政治教育的定性评估就是通过分析思想政治教育系统的各个要素及其相互关系，在对关系的把握中评价主体和要素的状态和结果。开展定性评估要求深入评估对象的实际，综合运用调查研究法、实地考察法和结果求证法，以保证评估的真实性、客观性和全面性。开展定量评估要综合运用函数关系法和模型分析法等方法，保证评估的有效性。定性评估和定量评估各有侧重，各有独特的功能和价值，虽然形式独立，但本质统一，因此在具体的思想政治教育评估实践中需要将两种方法结合起来综合应用，以强化评估结果的客观性、真实性和精准性。

四、高校思想政治教育评估指标体系的构建

评估思想政治教育不是一项随心所欲的工作，需要通过一定的方式和载体来实现。这个方式和载体就是指标。指标是衡量事物的参数，一般包括指数、规格和标准三层含义。思想政治教育评估指标就是衡量被评估对象的参数。在思想政治教育话语背景下，评估指标一般是指“根据一定时期的思想政治教育价值观、思想政治教育目标、思想政治教育的实际状况以及思想政治教育评价的具体目的而设计的，对思想政治教育现象进行价值判断的规定和准则，是反映思想政治教育现象本质属性的因素集合”①。通过思想政治教育评估指标的概念可以看出，思想政治教育评估指标包括质和量两个方面的规定性，不仅是对评估对象的价值判断，而且还包括数值描述，是定性和定量的统一。这就要求在设计思想政治教育评估指标的过程中注意可描述和可度量的问题。

思想政治教育评估指标体系，是指按照一定的特性、属性和关系所形成的整体、集合或者结构样态，是指标和权重的有机整体，同时也是开展评估工作和实现评估价值的重要手段。构建指标体系要遵循功能相同和类型相近的原则，按照一定的标准对评估指标进行排列组合。从本质上看，思想政治教育评估指标体系是反映评估对象状态、属性和价值的综合表现量。设计思想政治教育评估指标体系不仅要遵从科学的原则，而且要关照评估对象和实际。

（一）评估指标体系构建的原则

思想政治教育评估指标体系构建的原则是对思想政治教育评估工

① 王茂胜.思想政治教育评价论[M].北京：中国社会科学出版社，2006：65.

作和指标体系的特点和规律的客观认识，是设计、确定和构建思想政治教育指标体系应该遵循的指导思想、科学方法和行为准则。思想政治教育评估指标体系构建的原则要求指标体系以评估对象为依据，客观反映评估对象的实际情况，在工作实践中要坚持以下几个方面的原则。

1. 科学性原则

科学性就是合目的性、合规律性。构建思想政治教育指标体系的科学性，就是所构建的评估指标体系要体现目的性、规律性和价值性。在构建思想政治教育指标体系的过程中坚持科学性的原则主要有以下几个层面的含义和要求：一是要反映思想政治教育评估和指标体系构建的基本规律和实践要求，以被评估主体和要素的客观实际为依据，真实、客观地反映被评估对象的状态、价值和功能；二是构建思想政治教育评估体系要有科学的理论为指导，在坚持思想政治教育学科理论主体地位的同时，要大力借鉴数学、统计学和计算机科学，以及新兴学科和交叉学科的理论，综合运用多学科的方法开展思想政治教育指标体系的规划和设计工作；三是思想政治教育指标体系本身要逻辑严密、结构合理、框架完整，并富有灵活性、效果性和针对性。除此之外，思想政治教育指标体系构建的科学性还有本体科学性和价值科学性的要求。在实践过程中要防止指标体系不健全和相冲突的问题，切实发挥指标和指标体系对评估对象的评价和估计作用。需要指出的是，构建思想政治教育评估指标体系是一个动态发展的过程，需要在实践过程中检验理论和实践相符合、相统一的程度。

2. 完整性原则

完整性可以理解为全面性、完全性。完整性涵盖的范畴比较广泛，因而可以从不同的视角和层面描述和界定完整性的内涵。思想政治教育评估原则话语背景下的完整性，一般是指“全面性、整体性和连续性，它要将标准细化、分解，涵盖全方位的内容和思想，然后可以镜像地、完全地反映评估者的要求，使指标的总和体现评估的目的”[①]。在思想政治教育指标构建过程中坚持完整性原则有两层含义：一方面是思想政治

① 张耀灿.思想政治教育学前沿[M].北京：人民出版社，2006:482.

教育评估指标体系要完整,要体现整体性、系统性和全面性的特点和要求。对于思想政治教育评估实践而言,指标体系要覆盖评估对象,这就要求评估实施主体在制定指标并构建指标体系的过程中充分认识评估工作的特点和要求,全面了解评估对象的实际情况。另一方面,评估要体现完整性的特点,就是评估对象的所有特点和状态能够被反映。在思想政治教育评估指标构建过程中坚持完整性原则,不仅要求指标反映评估对象全貌,而且要求从评估对象的实际出发。在思想政治教育指标构建过程中运用完整性原则,要处理好全面和重点、结构和体系的关系。

3. 确定性原则

确定性又称为明确性,在哲学上是与不确定性相对立的概念,一般是指事物在没有发生质变之前的一种稳定状态。思想政治教育评估指标体系的确定性是指属性、特征和价值的明确指向性,包含意义明确、要求明确、适用明确和功能明确四个方面的规定。意义明确,就是指标和指标体系有特定的内涵和意义,在被理解和描述层面上是确定的,也就是有明确的意思表示。这是指标或者指标体系质的方面的规定性,这也要求思想政治教育指标的设计者和制定者在制定指标的过程中,对于指标或者指标体系的描述应简洁明了、用词准确,不能含糊其词,要留有可揣测和可演绎的空间。要求明确,就是指标及指标体系的规定性是确定的,对于评估工作者在实践中如何使用指标及指标体系,或者完成哪些工作的指向是明确的、确定的,不能似是而非,亦此亦彼。适用明确,就是指标或者指标体系的适用范围、针对主体、面向对象是确定的,从一定意义上看,具有专门性的特点,如果适用对象不明确,结果也就不具有实际价值。功能明确,就是指标或者指标体系的价值是明确的,以方便工作实践为主要目的。思想政治教育指标体系构建的确定性原则是保证评估效果价值性的前提和基础。

4. 可行性原则

可行性就是可操作性。构建思想政治教育评估指标体系的可行性原则,就是要保证指标或者指标体系在思想政治教育评估工作中客观可行、易于操作。从理论层面看,思想政治教育评估指标体系要体现出全面性、立体性、连续性和完整性,而不是结构混乱、层次不清、主次不分。

从实践层面看，结构复杂、冗余繁重的指标体系反而加重实践者的负担，既不利于工作实践，也不利于对评估对象的评估，对评估结果产生一定的负面作用；相反的，结构简单、意思明确、简便可行的指标体系更能被实践者所接受，在工作实践中更能取得良好的效果。从本质上看，思想政治教育评估指标或者指标体系是一种操作工具和评价工具，就其属性和特点看，也具有可行性。

构建思想政治教育评估指标体系要坚持可行性的原则：一方面，要求在制定指标、构建指标体系的过程中把可行性作为重要标准来衡量；另一方面，要充分关照评估工作者的工作实践和评估要素、主体的现实特点。为了更好地实现评估效果，指标体系的制定者应该重点把握契合实际和便于操作两个方面的重点，避免抽象烦琐、无法操作的倾向和问题。

5. 实效性原则

实效性也称为有效性或者价值性。思想政治教育评估指标体系的有效性就是对诉求主体的价值满足。从一般意义上看，思想政治教育评估指标体系的有效性包含三个层面的含义：一个是自身的有效性或者本体的价值性，一个是对相关主体、要素的有效性或者客体的价值性，还有一个是结果的有效性。自身的有效性或者本体的价值性，就是思想政治教育评估指标体系自身有用，能够准确衡量或者描述评估对象，正确反映评估工作的规律性和价值性，在评估实践工作中反映评价主体的状态、功能和效果。对相关主体、要素的有效性或者客体的价值性，是指思想政治教育评估指标体系和相关主体在实践和关系层面上具有一致性，或者在价值诉求和满足需求层面上具有关联性。结果的有效性，是指思想政治教育评估指标体系能够满足有关主体的目的预期或者期待，能够有效凸显本体的实际价值。思想政治教育评估指标体系的有效性原则，要求人们在设计指标体系的过程中把有效性因素作为重要考量，同时也要求在评估实践过程中对评估工作认真负责，认真研究思想政治教育评估指标体系的运用，切实保证评估工作的客观性，提高评估结果的有效性。

（二）评估指标体系的内容

从理论上看，思想政治教育评估指标体系是一个系统，在结构方面应该包含指标和指标之间的相互关系。正是指标按照一定的标准有序排列组合，进而形成特定的结构，才能构成一个有机统一的整体或者系统。思想政治教育评估指标体系的构建需要着眼于思想政治教育评估的实际，实现层次化、结构化和系统性的构建目标。按照这样的逻辑思维，思想政治教育评估指标体系的内容主要包括以下几个部分。

1. 关于施教主体的评估指标

施教主体是思想政治教育评估工作的核心要素之一。在思想政治教育实践中，施教主体处于主导地位，发挥引导和驱动作用。针对施教主体而设计的指标主要包括德、能、绩三个方面。具体而言，高校思想政治教育的施教主体主要包括管理者、教师和辅导员。关于管理者的评估指标有业务素质、个人能力、领导水平、综合素质等，这是衡量管理者的一级评估指标。在二级评估指标中，业务素质方面包括理论素养、政治素养、心理素质等；个人能力方面包括思考能力、分析能力、决策能力等；领导水平方面包括全局观念、组织和协调水平等；综合素质方面包括事业心、责任心、个人修养等。关于教师的评估指标有思想水平、业务素质、政治素养、综合素质、责任心、教学质量等，这是衡量教师的一级评估指标。在二级评估指标中，思想水平方面包括思想的成熟程度、开放程度、先进性程度等；业务素质方面包括教学能力、科研能力、学习能力、创新能力、实践能力等；政治素养方面包括政治修养、政治辨别力、政治参与度、政治敏锐性、政治行为能力等；综合素质方面包括心理素质、道德素质等；责任心方面包括关心学生、履职情况、敬业情况等；教学质量方面包括学生成绩、教学方法、教学内容、教学创新、教学研究等。关于辅导员的评估指标有业务素质、思想素质、工作能力、科研能力等，这是衡量辅导员的一级评估指标。在二级评估指标中，业务素质方面包括指导学生、服务学生、关爱学生等；思想素质方面包括思想的先进性、健康程度、开放程度、接纳程度等；工作能力方面包括工作思路、工作方法、工作研究、工作创新、工作业绩等；科研能力方面包括论文发表、承担项目、学习能力、创新能力等。

2. 关于受教主体的评估指标

受教主体是思想政治教育评估工作的重要关联主体，是评估的重要对象。在思想政治教育实践中，虽然受教主体处于从动地位，但也会发挥主体功能和作用，与施教主体形成主体际关系。在高校思想政治教育话语背景下，受教主体主要是青年大学生。对于高校学生评估的一级评估指标有思想状况、心理健康、道德修养、政治素养、理论素养和综合素质等。在二级评估指标中，思想状况方面包括思想健康状况、先进性状况等；心理健康方面包括性格、认知、情感、意志、态度、行为、适应性等；道德修养方面包括道德观、道德行为、道德品行等；政治素养方面包括政治修养、政治敏锐性、政治参与能力等；理论素养方面包括马克思主义理论、专业理论、学科涉猎能力、知识学习能力、创新能力和转化能力等；综合素质方面包括人生观、世界观、价值观、伦理观、责任心等。

3. 关于环境的评估指标

环境对思想政治教育产生直接或者间接的影响。思想政治教育环境评估的一级评估指标包括国内环境、国际环境和校园环境。在二级评估指标中，国内环境方面主要包括政治、经济、文化、社会等。其中，政治环境方面包括政治任务、政治要求、政治方针、政治路线和政治行为等；经济环境方面包括经济发展程度、经济形势、经济发展速度等；文化环境方面包括文化发展程度、文化影响力、文化创新力、文化渗透力和文化引领力等；社会环境方面包括社会发展性、社会稳定性、社会进步性、社会文明程度等。国际环境方面包括政治、经济和文化三个部分。其中，国际政治环境方面主要包括政治格局、政治秩序、政治关系、政治行为等；国际经济环境方面主要包括世界经济状况、经济发展水平、经济格局等；国际文化环境方面包括文化交换、思想交流、文化影响、文化渗透等。校园环境方面包括软件和硬件两部分，硬件环境方面包括校园基础设施、校园环境、教学设备和设施等，软件环境方面包括校风、校训、教风、学风、学校精神、学校文化和校园文化等。

4. 关于思想政治教育本体的评估指标

对思想政治教育本体进行评估，主要评价思想政治教育的内容、过程、管理和实际效果等几个方面的要素，这是一级评估指标。在二级评估指标中,思想政治教育的内容包括思想教育、政治教育、品德教育等。其中,思想教育方面主要包括理论、理想、信念等;政治教育方面包括政治理论、政治方法、政治观、大局观、国家观、安全观、民族观、宗教观、集体观等;品德教育方面包括自尊心、自信心、自豪感、社会公德、家庭美德、职业道德、法律法规、人格等。思想政治教育过程主要包括任务落实情况、工作推进情况和目标实现情况。任务落实情况主要是贯彻落实上级部门的决策部署情况,一般用较好落实、基本落实、没有落实来描述;工作推进情况主要是思想政治教育的实践情况,用较好完成、基本完成和没有完成来描述;目标实现情况是预定目标的实现度,用全面完成、基本完成和没有完成来描述。思想政治教育管理包括领导、决策、计划、预警、控制、评估等几个要素。思想政治教育的实际效果是思想政治教育价值的根本体现,也是思想政治教育的核心任务和价值诉求。思想政治教育的实际效果主要包括对上级和对学生两个层面,对上级主要是指任务落实情况、工作完成情况和效果体现情况,对学生主要是指学生的思想水平、政治素养、道德水平、行为能力等。

思想政治教育评估指标体系因涉及范围广泛而体量巨大,但这绝不意味着指标可以任意堆砌和罗列。认真考察思想政治教育评估指标体系就会发现,各级指标体系之间层次分明、结构清晰、分布有序。思想政治教育是一个动态的过程,思想政治教育评估本身也在发展,因而思想政治教育评估指标体系在相对静止的时间区间内具有科学性,但是,当环境、要素等要件发生变化时,思想政治教育评估指标或者指标体系不可避免地带有一定的局限性。因此,应该坚持辩证地看待和分析思想政治教育指标或者指标体系。在实践中,思想政治教育评估指标体系也应该伴随影响因素的变化而调整。需要特别指出的是,思想政治教育评估指标体系的使用要紧密结合评估实践和评估对象,只有如此才能保证评估结论的客观性、公正性和有效性。

五、高校思想政治教育评估的过程

高校思想政治教育评估可以被界定为:“按照一定的价值标准,依照一定的程序，对学生工作所产生的各种效果进行的价值判断”①。思想政治教育评估既是一种理论，也是一项社会实践活动。之所以认为思想政治教育评估是一种理论，是因为思想政治教育评估有特定的学科理论基础和独有的理论支撑；之所以认为思想政治教育评估是一项社会实践，是因为其在本质上具有被实践的属性，也就是说，思想政治教育评估只有通过实践活动才能发挥其价值和意义。这两个方面的规定性说明了思想政治教育评估是理论和实践的统一，要通过评估理论来指导评估实践，在评估实践中检验评估理论的正确性和价值性。从操作层面看，思想政治教育评估的过程主要包括准备、实施和总结三个阶段。

（一）评估准备

评估准备是高校思想政治教育评估工作开展的前提。准备工作的充分与否决定评估工作进程的顺畅性和结论的有效性。在思想政治教育评估准备工作中，要坚持系统思维和全局思维，详细考虑每个工作的细节和环节，避免遗忘和疏漏，尤其在重点工作和环节方面需要特别注意。从思想政治教育评估的实践看，思想政治教育评估准备主要包括组织准备、资料准备和宣传动员三个环节。

1. 组织准备

组织准备就是成立思想政治教育评估机构，这是评估准备工作的前提性环节和要素。从评估工作的现实要求来看，评估工作一般由独立的第三方来承担和完成，这就决定了思想政治教育评估机构的人员组成的范围。按照这样的逻辑，思想政治教育评估机构应该由上级思想政治教育主管机构负责人或工作人员负责，如教育厅或者高校工委的负责人和业务人员，校外的思想政治教育专家、专业评估机构的工作人员，本校党委和行政主要负责人（一般指校党委书记或者校长）。从机构设置的角度看，评估机构应该以委员会的形式存在，设置主任（组长）、副主任（副组长）、委员（成员）和办公室（秘书处）。主任（组长）和副主任（副组长）统筹、协调思想政治教育评估工作，办公室（秘书处）负责文件起草、资料撰写、沟通联系等具体的业务工作。思想政治教育评估委员会实行委员

① 漆小萍.学生工作的设计与评估[M].广州：中山大学出版社，2003：8.

会集体领导下的组长负责制，在表决重点任务和决策时充分发挥民主集中制的优势，增强决策的科学性与合理性。从工作的要求看，成立思想政治教育评估机构应该根据评估工作的实际需要，本着结构简单、富有效率的原则，避免结构庞杂、机构冗余和官僚主义的问题，切实发挥在评估工作中的领导作用和统筹作用。

2. 资料准备

资料准备就是准备评估工作中所需要的各种材料，包括评估方案、实施计划、任务分解表、进程控制表、调查问卷表、评估汇总表、统计表和评议表等。除评估方案以外，其他资料在程序层面上比较简单，评估方案是评估工作的统领性文件，对整个评估工作的实施和结果都会产生重要影响。评估方案的设计要体现方向性、科学性、合理性和可操作性，一般包括评估的目的、指导思想、原则、范围、指标体系、实施方法、工作程序、工作要求、领导保障等要素。评估目的主要是反映评估工作的目标、价值和意义。指导思想是思想政治教育评估工作的指导理论和方法，一般是马克思主义理论和方法，党的方针、路线和政策等。工作原则是评估实践工作中应该坚持的行为准则，一般包括客观性原则、科学性原则、实效性原则等。评估的范围就是评估的对象，一般包括人和工作两个要素，人的要素主要是施教主体和受教主体，工作要素主要是工作的过程、管理和效果等，此外还有环境、途径、载体等要素也属于被评估的范围。指标体系就是根据评估对象所指定的评估标准。实施方法就是工作方法，主要是指评估工作开展的具体途径，包括实地评估、问卷、调查等。工作要求就是对评估工作的具体规定，包括纪律要求、操作要求和质量要求等。领导保障就是列明思想政治教育评估工作关于保障方面的机构设置、人员组成、任务分工等。

3. 宣传动员

宣传动员是思想政治教育评估准备的重要环节，主要目的是向评估工作的主体和对象阐述、解释和说明评估的目的和意义、目标和任务、程序和要求等。宣传动员的形式主要包括传统宣传和网络宣传两种。传统宣传包括召开全体人员大会、工作协调会、工作推进会、座谈会，张贴海报、条幅、标语等。网络宣传包括建设专题网站、开发应用程序和客户端、运营微媒体和自媒体等。传统形式的宣传要抓住工作的核心和重点，突出效果和价值，尽量少开会、开短会。网络宣传要注意综合运用视频、图片和文字，重点突出视听效果，从而产生影响力和冲击力。宣传动员要注意覆盖面的问题，要覆盖评估工作的全部要素，同时把不同主体的工作任务、目标和要求说清楚，切实增强对实践工作的指导性。

（二）评估实施

高校思想政治教育评估实施就是把评估方案付诸实践的过程。在实践过程中，思想政治教育评估有特定的工作规程和逻辑遵循。从实施过程的角度看，思想政治教育评估主要包括自评和他评两个过程，这两个过程中的每一个环节都会产生本体价值和意义。

1. 自评

自评就是自我评估，是指高校根据评估标准和有关要求，对评估对象和主体实施自我评估。自评是高校思想政治教育评估的重要环节和步骤，在评估整体工作中发挥重要的作用。自评主要实现三个方面的目的：首先是为了实事求是地自我评价思想政治教育的效果。高校作为思想政治教育的执行主体和实施主体，对工作环节、步骤、方法和效果有充分的掌握，但是工作的成效和能值要通过的一定方式来度量，这种方式就是自评。其次是发现自身存在的问题和不足，并进行适时整改，既防止不良问题和趋势冲击思想政治教育的效果，又为在外部评估中取得良好的结果而做准备。最后是所形成的自评报告为外部评估的工作人员提供了直观、翔实、客观的资料参考，为外部评估的工作人员深入开展评估工作提供了帮助和支持。总的来说，自评在评估工作中占有重要的地位，发挥积极的作用。

2. 他评

他评主要是指由各方面人员组成评估机构对目标高校的思想政治教育独立地开展评估工作。这里所指的独立主要包括两个方面的含义：一是评估机构是独立的，不受相关方的控制，独立自主地开展工作；二是评估机构工作人员的身份是独立的。思想政治教育评估委员会或者小组的成员来自不同的机构和部门，但在成为评估小组成员以后，特别是在评估工作过程中其身份就发生了变化，以独立第三方的身份开展有关工作。他评是思想政治教育评估的核心和关键，既要求评估涵盖主体、环节、要素、体制、机制、途径、载体等模块，又要求涵盖内部环境和外部环境等影响要素。更为关键的是，在评估工作中要坚持客观、公正和实事求是的工作方法。他评的结论既要对目标学校负责，又要对结果使用部门负责。从这个意义上看，他评承担着重要的使命和任务。通过他评而形成的评估报告和结论是目标学校加强和改进思想政治教育的重要依据，也是有关部门了解被评估学校思想政治教育效果的重要渠道，还是外界了解被评估学校思想政治教育工作的重要窗口。需要注意的是，当他评工作完成以后，思想政治教育评估机构自行解散，不再发挥实际的功能和作用。

（三）评估总结

高校思想政治教育评估总结是思想政治教育评估过程的最后一个环节。评估总结就是根据评估过程形成评估结论，评估结论的表现形式主要是评估工作报告。一般意义而言，思想政治教育评估总结报告主要包括评估目的、方法、内容、过程、总体情况、问题、建议、指标使用说明、指标赋值标准和方法等。对于文本的行文应该坚持言简意赅、通俗易懂、直截了当、客观真实的原则，避免产生歧义和异议。评估总结报告在对目标学校的思想政治教育实施情况做客观评价和估计的基础上，要做定性分析和定量分析，并对评估结论做出优秀、良好、合格和不合格的界定。总而言之，思想政治教育评估总结不仅要反映评估对象的客观实际情况，而且要满足各相关方对于思想政治教育评估的价值需求和要求，在根本上发挥思想政治教育评估总结的目的、作用和意义。

第三章

现代高校思想政治教育内容体系

思想政治教育的内容是要求大学生接受的实现思想政治教育目标的思想观念体系及其行为规范的总和。思想政治教育的内容是大学生思想政治教育目标的具体体现,直接关系着思想政治教育目标的实现和思想政治教育是否取得实效。明确大学生思想政治教育的内容是加强大学生思想政治教育的基本前提。

中共中央、国务院发布的《关于进一步加强和改进大学生思想政治教育的意见》指出,加强和改进大学生思想政治教育主要任务,一是以理想信念教育为核心,深入进行树立正确的世界观、人生观和价值观的教育。二是以爱国主义教育为重点,深入进行弘扬和培育民族精神教育。三是以基本道德规范为基础,深入进行公民道德教育。四是以大学生全面发展为目标,深入进行素质教育,促进大学生思想道德素质、科学文化素质和健康素质协调发展,引导大学生勤于学习、善于创造、甘于奉献,成为有理想、有道德、有文化、有纪律的社会主义新人。以上表述为当代大学生思想政治教育内容的确立指明了方向。

第一节　民族精神教育

大学生是青年中的先进群体,是祖国和民族的希望,他们的精神面貌直接代表着整个青年一代。在大学生思想政治教育过程中,加强民族精神的培养和教育,引导大学生倡导和实践民族精神,既是社会主义精神文明建设的基本要求,也是当代大学生投入全面建设社会主义现代化国家宏伟大业和实现中华民族伟大复兴的现实需要。

一、弘扬与培育爱国主义精神和民族精神

(一)以爱国主义为重点对大学生进行民族精神教育

爱国主义是千百年来固定下来的对自己祖国的一种最深厚的感情,以及为祖国的独立、富强、繁荣而献身的精神,它包括爱国的情感、爱国的思想和爱国的行动。爱国主义不仅是一种崇高的道德情感,也是一种重要的政治原则和道德规范,在不同的历史时期有着不同的内容。现阶段,爱国主义是与爱社会主义相一致的。邓小平同志深刻指出:“必须发

扬爱国主义精神，提高民族自尊心和民族自信心。否则我们就不可能建设社会主义，就会被种种资本主义势力所侵蚀腐化。”[①]在当代中国，爱国主义最鲜明的特点就是要与坚持四项基本原则相一致，并把建设中国特色社会主义作为根本任务。

中华民族有着爱国主义的光荣传统，中华文明源远流长，爱国主义生生不息。千百年来，无数仁人志士和革命先烈，外抗外侮、内强民生，铸就了爱国主义的民魂和国魂。今天，爱国主义已经深深融入了中华民族的民族意识、民族品格和民族气概中，成为我国各族人民宝贵的精神财富。在中华人民共和国成立时，《中国人民政治协商会议共同纲领》将爱祖国作为中华人民共和国全体国民的公德，以后爱国成为社会主义道德体系中重要的道德规范之一，2001 年通过的《公民道德建设实施纲要》也将爱祖国作为公民道德建设的主要内容之一。爱国主义是我们这个时代的主旋律，是维护祖国统一和民族团结的纽带，是中华民族实现伟大复兴的强大动力，对大学生进行民族精神教育必须以爱国主义为重点。

在日益全球化的今天，面对西方强势的经济和文化入侵，西方的价值观、生活方式严重冲击着当代大学生的价值取向。面对这一严峻的挑战，以爱国主义教育为重点，对大学生进行深入的民族精神教育，强化他们的民族凝聚力，是时代的迫切要求和国家长远利益的需要。同时，对大学生进行全面、广泛、深入的民族精神教育，其目标也正是要求大学生树立热爱祖国、报效祖国的爱国主义情怀，符合大学生成长成才的需要。

（二）把握民族精神的科学内涵

民族精神是一个民族在长期的共同生活和社会实践基础上形成的，被该民族大多数成员认同和接受的积极与进步的思想品格、价值取向和道德规范的统称，是民族心理特征、文化观念和思想情感的综合反映，具有鲜明的引导性、相对的稳定性和强大的传承性。古往今来，一个民族的兴盛往往与民族精神的高扬同步，一个民族的衰落往往是从民族精神的衰败开始。因此，民族精神是一个民族得以存续的精神血脉，是一个

① 邓小平.邓小平文选：第 2 卷[M].北京：人民出版社，1994：369.

民族团结的精神纽带，是一个民族兴盛的精神资源，对任何民族的生存与发展都具有极其重要的意义。

中华民族形成了以爱国主义为核心的团结统一、爱好和平、勤劳勇敢、自强不息的伟大民族精神。这个民族精神在长期的实践中不断丰富和发展，成为中华民族宝贵的精神财富。围绕爱国主义这一核心，要从团结统一、爱好和平、勤劳勇敢、自强不息四个方面整体上把握民族精神丰富的内涵，并对大学生开展教育。团结统一是指民族的平等团结和国家的统一，它是中华民族的立身之本，也是形成民族凝聚力、国家向心力的基础。爱好和平是中华民族的固有天性，自古以来，中华民族就以协和万邦作为崇高的价值追求，希望天下太平，同各国人民友好相处。勤劳勇敢是中华民族在漫长的历史发展过程中，在艰苦的自然环境和严酷的社会斗争中形成的一种吃苦耐劳、艰苦奋斗、不畏艰险、勇于攀登、勤奋俭朴、不屈不挠的精神，是维系中华民族生存和发展的重要精神动力。我国正处在社会主义初级阶段，大力倡导勤劳勇敢的民族精神具有重要的现实意义。自强不息是中华民族永无止境的精神追求和优秀品质，是激励中国人民变革创新、不懈奋斗、战胜各种风险、经受各种考验的制胜法宝。弘扬和培育中华民族自强不息的民族精神，是建设高度发达的精神文明和先进的社会主义文化的必然要求，也是促进大学生全面发展、提升精神境界的内在动力。当代大学生只有深刻把握了民族精神的科学内涵，才能弘扬民族精神。

二、开展中华民族优良传统教育和中国革命传统教育

（一）开展中华民族优良传统教育

中华民族的优良传统是在长期发展过程中形成的，是中华民族精神的重要组成部分。在社会主义市场经济条件下，加强对大学生的中华民族优良传统教育，并把它纳入思想政治教育的大系统中，使大学生继承中华民族优良传统、发扬奋发有为的民族精神，对增强他们的民族自尊心、自信心和自豪感具有非常重要的作用。

民族精神根植于民族文化中，民族文化是民族精神的基础和依托。中华民族数千年的文明史形成了刻苦耐劳、矢志不渝、刚烈雄健、自强不

息、温柔敦厚、择善而从的民族性格，形成了仁、义、礼、智、信、忠、孝、廉、耻、勇的价值导向和行为规范。它们凝结成了爱国进取、公而忘私、尊老爱幼、天人合一等优良传统，正是这些优良传统铸就了中华民族的民族精神。当代大学生只有继承了中华民族的优良传统，才能在不同层次、不同侧面锻炼意志、完善人格、提升精神境界，从而自觉地投身到社会主义现代化建设中去。

（二）开展中国革命传统教育

对大学生深入开展中国革命传统教育是进行民族精神教育的一个重要方面，这实质上就是一种思想政治教育，是一种以革命的光荣传统和作风为主要内容的思想政治教育。对大学生进行革命传统教育能够引导他们树立崇高的理想信念，树立正确的人生观、价值观，激发他们的爱国热情，帮助他们养成优良的道德品德。

中国共产党人在领导人民反帝反封建的民主革命中，在继承和发扬中华民族传统精神的基础上，培育了井冈山精神、长征精神、延安精神、南泥湾精神等革命精神，形成了艰苦奋斗、自力更生、敢于斗争、敢于胜利、服从大局、严守纪律、不怕牺牲、排除万难、理论联系实际、实事求是、相信群众、依靠群众、与人民群众同甘共苦等光荣传统和优良作风。在大学生思想政治教育中，要通过各种形式对大学生进行这些革命传统的教育，使大学生的思想境界得到提升和净化，促使他们成为一个高尚的人、一个有道德的人、一个有益于人民的人，并在奋斗、奉献中实现和升华自己的人生价值。

三、开展各民族平等和团结教育

当今世界民族关系复杂、民族矛盾突出，有些区域纷争不断甚至已经演化成旷日持久的民族战争。同时，在国际竞争日益激烈的背景下，民族不平等的现象长期存在，大民族、经济发达民族在政治、经济、文化等各个方面歧视、压迫小民族和经济落后民族。因此，在我国这样一个多民族国家，对大学生进行深入的民族平等和团结教育，具有十分重要的现实意义。

中华民族素有“礼仪之邦”的美称，在处理民族关系上，主张兼容并包、平等相处。中华人民共和国成立后，党和政府不仅在国际上始终奉行和平共处五项原则，在国内也制定和实施民族区域自治政策，认为各民族不论人口多少、经济社会发展程度高低、风俗习惯和宗教信仰异同，都是中华民族的一部分，都具有同等的地位，享有相同的权利，履行相同的义务。同时，中国共产党更强调维护和促进国内各民族之间和各民族内部的团结，反对民族分裂，维护国家统一，民族团结成为国家进步和发展的保证。

民族平等和民族团结是解决民族问题的基本原则和根本政策。民族平等是民族团结的前提和基础，没有民族平等就不会实现民族团结，民族团结是民族平等的必然结果，是促进各民族真正平等的保障。教育大学生要让大学生了解：坚持民族平等和民族团结不仅是党的政策，也是中华民族精神的独特内涵。

四、将民族精神教育与时代精神教育相结合

民族精神既是一个民族的精神纽带，也是一种社会意识和民族性格的展现。任何一个民族要始终走在时代的前列，就必须根据时代的进步、世界的发展和社会的要求，不断对其民族精神进行发展和创新。在大学生中开展民族精神教育，要与以改革创新为核心的时代精神教育结合起来。

时代精神是时代的主题和本质特征，是时代发展趋势的升华，是时代发展的潮流和方向。民族精神要反映时代精神，就是要把握时代的本质特征和发展趋势，既要始终站在推动民族发展和民族复兴的高度，对传统文化进行创造性转化，也要始终站在世界的高度，借鉴和吸收其他民族文化中的精华，还要始终站在时代的高度，在经济全球化进程中不断升华民族精神，使我们的民族精神始终面向世界、面向未来、面向现代化。把民族精神教育与时代精神教育相结合，就是要让大学生在把握时代精神的基础上弘扬民族精神。

当今世界是一个不断变化发展的世界，时代的剧烈变化对各个民族的生存和发展都提出了严峻挑战，也使得改革创新成为时代精神的核心。一个民族要在当今激烈的综合国力竞争中占据一席之地，就必须坚

持改革创新。只有坚持全面创新，中国的社会主义现代化建设才有希望，中华民族才能在新世纪实现腾飞。在改革创新精神力量的推动下，中华民族创造了灿烂的古代文明，也正是依靠这一精神力量的引导和推动，中国人民摆脱了近代以来半封建半殖民地的历史，实现了民族独立和人民解放，我国改革开放和现代化建设取得的辉煌成就同样是这一精神推动的结果。改革开放以来，中华民族精神的发展进入了新的历史阶段，民族精神焕发了新的活力，新的时代精神如竞争、效率、民主、发展、契约、公平、宽容等不断融入民族精神之中，但最为核心的、最能代表我们这个时代特征的是改革创新精神。因此，在大学生中深入进行民族精神和时代精神相结合的教育，关键在于对大学生进行改革创新精神教育。

第二节　公民道德教育

加强和改进大学生思想政治教育的主要任务之一，是以基本道德规范为基础，深入进行公民道德教育。公民道德教育是我国社会主义道德建设的重要内容，当前，在大学生中开展公民道德教育就是要从我国历史和现实的国情出发，坚持以为人民服务为核心，以集体主义为原则，以爱祖国、爱人民、爱劳动、爱科学、爱社会主义为基本要求，以社会公德、职业道德、家庭美德为着力点。

一、《公民道德建设实施纲要》教育

2001 年 9 月，中共中央正式印发了《公民道德建设实施纲要》(以下简称《纲要》)。《纲要》系统总结了改革开放以来我国公民道德建设的新经验，并结合新世纪社会主义精神文明建设和发展的实际，明确提出了公民道德建设的指导思想、方针政策和主要内容。高校肩负着培养社会主义事业的建设者和接班人的光荣任务，在科学文化和思想道德方面具有特殊的影响和作用，是公民道德建设的重要推动力量。当代大学生的精神风貌、道德状况是大学生公民道德建设的主题，高校的思想政治教育应将学习、贯彻和深化《纲要》作为一项长期而又艰巨的任务来抓，使广大师生深刻理解公民道德建设的重要意义和主要精神。

《纲要》继承了中华民族传统道德的精华，发扬了我党领导人民在长期革命斗争与建设实践中形成的优良传统，借鉴了世界各国道德建设的成功经验和先进文明成果，对于构建社会主义道德体系有非常重要的意义，对于增强民族凝聚力、促进经济和社会发展有积极的推动作用。

目前，我国公民道德建设方面存在着不少问题，有些地方和领域道德失范现象严重，衡量是非、善恶、美丑的标准被混淆，拜金主义、享乐主义和极端个人主义的思潮到处蔓延，见利忘义、不讲信用的行为屡见不鲜，虐待老人、摧残儿童的事件时有发生，所有这一切与我国公民道德建设发展的主流极不相称。构建社会主义和谐社会必须着力提高全民族的思想道德素质和科学文化素质，为经济发展和社会全面进步提供强大的精神动力和智力支持，培育适应社会主义现代化要求的一代又一代有理想、有道德、有文化、有纪律的公民。

进行公民道德教育，要使大学生深刻理解《纲要》的指导思想、方针政策和主要内容。

《纲要》指出，当前和今后一个时期，我国公民道德建设的指导思想是：以马克思列宁主义、毛泽东思想、邓小平理论为指导，全面贯彻江泽民同志“三个代表”重要思想，坚持党的基本路线、基本纲领，重在建设、以人为本，在全民族牢固树立建设有中国特色社会主义的共同理想和正确的世界观、人生观、价值观，在全社会大力倡导“爱国守法、明礼诚信、团结友善、勤俭自强、敬业奉献”的基本道德规范，努力提高公民道德素质，促进人的全面发展，培养一代又一代有理想、有道德、有文化、有纪律的社会主义公民。公民道德建设的方针原则是：坚持社会主义道德建设与社会主义市场经济相适应，坚持继承优良传统与弘扬时代精神相结合，坚持尊重个人合法权益与承担社会责任相统一，坚持注重效率与维护社会公平相协调，坚持把先进性要求与广泛性要求结合起来，坚持道德教育与社会管理相配合。公民道德建设的主要内容是：以为人民服务为核心，以集体主义为原则，以爱祖国、爱人民、爱劳动、爱科学、爱社会主义为基本要求，以社会公德、职业道德、家庭美德为着力点。

（一）为人民服务教育

教育和引导大学生树立为人民服务的价值观是大学生思想政治教

育的重要内容。全心全意为人民服务是中国共产党的根本宗旨，是中国共产党人的一种思想境界和道德追求，除了政治含义外，其还有深远的道德意蕴。为人民服务是我们党一贯倡导的社会主义和共产主义人生观、价值观、道德观的核心，是我国道德建设的基本内容。在社会主义社会里，人既是目的，也是手段。作为社会主义社会的道德，为人民服务包含着“我为人人，人人为我”，体现了权利和义务的统一。“我为人人”，我是义务的客体，人人则成为权利的主体；反过来，“人人为我”，我是权利的主体，人人则成为义务的客体。在我们的社会主义社会里，各行各业、各项工作都是为人民服务的，人人都是服务对象，人人又都为他人服务。因此，为人民服务应是我们全社会普遍接受的价值取向。

深化对为人民服务的认识，积极探讨为人民服务的实现形式，有利于从大学生的现实思想觉悟和实际道德水平出发，教育、引导大学生不断追求更高的道德目标，有力地推动大学生思想政治教育工作的深入开展。

（二）集体主义教育

集体主义是我国整个社会的价值导向，是我们大力弘扬的主旋律。集体主义是社会主义和共产主义道德的基本原则，是调节个人与个人之间、个人与集体之间利益关系的根本准则，它体现了无产阶级和广大人民群众的整体利益，贯穿于社会主义和共产主义道德的全部规范中，是社会主义和共产主义道德区别于一切旧道德的根本标志。我国是社会主义国家，实行以生产资料公有制为基础的经济制度，人民群众是国家的主人，中国共产党是领导核心，马克思主义是指导思想，这些反映在意识形态上就必然要求有与之相适应的集体主义道德原则和价值观。同时，我们实行的社会主义市场经济，不仅同社会主义基本经济制度、政治制度结合在一起，而且同社会主义精神文明结合在一起。只有用集体主义指导市场经济，才能充分地发挥市场经济的积极作用；只有增强自主意识、竞争意识、开拓意识、创新意识、效率意识，才能有利于克服市场经济的弱点和消极方面。

集体主义原则的基本要求是：从无产阶级和劳动人民的根本利益出发，坚持集体利益高于个人利益；在保证集体利益的前提下，把集体利益和个人利益结合起来；当个人利益与集体利益发生冲突的时候，个人利益必须无条件服从集体利益，必要时还要牺牲个人利益，以实现集体利益。集体主义原则的三层意思之间存在着内在的有机的联系，不能将它们割裂开来，断章取义。强调集体利益高于一切、个人利益服从集体利益，是因为集体利益是个人利益的源泉，是实现个人利益的前提和保证，但强调集体利益的同时，也不能轻视或否定个人利益。没有集体利益，个人利益就失去了依靠，而没有个人利益，集体利益也没有存在的意义，它的发展也得不到保证。

对大学生进行集体主义教育要处理好四种关系：

第一，要正确处理国家利益、集体利益和个人利益的关系。集体利益不是个人利益的简单相加，而是在更高程度上代表着每个社会成员根本的、长远的利益，而个人个别的、暂时的利益，有些与集体利益是一致的，有些则可能不一致。因此，要教育和引导大学生自觉地把国家、集体和人民的利益看作高于一切的，把个人的志愿同国家需要结合起来，当发生矛盾时，要以国家和集体为本位，无条件地服从国家和集体的需要。

第二，要正确处理眼前利益与长远利益的关系。长远利益在不同的时期有着不同的内容，现阶段，我国人民的长远利益就是把我国建设成为富强、民主、文明、和谐、美丽的社会主义现代化国家。而我国人民对日益增长的物质文化需要的满足是一个渐进的过程，受到生产力发展水平等诸多因素的限制，这就需要把长远利益和眼前利益结合起来，当二者发生矛盾时，要做到眼前利益服从长远利益。

第三，要正确处理局部利益和全局利益的关系。全局是由局部构成的，局部要服从整体，整体则要关心局部、支持局部。但局部与整体间也可能出现矛盾，有些事情从局部看是可行的，但从全局看是有害的，反之亦然，当二者发生矛盾时，局部利益就应该服从全局利益。

第四，要正确处理集体主义和个性发展的关系。集体主义是个性发展的基础，个性的发展必须在集体主义的指导下进行，在对大学生进行集体主义教育时，要使他们懂得：个人的成长离不开集体，只有在集体中，个人的聪明才智才能得到充分而全面的发展。

（三）社会公德、职业道德和家庭美德教育

社会公德、职业道德和家庭美德教育是社会主义道德建设必不可少的重要措施，它与人们的社会公共生活、职业生活、家庭生活相对应，人们在社会公共生活中要讲社会公德，在职业工作岗位上要讲职业道德，在家庭生活里要讲家庭美德。大学生作为未来社会主义事业的接班人和建设者，能否深刻理解和实践这些道德要求，直接影响到社会主义现代化事业能否健康发展。因此，在大学生思想政治教育中，必须加强对大学生的社会公德、职业道德和家庭美德的教育。

1. 社会公德教育

社会公德是人们在社会生活中为维护社会秩序、调整人们之间的关系所必须共同遵守的道德规范，是社会公共利益的反映，是社会文明程度的标志。进行社会公德教育就是要使包括大学生在内的每个社会成员都自觉遵守和共同维护社会公德，这有利于社会生活的正常运转，有利于形成良好的社会风气。

社会公德教育是社会主义道德体系的重要组成部分。开展社会公德教育，要引导大学生发扬社会主义和人道主义精神，提倡人与人之间的互相尊重、互相理解、互相关心、互相帮助；要使大学生遵守社会公共秩序，维护社会的安定团结，助人为乐，见义勇为，救死扶伤；要倡导新人、新事、新风尚，在全社会形成一种健康、向上、文明的社会风气。

2. 职业道德教育

职业道德是指从事一定职业的人们在思想和行为上应遵守的行为规范，它通过人们的职业活动、职业关系、职业态度、职业作风表现出来，是整个社会道德规范体系的重要组成部分。社会主义职业道德的基本内容可以概括为“爱岗敬业、诚实守信、办事公道、服务群众、奉献社会”，这 20 个字充分体现了社会主义的职业道德观，反映出社会主义职业道德的本质和特点。

进行职业道德教育，要使大学生理解社会主义职业道德的基本内容，引导他们树立职业平等意识，正确认识职业没有高低贵贱之分，只是存在分工不同而已；要使大学生知道从事不同职业的人们在政治和人格上都是平等的，都是为人民服务、为社会主义建设服务；要教育大学生刻苦学习，努力掌握为人民服务的过硬本领，为走上未来的工作岗位做好充分的准备。

3. 家庭美德教育

树立家庭美德，建设文明幸福的家庭，是社会主义道德建设不可缺少的重要部分，是保证广大社会成员幸福生活和社会文明健康发展的前提。家庭美德的基本内容可以概括为“尊老爱幼、男女平等、夫妻和睦、勤俭持家、邻里团结”，这 20 个字全面表述了家庭伦理道德的基本内容。

男女平等、夫妻和睦是人们在婚姻家庭生活中必须遵守的基本伦理道德规范，是社会主义婚姻家庭道德的核心。社会主义社会，夫妻双方的人格是平等的，要做到互敬、互爱、互信、互勉、互助、互让、互谅、互慰。这“八互”准则是对我国家庭优良传统道德的继承和发展，是夫妻双方忠贞专一、生活幸福、白头偕老的道德保证。

尊老爱幼是在家庭生活中处理好长辈与晚辈之间关系的道德准则，是社会主义家庭道德的重要内容。能否使老人晚年生活有保障、精神有慰藉是衡量一个人道德水准高低的重要尺度。同时，家庭的责任还在于生儿育女，培养后代，父母不仅要在生活上关心和照顾孩子，还要对子女进行理想和成才教育，使孩子成为祖国建设需要的人。

勤俭持家是中华民族的传统美德，与奢侈浪费相比，我们继承和发扬勤俭持家的传统美德并未过时。在当代，坚持勤俭持家就是要树立一种现代文明的消费观，坚持以“量力而行、量入为出、勤俭节约、适度消费”为原则，科学合理地安排家庭经济生活，避免浪费。根据现代生活的消费特点，在坚持量入为出原则的基础上，适度的“超前消费”也不为过，但不能盲目攀比，追求不合实际的高消费。要适当增加精神消费的比重，在物质条件得到基本满足之后，把精神消费提到重要地位，把一部分资金投放到购买书籍、家庭成员继续教育上，以丰富家庭文化生活，提高家庭成员的文化素养。

邻里团结是处理好邻居关系的道德准则。不同的家庭集中居住在一个地方，日常生活中总要发生各种关系，这对家庭的稳定和社会生活秩序产生一定的影响。建立一种新型的邻里关系，不仅可以为建设幸福的家庭创造良好的环境，而且有利于维护社会生活的正常秩序。

（四）基本道德规范教育

在大学生思想政治教育中，加强大学生的基本道德规范教育，就是要坚持以为人民服务为核心，以集体主义为原则，以爱祖国、爱人民、爱劳动、爱科学、爱社会主义为基本要求，以社会公德、职业道德、家庭美德为着力点。这些主要内容可以具体化、规范化为“爱国守法、明礼诚信、团结友善、勤俭自强、敬业奉献”。

1. 爱国守法

爱国守法主要是规范公民与国家的关系。大学生必须热爱自己的祖国，了解中国的历史和现状，在此基础上，认识到爱国主义与爱社会主义在本质上是一致的。“守法”是“爱国”规范的延伸，个人行为要遵循国家的法律法规。在高校，要特别强调和教育大学生把“守法”作为个人对国家道德责任的“底线”，做合格的公民首先要做一名遵纪守法的大学生。要教育大学生一方面养成遵纪守法的好习惯，遵守国家的各项法律、法规和法令，另一方面要以实际行动抵制社会上的一些不良风气和消极现象，自觉培养文明行为。

2. 明礼诚信

明礼诚信主要是规范公民在公共生活中的道德行为。“明礼”是指公民待人接物、言谈举止要讲文明礼貌，“诚信”是公民在公共关系中应遵循的最基本的道德规则，是对“明礼”的进一步深化和升华。大学生还没有真正进入社会，虽然懂得一些礼貌，但还缺乏应有的社交礼仪和对环境的适应能力，对他们进行必要的文明礼貌教育和诚信教育，既能帮助他们增强道德素质，又能提高社会交往能力，也有利于带动全社会逐步树立诚实守信的良好风气和道德品质。

诚实守信是中华民族的传统美德，是人与人之间相互关系的基础性道德规范，是学校道德教育的重要内容。《纲要》首次把诚信作为公民的基本道德规范来要求。对大学生进行诚实守信教育，不仅是高等教育面临的紧迫任务，也是当代大学生全面提高自身素质的基本要求，更是增强思想政治教育的针对性、实效性的客观需要。目前，大学生中缺失诚信的现象还大量存在，主要表现为道德意识和道德行为的不统一。在意识上，大多数学生能够分辨是非，对事物有着积极和正确的认识，并努力追求内在品格的自我完善。但是，由于一些大学生自我约束力较差，现实责任感不强，面对复杂的社会现象，尚不能很好地把握自己，造成了观念和行为上的差距。他们虽然崇尚诚实守信，但在一些具体的事情面前自动放弃了这一原则，如考试作弊、恶意贷款等诚信缺失的现象在一些学生的身上还有所体现。因此，加强对大学生进行诚实守信教育十分必要。

3. 团结友善

团结友善主要是规范公民与公民之间的道德关系。"团结"强调公民之间的亲和力，"友善"则更加注重公民之间的亲善关系。当代大学生的自我意识很强，在人与人之间的相处中强调个性，加之好胜心强，大学生之间的竞争非常激烈，这就使得大学生在交往中更要增强团队意识和合作精神。因此，教育大学生尊重他人和尊重自己，有利于加强同学之间的亲善关系，增加大学生与人相处的亲和力。

4. 勤俭自强

勤俭自强主要是规范公民的个人行为，是对公民个人提出来的道德要求。"勤俭"与"自强"是处于同一层次的道德准则，"勤俭"要求每个公民具备勤劳、勤奋、俭朴、节俭的良好道德品质；"自强"要求每个公民具备努力、自尊、奋斗不息、不屈不挠、顽强拼搏的精神。当代大学生大多数家庭条件比较好，对父母的依赖性较强，个别学生身上出现了"勤俭"不足、"自强"意识不够的问题。因此，应该鼓励大学生接触社会，体会生活的艰辛，在此过程中逐渐培养他们勤俭自强的道德品质。

5. 敬业奉献

敬业奉献主要是规范公民在职业生活中的道德行为。"敬业"要求人们在职业生活中有较强的责任心，忠于职守、钻研业务、精益求精、尽职尽责；"奉献"的基本内容是克己奉公、服务社会、乐于助人、造福国家和他人，奉献是人生的价值和目的所在。对于大学生来说，敬业就是努力学习，通过学习不断地了解社会、了解他人、了解自己，审视自己的信仰和价值观，并引申出对待他人的道德责任。学校可以通过开展多种多样的社会实践活动，培养大学生的社会责任感和敬业奉献的精神。

二、进一步开展《新时代公民道德建设实施纲要》教育

为了进一步加强公民道德建设,提高全社会道德水平,促进全面建设社会主义现代化强国,中共中央、国务院于2019年10月印发了《新时代公民道德建设实施纲要》(以下简称《新纲要》)。

(一)《新时代公民道德建设实施纲要》的意义

对新时代公民道德建设的必要性进行探究,是对新时代公民道德建设的必要性的阐述,同时也是对《新纲要》新义的重要性进行探究,探究的是《新纲要》新义的内在价值。

1. 继承中华优秀传统文化的必然选择

中华优秀传统文化内涵丰富,是中国人民集体智慧的结晶,蕴含着丰富的道德资源。经过时间的演进、时代的变迁,中华优秀传统文化不断融入新的时代元素,但无论何时何地都蕴含着中国精神和道德智慧。中华优秀传统文化为新时代公民道德建设提供前提基础以及基本内容,继承中华优秀传统文化既为新时代公民道德建设提供文化源泉,同时也是新时代公民道德建设的基础要求。

新时代公民道德建设是继承中华优秀传统文化的必然选择。中华优秀传统文化是精神文化思想的融汇,包括儒家思想、道家思想、佛家思想等。儒家的核心思想是“仁、义、礼、智、信、恕、忠、孝、悌”,为人们提供道德行为规范;道家的主要思想是“道法自然”,主张用道来探寻自然、社会及人生的关系,“无为而治”“不争”是道家学派对古代君王治国理政的告诫,为君王提供道德规范;佛家有“否定宿命论”“反对自杀论”等思想,是对生命道德的集中概括和智慧体现。儒、道、佛三家的基本思想组成我国的传统文化,其中蕴含着丰富的道德资源,为人们提供基本的道德行为规范,也为新时代公民道德建设提供了道德源泉和内涵。

2. 全面建设社会主义现代化国家的战略任务

社会主义改造完成后,毛泽东同志曾表明,我们一定会建设一个具有现代工业、现代农业和现代科学文化的社会主义国家。我国进入改革开放之后,邓小平同志带领人民进行现代化建设,他指出:“我们从八十年代的第一年开始,就必须一天也不耽误,专心致志地、聚精会神地搞四

个现代化建设”[①]。我们现在正处于百年未有之大变局，在这样的局势下，我们更要加快现代化建设的步伐。现代化建设的内涵不仅是“小康”“现代化”，还有更重要的“全面”，也就是建设“五位一体”全面发展的现代型国家，全面建设社会主义现代化国家的基本要素是国民素质和社会文明程度显著提高。公民道德建设正是顺应新时代、新任务、新形势、新挑战的重要工程，对道德建设的目标、要求、原则、载体、主体、措施等都有明确的规定。新时代的公民道德建设将社会主义现代化强国的实施目标和具体要求作为目标指引，为全面建设社会主义现代化强国提供文明的社会环境和动力支持，也为实现中国梦提供基础保障。

3. 适应社会主要矛盾变化的迫切需要

社会主要矛盾是指一个国家在一定历史时期的多种矛盾中形成的关键矛盾，社会主要矛盾影响着一个国家在一定发展阶段的主要任务和主要方向。了解社会的主要矛盾也就了解了当前我国社会的非对抗性冲突是什么，也就了解了如何解决社会的主要矛盾，这有利于平衡矛盾双方，进而解决这一主要矛盾。人类社会形态经过不同历史时期的推进，有不同的社会形态，不同的社会形态决定着社会有不同的矛盾。在新时代的背景下，我国社会主要矛盾转变为人民日益增长的美好生活需要和不平衡不充分的发展之间的矛盾。社会主要矛盾的变化推动我国新时代公民道德建设的进程，为新时代的公民道德建设提供了动力和方向，明确了我国公民道德建设的重点领域和发展方向。新时代我国公民道德建设将转变后的社会主要矛盾作为主要依据，对新时代公民道德建设的理论和实践做出了详细的指导。

4. 促进人的全面发展的必然要求

新时代公民道德建设主要是做人的道德工作，提升人的思想道德素养。道德建设就要思考是为谁而做，为何要做，如何去做。公民道德建设必然是做人的思想道德工作。人是社会的人，既要实现自我满足，又要实现社会价值。人是一切社会工作的核心，中国梦的实质也是基于

① 杨胜群.邓小平作为改革开放和现代化建设“总设计师”的历史地位和历史贡献[J].中共党史研究，2019(1)：8-10.

人。要实现人的全面发展，就要提升人的文化素养、道德素养、身体素质。新时代公民道德建设源于马克思主义关于人的本质理论以及我国治国理政依据的“以人为本”理念、科学发展观，因此，要通过公民道德建设实现人的全面发展和社会全面进步的基本要求。《新纲要》的推行正是将人的本质作为立足点，规范中国公民的道德素养，促进人的全面发展，进而推进社会的稳步发展。

（二）《新时代公民道德建设实施纲要》的理论价值

《新纲要》是根据新时代的新要求和新形势，对新时代公民道德建设做出具体规范和指导的纲要文件，对比《纲要》，《新纲要》有新的变化。

1.《新纲要》是对马克思主义道德建设思想的继承和发展

《新纲要》是以马克思主义道德思想为理论基础，结合新时代的新形势及新要求，对人们的社会生产生活实践提供指导的纲要。马克思批判继承了黑格尔和费尔巴哈等人的道德思想，通过探究资产阶级道德的实质，揭示资产阶级剥削工人阶级的秘密，并且对其进行了严厉的批判。马克思指出：“必须推翻使人成为被侮辱、被奴役、被遗弃和被蔑视的东西的一切关系”①。可见，马克思主义是人本主义的道德思想，马克思主义道德建设思想的本质是将人的解放和自由全面的发展作为最高的道德诉求。《新纲要》正是将马克思主义道德建设思想的本质延续至新时代，将人的解放和自由全面的发展作为新时代公民道德建设的终极目标。面对当前社会主要矛盾的转变以及实现中国梦的根本目标，新时代公民道德建设需要具体理论与实践的指导。《新纲要》是结合新时代的新要求，对马克思主义道德建设思想的继承和发展。《新纲要》的出台有利于推动马克思主义道德建设思想的发展，是马克思主义道德建设思想与新时代实际相结合的成果，可以使马克思主义道德建设思想在新的发展阶段继续焕发生机活力。

2.《新纲要》是社会主义核心价值观的具体体现

社会主义核心价值观在《新纲要》中作为重要的价值引领被多次提及，社会主义核心价值观是新时代中国精神的具体体现，同时它也是凝

① 马克思，恩格斯.马克思恩格斯文集：第1卷[M].北京，人民出版社，2009：11.

聚中国力量的思想道德基础。社会主义核心价值观不仅是社会的主流价值观，同时也是社会意识形态的凝聚和引领。新时代公民道德建设将社会主义核心价值观作为重要的指导思想，同时也将其作为重要的内容，引导人们培育和践行社会主义核心价值观。社会主义核心价值观作为基本的价值引领和价值规范指导着新时代公民道德建设，从国家、社会及个人三个层面渗透到公民道德建设中去，其具体内涵涉及新时代公民道德建设的各个环节和各个方面。社会主义核心价值观的内涵还能融入法治建设中，融入法治建设的各个环节中。《新纲要》中多次提及将新时代公民道德建设和法治建设相结合，将治理和宣传教育相结合。无论是人们的日常生活还是法治建设，抑或是新时代公民道德建设，都是以社会主义核心价值观的内涵为主要内容的。

在整个世界范围内，思想多元化趋势日渐显著，对于我国来说，我国的主流价值观会受到冲击，这是意识形态上的动摇。面对这样的情况，我们必须高度重视，宣扬我们自己的主流价值观。社会主义核心价值观就是我们国家确定的主流价值观，它是对国家、社会和个人提出的要求和标准，新时代对于国家、社会及个人的要求都集中体现在社会主义核心价值观的丰富内涵中。《新纲要》主要是以社会主义核心价值观为指导思想和重点任务来拟定的，因此，《新纲要》就是社会主义核心价值观的具体体现，是社会主义核心价值观具体内涵的集中概括。

3.《新纲要》是新时代公民道德建设领域的理论指导

当前，我国社会主义市场经济的规则尚未完善，法律法规也尚未和道德建设相统一，一些领域出现了新的问题，甚至出现了道德失范的问题。这些问题不仅影响社会秩序的和谐稳定，而且影响现代化国家的建设，更重要的是影响人们安居乐业。基于新的国内背景和国际背景，《新纲要》中提出了公民道德建设的新的重点对象和领域。《新纲要》不仅在理论上提出了相应的顶层设计，还在实践上提出了具体举措。《新纲要》为新时代公民道德建设提供了具体实际的理论指导，无论是新重点对象、新阵地还是新领域，都有新的提法和新的内涵。例如，《新纲要》提及道德领域的重要方面和道德领域的热点问题：注重发挥青少年、党员干部、先进模范的道德模范和道德引领作用；利用好各个阵地，抓好县级融媒体中心建设，注重丰富网络道德实践，占领舆论阵地；重点关注绿色发展、诚信交往和对外交流的道德问题。对以上问题的关注和指导为新时代的公民道德建设奠定了理论基础，为公民道德建设指明了解决问题的基本方向和方案，为后续公民道德领域的研究和发展奠定了基础。

（三）《新时代公民道德建设实施纲要》的实践意义

《纲要》出台后，虽然道德建设取得了一定的成效，道德建设领域也出现了良好的势头，但由于受到不良思想、多元文化以及有害信息的影响，道德领域依然存在一些问题。《新纲要》主要解决《纲要》没有关注和提及的热点问题，将视角放在道德建设的对象和阵地上，为新时代公民道德建设提供实践动力。

《新纲要》不仅蕴含着丰富的理论价值，也具有十分重要的实践意义。《新纲要》作为新时代公民道德建设的指导性纲要，能够有效关注并解决新时代公民道德建设的热点问题，能促进政府、公民和各组织机构切实践行《新纲要》中的道德规范及要求，不断推进新时代公民道德建设法治化、科学化。

1. 促进社会主义精神文明建设

《新纲要》有利于促进社会主义精神文明建设。社会主义精神文明建设主要包含两部分内容：一方面是社会主义思想道德建设，另一方面是科学文化建设。思想道德建设要解决的是整个民族的精神支柱和精神动力问题，科学文化建设要解决的是整个民族的科学文化素质和现代化建设的智力支持问题。新时代公民道德建设不仅可以有力地促进社会主义思想道德建设，还有利于促进社会主义科学文化建设。新时代公民道德建设主要是通过深化道德教育引导和推动道德实践养成，从理论和实践两个不同的层面来开展的。新时代公民道德建设是以社会主义核心价值观为价值引领，将“四德”建设也就是社会公德、职业道德、家庭美德、个人品德作为根本着力点入手的。新时代公民道德建设以主流价值观引领人们的世界观、价值观、人生观，规范人们的道德认知，强化人们的道德认同，进而指导人们的道德实践。新时代公民道德建设有利于提升公民的道德觉悟、思想道德水平、文明道德素养以及全社会文明程度。《新纲要》中提到要加强理想信念教育，筑牢理想信念之基，不断深化对中国特色社会主义思想、社会主义核心价值观的宣传教育，加强全体人民的理想信念教育，建设有凝聚力和引领力的社会意识形态，引导人们将个人梦想同中国梦结合起来，用主流的价值观引领自我道德认知、规范自我道德行为。

社会主义科学文化建设主要是解决整个民族科学文化素质和现代化建设的智力支持问题。社会主义科学文化建设是社会主义精神文明建设不可缺少的重要方面，它不仅是促进物质文明建设的重要条件，同时也是提高人民思想道德水平的重要条件，它与促进社会主义思想道德建设是密不可分的、相辅相成的。新时代公民道德建设有利于弘扬民族精神和时代精神，其中也包含奋斗精神、创造精神、创新精神、梦想精神、劳模精神、企业家精神、工匠精神、科学精神等。《新纲要》中提到要利用家庭、学校、社会等阵地进行科学文化建设和思想道德建设，将公民道德建设的内容同科学文化建设的内容结合起来，将公民道德建设和科学文化建设融合在文化教育的各方面和各环节中，不断提升人们的科学文化素质和科学文化水平。通过新时代公民道德建设，借助新手段、新方法和新阵地，可以引导人们树立正确的科学精神，提升人们的科学文化水平。

2. 挖掘社会各领域的道德资源

《新纲要》将推动社会道德实践养成作为重点任务之一。《新纲要》中对社会道德实践的推动主要是从诚信建设、绿色发展以及对外交往几个领域着手的。

持续推进诚信建设是新时代公民道德建设的重要途径之一。建立全社会范围内的征信体系，将人们的日常行为、生产生活纳入征信体系。建立相应的奖惩机制，约束、规范人们在生产生活中的诚信行为，形成全社会守信守诺的良好风气，维护和谐的社会秩序。重视学术、科研诚信建设，严肃查处学术失信行为，将诚信纳入评奖评优和晋升机制中去，将诚信作为重要的考核标准之一，激励人们更好地守信重诺，提升道德修养。

我国当前实行的绿色发展理念与之前的绿色发展理念一脉相承，同时，也结合了新时代的新特点和新要求，是我国建设社会主义现代化国家的重要内涵之一，也是新时代的新生态理念。我们不仅通过绿色发展的宣传活动，还通过各种主题讲座、宣讲等，引导人们学习和践行绿色发展理念。《新纲要》指出绿色生态领域的主要任务是切实保护地球的环境，引导人们树立正确的生态观。

《新纲要》重点提到在对外交往中要展示文明素养，并对公民提出在对外交往领域中的要求，从而提升公民在对外交流交往中的素养，展现我国公民的道德风貌，进而提升我国的国家形象。《新纲要》主要引导人们在各种对外的交流交往活动中树立正确的对外交往的观念，增强对本国的自信心和国家荣誉感，保持健康良好的交流心态，建立文明的对外形象。

3. 推动新时代公民道德建设法治化

《新纲要》重视法律法规的保障作用，提出要借助法律制度推进公民道德建设，将法律制度融入道德建设的各领域，发挥其强有力的保障作用。《新纲要》提出要将道德要求融入立法、执法、司法和守法的各环节中去，推动道德领域各环节都有法律保障，促进全民知法守法。要强化道德领域的法律制度、公共政策的作用，通过法律制度，让人们切实地感受到公平正义；要营造法治化的社会风气，引导全体公民知法、懂法、用法，树立正确的法律观。

《新纲要》也提及要注重发挥公共政策和社会规范的道德约束作用。公共政策的制定和实施，既要体现人民群众的利益诉求，还要符合社会主义道德。不仅要发挥法律制度的保障作用，还要发挥各种社会规范、各种法规的作用，引导、规范、评价人们的语言和行为符合社会道德要求，符合人们的内心期待。要通过法律制度、公共政策以及社会规范约束和评价人们的言行举止，强化法律法规的作用，并且建立健全道德奖惩机制，为公民道德建设领域突出问题的治理提供强有力的保障，推动法治建设和道德建设协调共进。推动新时代公民道德建设法治化和科学化，可以为后续的道德建设提供法治动力保障，奠定良好的法治基础。《新纲要》重点强调要将治理和教育相结合，不仅要从理论上进行宣传、教育和引导，更要从实践上有效治理，加大治理的力度和效度。《新纲要》提到要重点发挥制度的保障作用，也就是要推动新时代公民道德建设法治化、科学化，将道德导向和道德要求融入法治建设的各环节中，将道德与法治有机结合起来。一方面，用法律制度和法律法规对人们的道德行为进行规范和制约，解决道德领域的突出问题，借助法律制度有效治理和标本兼治；另一方面，将道德要求和道德任务作为法治建设的重要内容和基本目标，以此推进法治建设。

第三节　国情与三观教育

一、理想信念教育

理想信念是世界观、人生观、价值观的集中体现和反映，是世界观、人生观和价值观的核心。所谓世界观，是指人们对世界以及人与世界关系的总的看法，其本质和核心是对人类社会发展规律的认识。由于人们的根本利益、经济地位和社会分工不同，不同人的世界观存在着明显的区别。理想信念与世界观密切相关，不同的理想信念会形成不同的世界观。无产阶级的理想信念建立在马克思主义世界观的基础上，反映无产阶级对人类发展规律的认识和看法；西方资产阶级的理想信念建立在资产阶级的世界观的基础上，反映资产阶级对人类发展规律的认识和看法。人生观是人们对人生的目的和意义的根本看法和态度，人生观最基本和最核心的内容就是人为什么活着和怎样活着才有意义。理想信念不同，人生观就不同，有的人活着只为追求个人的幸福，而有的人活着却为了大多数人的幸福。全心全意为人民服务的人生观反映了社会主义和共产主义的理想信念，反映了无产阶级的人生追求，而个人享乐主义的人生观则反映个人主义的理想信念。价值观是人们对是非、好坏、美丑、善恶的根本认识和看法，不同的时代、不同的社会、不同的阶级有着不同的价值观，价值观的本质和核心是人究竟怎样活着才有价值，而这正是理想信念所要回答的问题。马克思主义强调只有为集体利益和全人类利益而奋斗，为社会主义和共产主义的实现而奋斗才有价值。这样高尚的价值观是建立在马克思主义对人类社会发展客观规律正确认识的基础上的，是共产党人坚定的社会主义和共产主义理想信念使然。世界观、人生观、价值观的确立和理想信念的形成，是长期学习和努力实践的结果。大学生正处于世界观、人生观和价值观形成的关键时期，加强大学生思想政治教育要紧密联系社会生活的实际，结合大学生思想的实际，引导大学生树立正确的世界观、人生观和价值观。

当前，我国正处在经济体制改革和社会转型的关键时期，思想政治领域的复杂矛盾和斗争很多，直接影响着大学生的思想观念、价值取向和行为方式。一些消极、错误的政治观点、价值观念、社会思潮以及腐朽的思想文化，通过各种渠道对大学生的思想产生了冲击和影响。互联网技术的快速发展、西方敌对势力对我国“西化”图谋的加强，极易造成部分大学生价值目标的偏离。同时，当代大学生自身的状况也发生了显著变化。一方面，大学生的思想主流是积极的、健康的、向上的，他们热爱党、热爱祖国、热爱社会主义，关心国家大事，有强烈的民族责任感，眼界开阔，思维活跃，认识和思考问题的方式方法更趋理性。另一方面，有些大学生思想道德素质低下，缺乏责任感，不能很好地运用马克思主义理论观察、分析纷繁复杂的社会现象；追求名利、实用主义和功利化主义的倾向在有的大学生身上表现得非常明显；少数大学生心理素质差，缺乏应有的自我心理疏导和调适能力。面对这些新情况，必须用马克思主义理论去武装大学生的头脑，引导大学生树立远大的人生理想和坚定的社会主义信念，使他们认识到马克思主义是科学的世界观和方法论，是推动人类解放和社会进步的强大物质力量和精神力量，只有坚定马克思主义的理想信念，才能树立正确的世界观、人生观和价值观。

二、马克思主义理论教育

科学的理论是行动的指南。恩格斯说过：“一个民族要想站在科学的最高峰，就一刻也不能没有理论思维。”[①]马克思主义是我们立党立国之本，也是大学生健康成长的行动指南和大学生思想政治教育的重要内容。深入学习马克思主义理论是共产党人推动社会主义社会全面发展的内在要求，也是社会个体科学地认识世界、理性地分析问题、坚持正确

① 马克思，恩格斯.马克思恩格斯选集：第3卷[M].北京：人民出版社，2012：875.

的行为取向的内在要求，更是大学生全面发展的内在要求。这是因为：

第一，马克思主义是当代大学生提高思想政治觉悟的指南针。马克思主义正确反映了人类社会发展的客观规律，是无产阶级的科学世界观，是人类智慧的结晶。有了马克思主义，大学生对整个世界和人生就有了一个科学的认识，就能树立崇高的理想和坚定的信念，就会有高尚的情操、坚强的毅力和努力学习的积极性。

第二，马克思主义是大学生提高认识能力的锐利武器。马克思主义不仅为大学生提供了改造思想意识、提高政治觉悟的科学世界观，而且提供了改造思维方法、提高认识能力的科学认识论——辩证唯物主义的认识论，这是大学生提高思维能力和认识能力的最有效的理论武器。因此，大学生只有掌握马克思主义理论，才能正确认识客观事物的本质和规律，才能成为真正的社会主义和共产主义接班人。

三、党的基本理论、路线、纲领、经验的教育

十一届三中全会后，我们党坚持马克思主义的思想路线，总结实践经验，集中全党的智慧，形成了党的基本理论、基本路线、基本纲领和基本经验。加强大学生思想政治教育，必须深入开展党的基本理论、基本路线、基本纲领和基本经验的教育，这是世界观、人生观和价值观教育的重要内容之一，有助于大学生树立马克思主义信仰，增强党的领导的信念，坚定走中国特色社会主义道路的决心。

进行党的基本理论教育，就是要用马克思列宁主义、毛泽东思想、邓小平理论、“三个代表”重要思想、科学发展观、习近平新时代中国特色社会主义思想武装大学生。进行党的基本路线教育，就是要让当代大学生深刻理解经济建设作为党和国家中心工作的重要性，深刻理解改革开放是强国之路、四项基本原则是立国之本。进行党的基本纲领教育，就是要让大学生了解中国共产党的性质和宗旨，理解中国共产党的最低纲领和最高纲领。中国共产党是中国工人阶级的先锋队，也是中国人民和中华民族的先锋队，党的最高纲领和最终目标是实现共产主义。在为实现共产主义的奋斗过程中，在革命、建设和改革的各个历史阶段中，又有各个阶段的基本纲领，即最低纲领，要让大学生理解最低纲领和最高纲领

的关系，把最低纲领和最高纲领统一起来。进行党的基本经验的教育，就是让当代大学生了解中国共产党奋斗历史的基本经验以及党带领中国人民建设中国特色社会主义的基本经验。

四、中国历史和国情教育

开展中国历史和国情教育是加强大学生理想信念教育，引导他们树立正确的世界观、人生观和价值观的必然要求，有利于大学生正确认识社会发展规律、正确认识国家的前途命运、正确认识自己的社会责任。

要对大学生进行中国革命、建设和改革开放的历史教育。由于年龄的关系，大学生对于党领导人民进行革命、建设和改革的历史进程了解不够，特别是对于改革开放以前的中国革命和建设的历史了解不够，这不利于大学生了解中国改革开放的历史必然性、全面把握改革开放的性质和要求。要让大学生了解党领导人民革命斗争的艰难历程和取得革命胜利的辉煌业绩，了解党领导人民积极探索社会主义建设的过程，加深对改革开放的认识。当代大学生都是在改革开放后出生和成长起来的，对改革开放有着切身的感受和认识，要引导他们正确认识改革开放的历史和现实，从理论的高度把握党的路线、方针、政策，坚定走中国特色社会主义道路的信念。

要对大学生进行基本国情和形势政策教育，这是他们认清形势，了解社会，认识自己，培养世界观、人生观和价值观的需要。从内容上说，国情教育包括中国政治、经济、文化、社会、生态的各个方面，要让大学生了解我国的自然条件和生态情况，了解各种资源及其开发利用的情况，了解改革开放和现代化建设取得的伟大成就，了解我们现在面临的主要问题和困难，从而坚定信心、增强忧患意识。要紧密结合国际和国内的形势变化和大学生关注的热点、难点问题，对大学生进行形势政策教育，使大学生了解国内外的形势和动态，提高认识问题、分析问题和解决问题的能力。

在大学生思想政治教育中，要把以人为本的指导思想和重要原则运用到思想政治教育的各个方面，要贴近实际、贴近生活、贴近学生，努力提高思想政治教育的针对性、实效性、吸引力、感染力，培养德智体美劳全面发展的社会主义合格建设者和可靠接班人。要坚持促进大学生的全面协调发展，不仅大力培养大学生的智能、开发大学生的体能，还要引导大学生形成科学的世界观、人生观和价值观，形成健康良好的心理素质和审美情趣。要把大学生的思想政治教育放在培养大学生全面发展的首位，坚持育人为本、德育为先。

第四节　民主和法治教育

对大学生进行民主和法治教育，就是使大学生正确认识社会主义民主和社会主义法治的关系，正确行使民主权利，自觉遵守国家法律，并为建设社会主义民主政治、依法治国、社会主义法治国家做出自己的贡献。高度的社会主义民主和健全的社会主义法治是社会主义现代化建设的根本保证，是完善社会主义制度的根本保证。因此，对大学生进行社会主义民主和法治教育，是思想政治教育的一项长期任务和重要内容。

目前，一些大学生中不同程度地存在着民主法治意识淡薄的现象，他们对于什么是民主还比较模糊，法律知识比较贫乏，法治观念不强，甚至极个别的大学生有违法乱纪的行为发生，损害了国家、社会、集体的利益和其他公民的合法权利，阻碍了自己的成长，甚至毁灭了自己的前程。加强大学生的民主法治教育、提高大学生的民主法治意识、增强大学生的遵纪守法观念，使大学生自觉遵守法律法规，是大学生学会做人、全面发展、成为中国特色社会主义的合格建设者和可靠接班人的需要。

一、社会主义民主教育

社会主义民主是指在社会主义国家里，以工人阶级为领导的全体人民在共同享有对生产资料不同形式的所有权、支配权的基础上，享有管理国家和其他一切事务的权力。具体地说，社会主义民主的内容包括：人民是国家的主人，国家的一切权力属于人民；人民有权管理国家，管理各项经济事业、文化事业和其他社会事业，监督国家机关及其工作人员；公民依法享有言论、出版、集会、结社、游行等自由的权利，在法律面前人人平等。社会主义民主是人民民主专政的一个主要内容，是社会主义制度的一个重要政治原则。发展社会主义民主是我党的一贯方针，只有发展社会主义民主，才能使我国各项事业的发展符合人民的利益和愿望，使人民增强主人翁的责任感，充分发挥积极性、主动性和创造性，促进社会主义现代化顺利发展。只有发展社会主义民主，才能加强党内团结，加强党和人民的团结，形成良好的党风和社会风气。

进行社会主义民主教育，要使大学生懂得世界上没有什么绝对的民主，民主的发展总是同一定的经济基础、阶级基础和社会历史条件相联系，民主制度的建设必须符合本国国情。我国实行民主集中制的原则，这是一种在民主基础上的集中和在集中指导下的民主相结合的制度，这种制度有利于广泛集中民意、民智，也有利于有效地进行决策和实现奋斗目标。通过民主和法治教育，要使大学生明确：在我国发扬社会主义民主政治，最根本的是要把坚持党的领导、人民当家作主和依法治国有机结合起来。党的领导、人民当家作主和依法治国的关系是：党的领导是人民当家作主和依法治国的根本保证，人民当家作主是社会主义民主政治的本质要求，依法治国是党领导人民治理国家的基本方略。

二、社会主义法治教育

社会主义法治是指无产阶级领导广大人民通过国家政权建立起来的法律制度以及由此建立起来的社会秩序。社会主义法治的基本要求是有法可依、有法必依、执法必严、违法必究，坚持法律面前人人平等的原则。社会主义法治规定了民主的权利和范围，为人民行使民主权利指明了方向、提供了保障；社会主义法治规定了对破坏法治、侵犯公民民主权利行为的制裁措施，从而为捍卫社会主义民主提供了保障。

进行社会主义法治教育，要提高大学生的法律意识，使大学生崇尚法治、尊重法律、增强法律意识。引导和教育大学生深入学习宪法和国家基本法律，不断提高自己的法律素养，进一步增强自律意识，自觉遵守和维护国家法律、法规，遵守和维护所在党团组织的章程和纪律，遵守和维护所在学校的一切规范性的决定和纪律，遵守和维护各个公共场所的规定、纪律和要求。个人言行要符合法治要求和纪律规定，要养成知法守法的良好习惯，敢于并善于运用法律武器同各种违法乱纪现象作斗争，要能正确运用法律手段保护自己的合法权益不受侵犯，真正做到遵纪守法，这是保证大学生健康成长、全面发展的基本条件。

三、社会主义民主和社会主义法治的关系辨析

社会主义民主和社会主义法治是相辅相成的、密切联系的、不可分割的。一方面，社会主义民主是社会主义法治的前提和基础，没有社会主义民主，人民不掌握国家政权，就不可能产生社会主义法治；社会主义法治随着社会主义民主的产生而产生，随着社会主义民主的发展而发展，没有民主与法治就没有社会主义，就没有社会主义现代化。另一方面，社会主义法治是社会主义民主的体现和保障，为了保障人民民主，必须加强社会主义法治，法治使民主制度化、法律化。只有这样，国家的政治、经济和社会生活的各个方面，民主和专政的各个环节才有保证，才能真正做到有法可依、有法必依、执法必严、违法必究。因此，加强社会主义民主法治建设，逐步实现社会主义民主制度化、法律化，是社会主义民主发展的必然要求。

社会主义民主和法治意识是真正的现代意识、现代文明观念，如果没有充分的民主和法治意识，就不可能有真正的民主政治，也就谈不上建设中国特色社会主义政治文明和社会主义法治国家。同时，一个国家的法治是否健全，同人的道德素质、思想觉悟和文化水平有着密切的关系，如果人们的文化素质不高、法律意识和法律观念淡薄，再好的法律和制度也会因为得不到遵守而成为一纸空文。而大学生作为知识青年群体，理应在社会主义法治建设中率先成为社会主义法律制度的积极传播者。因此，在大学生的思想政治教育中，必须加强社会主义民主和法治教育，努力提高大学生的社会主义法治观念，促进大学生社会主义民主意识的形成。

第五节 素质教育

一、以全面发展为目标进行素质教育

（一）素质教育的内涵

素质是一个心理学名词，是在人的先天生理基础上，受后天教育和社会环境的影响，经过知识内化而形成的相对稳定的心理品质。马克思主义认为，人的素质是以往全部活动的客观结果，也是以后活动的主体条件。

素质教育是一种着眼于开发人的智慧潜能，以完善和全面提高人的整体素质为重要内容和目的的人才培养模式，它通过有目的的、科学的教育实践活动，使人的先天潜能和后天个性特征得到最大程度的发展与完善，从而形成社会所需要的不同素养和品格。1998 年，教育部在《面向 21 世纪教育振兴行动计划》中确立了实施“跨世纪素质教育工程”的目标。1999 年，中共中央、国务院《关于深化教育改革全面推进素质教育的决定》对素质教育作了最为明确、准确的表述：实施素质教育，就是全面贯彻党的教育方针，以提高国民素质为根本宗旨，以培养学生的创新精神和实践能力为重点，造就“有理想、有道德、有文化、有纪律”的、德智体美等全面发展的社会主义事业建设者和接班人。

素质教育的内涵十分丰富，从素质教育的定位看，宗旨是提高国民素质，目标是培养德智体美等全面发展的合格公民，灵魂是思想道德教育，重点是提高创新精神和实践能力。从素质教育的功能看，素质教育充分考虑人和社会发展的需要，尊重学生的主体地位、主动精神和个性差异，注重形成健全的人格。从素质教育的价值取向看，素质教育关注人的发展，并以促进学生的发展作为核心价值。就素质教育的根本而言，素质教育就是全面贯彻党的教育方针。我们构建社会主义和谐社会，既要着眼于提高人的现实的物质文化生活，又要着眼于促进人的全面发展，也就是要努力提高人的素质，尤其是提高青年大学生的素质，这是马克思主义关于建设社会主义社会的本质要求之一。

（二）大学生全面发展的内容

大学生全面发展是指大学生的整体素质不断提高。大学生的整体素质主要包括思想道德素质、科学文化素质和健康素质三个方面。思想道德素质可分为思想素质、政治素质和道德素质三个方面的内容：思想素质是指世界观、人生观、价值观等，政治素质主要包括大学生的理想信念、政治觉悟、民主法治意识等，道德素质包括道德认识、道德情操、道德品质等。科学文化素质包括科学素质和文化素质两个方面：科学素质包括科学知识、科学思想、科学方法和科学精神等，文化素质包括文化知识、文化素养和社会文化生活能力三个方面。健康素质主要指身体素质和心理素质，心理素质包括认知素质、情感素质、人格特征等。大学生的全面发展就是这几个方面素质的整体提高。

大学生整体素质的几个方面互相依存、互相渗透，具有密切的内在联系。其中，思想道德素质是一个人的灵魂，决定人发展的大方向，是大学生实现全面发展的基础，不断提高思想道德素质可以激发人们掌握科学技术、钻研业务、贡献社会、造福人类的积极性。科学文化素质使人能以科学的态度、按照科学的方法、遵循客观规律去认识世界和改造世界，获得最佳效益。不断提高文化素质可以更好地为人民服务，推动社会进步。如果一个人缺乏科学精神，文化素质低，对社会的用处不大，就可能在激烈的竞争中被淘汰；即使一个人掌握了高新技术，但如果他的思想道德素质低，缺少人文精神，也可能无益于社会。健康素质是指大学生有强壮的身体和良好的心理素质，能够从容应对任何艰难困苦的挑战，经受任何挫折与打击的考验。一个全面发展的大学生必须具备良好的思想道德素质、科学文化素质和健康素质，逐渐养成自觉崇尚先进文化和主动追求高尚思想道德的精神境界。

（三）素质教育与大学生全面发展的关系

素质教育和大学生的全面发展是手段和目的的辩证关系，两者相辅相成、不可分割。大学生是十分宝贵的人才资源，是民族的希望、祖国的未来。中华民族的伟大复兴和中国特色社会主义事业需要大学生成为全面发展的有理想、有道德、有文化、有纪律的社会主义新人，而素质教育正是以此为目的的。培养什么样的人和怎样培养人是高等教育发展必须首先解决的根本问题，实施素质教育是社会主义现代化建设和高等教育发展的必然要求，是大学生全面发展的前提和条件。全面推进素质教育，着重培养大学生的创新精神和实践能力，最终实现大学生德智体美劳等方面全面发展的教育目的，使大学生成为中国特色社会主义事业的合格建设者和可靠接班人。

二、思想政治素质教育

（一）思想政治素质教育的内涵

思想政治素质教育是思想素质教育和政治素质教育的统称，思想素质教育侧重于理论观点、思想认识的教育，政治素质教育侧重于政治立场、政治方向、政治观点和态度的教育。两者虽各有侧重，却又相互联系、相互影响和相互渗透。对大学生进行素质教育，必须把思想政治素质教育摆在首位，这是实施素质教育目标的内在要求，是造就德智体美劳全面发展的社会主义事业建设者和接班人的迫切需要。

思想政治素质教育是素质教育最重要的组成部分，是其他方面素质教育的统领，是推动大学生全面发展的精神动力，任何时候都不能放松和削弱。轻视、淡化甚至排斥思想政治素质教育，其结果只能是大学生的片面发展。同时，思想政治素质教育要与其他方面的素质教育协调发展，不能以思想政治素质教育简单地代替或等同于素质教育的全部。

（二）思想政治素质教育的特点

第一，思想政治素质教育具有强烈的政治性，这是思想政治素质教育的灵魂。思想政治素质教育第一位的任务，就是要教育大学生坚定正确的政治方向，准备为社会主义现代化事业贡献力量。

第二，思想政治素质教育具有鲜明的思想性，覆盖着广阔的领域。思想政治素质教育包括提高思想认识，启发思想觉悟，培养道德品质，锻炼健康心理，养成良好行为等诸多方面，教育大学生明辨是非、分清善恶、辨别美丑，引导学生追求真善美。

第三，思想政治素质教育具有特定的知识性，思想政治素质教育和知识教育的目标是一致的。思想政治素质教育包括世界观、人生观、价值观等大量的知识，而且以这些知识为载体。思想政治素质教育的知识性与一般的文化科学知识也存在一定区别，即思想政治素质教育是文化科学知识的一部分，具有服务于政治性和思想性的作用。

三、科学文化素质教育

科学文化素质教育包括人文素质教育和科学精神教育，这是大学生成长成才不可分割的两个方面，是大学生思想政治教育的题中应有之义。对大学生进行人文素质教育和科学精神教育，有利于大学生形成正确的人生追求，形成完备的知识基础、优秀的思维品质和健康的生活方式，有利于大学生自身素质的整体提高和全面发展。

（一）人文素质教育

人文素质主要包括语言文字修养、文学艺术修养、伦理道德修养、文明礼仪修养、政治理论修养、历史和哲学修养等，是一个人外在精神风貌和内在精神气质的综合表现，也是一个现代人文明程度的综合体现。人文素质教育是将人类创造的优秀文化成果通过各种形式的知识传授、环境熏陶，内化为人的人格、气质和修养，使之成为人身上相对稳定的品格。

人文素质对于大学生其他素质的形成和发展有很强的渗透力和影响力，人文素质的提高将提升大学生的人生品位。当前，大学生人文素质不高的状况仍在一些学校不同程度地存在：就知识而言，主要表现为有的大学生的人文知识面狭窄、知识结构不合理；就能力而言，主要表现为有的大学生的口头和文字表达能力、动手能力、心理承受能力、人际关系协调能力等较差；就修养而言，主要表现为有的大学生抵御各种错误思想文化的渗透和侵蚀的能力较差。

加强人文素质教育，使大学生通过对人文科学为主要内容的文化知识的学习、文化环境的协调、文化活动和社会实践的锻炼来接受人文精神的感染。加强语言文字的教育，提高大学生的口头和文字表达能力；加强哲学教育，培养大学生的正确思维；加强历史与传统文化的教育，提高大学生对人类历史发展规律的认识；普及政治学与法学知识，提升大学生的政治辨别力和遵纪守法意识;普及经济学与管理学知识,提高大学生的现代化管理水平。要通过这些文化知识的传授,提高大学生的文化知识水平和文化修养,实现全面发展的目标。

（二）科学精神教育

科学的本质是对客观事物的真理性认识,是人类智慧的创造,是人类取得的文明成果。在科学中孕育出来的科学精神就是尊重客观规律、实事求是,以科学的立场、观点和方法想问题、办事情,科学精神的精髓是实事求是。科学精神教育就是有目的、有计划、有组织地对人们施加科学精神的影响,以培养人们科学精神的一种教育实践活动,科学精神教育的个体价值主要体现在提高个体的科学文化素质和思想道德素质等方面。

加强科学精神教育,使大学生通过对以自然科学为主要内容的科学知识的学习、科学思想的熏陶、科学方法的训练、科技活动和社会实践的锻炼来形成科学素养。引导大学生认识自然,获得生活发展的知识与技能。提倡崇尚科学、破除迷信,树立科学精神,使大学生掌握科学思想与科学方法。提倡追求真理、开拓创新、实事求是、不畏艰难、发愤图强、积极向上,培养大学生的创新精神和实践能力,促进大学生形成科学的世界观、人生观和价值观,促进大学生实事求是地进行创造性的社会实践活动。

四、身心健康素质教育

传统的健康观是从生物学意义出发的,认为健康就是没有躯体疾病、身体不衰弱。而现代的健康观则认为,人既有生物学方面的特征,又有社会学和心理学方面的特征,健康既是指健全的身体结构和躯体功能,又包括健全的智力和心理发育能力。就社会个体而言,健康素质是一个人综合素质的基础;就整个社会而言,国民健康是促进经济发展和社会进步的重要保障。因此,对大学生进行健康素质教育的目的,就是使大学生增进健康知识,了解躯体健康和心理健康的相互关系,明确健康的价值和意义,提高自我保健、预防疾病的意识,逐步建立、形成有益于健康的行为,自觉选择健康的生活方式,促进身心健康成长,改善生活质量。

一方面是身体健康教育。教育大学生建立合理的生活方式，即饮食起居、学习娱乐要科学规律，在学习上能劳逸结合，合理用脑；教育大学生培养合理的智力结构，积极参加体育锻炼，增强体质，做到主动防病治病，远离传染病；教育大学生掌握有关促进身体生长发育和日常营养需要的知识，知道如何选择食物以达到膳食平衡。

另一方面是心理健康教育，主要包括心理教育、情感教育和人格教育。心理教育就是要对大学生进行心理指导，培养学生的创新能力和实践能力，激发他们的学习动机和学习兴趣，让大学生掌握科学的学习方法和策略，树立积极乐观的学习心态。情感教育就是使大学生了解人的情绪变化特点，运用有效的调控手段，使自己经常保持良好的心态和乐观的情绪。人格教育就是要使大学生了解健康人格的标准以及自身的个性特点，有意识地培养开朗、活泼、向上的健全人格。

第四章

现代高校日常思想政治教育体系的构建

思想政治教育是培养复合型人才的核心媒介，既能提升学习者的思想高度，也能在其全面发展的基础上维护社会和谐。大学生作为建设祖国的新生力量，是未来整个社会文明素质的重要体现者，大学生的思想道德素质事关祖国的前途命运，事关社会的发展进步。构建高校日常思想政治教育体系，对于落实好高校立德树人的根本任务具有重要意义。高校不断基于新时代大学生的需求创新思想政治教育体系，完善教育架构，才能助推青年学生为祖国发展出谋划策、添砖加瓦。

第一节　高校日常思想政治教育体系的基本要素

日常思想政治教育体系是一个庞大、复杂且动态的系统工程，从要素来看，包括教育主体、教育对象、教育内容、教育载体等，具有教育主体多元、教育内容丰富、教育载体多样、教育过程动态化等特点。大学的思想政治教育工作是一个多主体力量相互联系、相互制约、相互影响的过程。提升高校日常思想政治教育效果，必须打通教育诸环节。换言之，构建高校日常思想政治体系需要激活各主体的主动性和积极性，实现 1＋1＞2 的效果。因此，考察各个要素的内涵与外延，并且因势利导，显得尤为重要。

一、高校思想政治教育主体

思想政治教育主体是在思想政治教育过程中的主动行为者主体，既可以是单个的个人，也可以是由多个个人组成的群体。高校日常思想政治教育体系的教育主体，是指策划、组织和实施大学生日常思想政治教育的个体和群体。个体主体包括专职党务工作者、团干部、辅导员、班主任、“两课”教师、心理健康教育教师、学生宿舍和公寓管理人员、校园网络管理人员等，也包括能够实现自我教育的大学生。群体主体包括学校党团组织、学校职能部门、学院党团组织、学生党团组织、学生（研究生）会、班级、各类学生社团与协会等，也包括大学生生活社区、学生公寓、网络虚拟群体等新型大学生组织。

高校的日常思想政治教育通常由群体主体发起，个体主体参与策划、组织和实施。在个体主体层面，辅导员和班主任是高校日常思想政治教育的主干力量，承担着教育、管理、服务的多重角色。在群体主体方面，主干力量可以分为以下三个层次。

第一，领导部门。高校思想政治教育承担着实现人才培养目标、增强国家核心竞争力、实现中华民族伟大复兴的重大战略使命。当前，我国高校基本坚持校院两级管理体制，大学生日常思想政治教育同样实行两级领导体制，各级党委发挥政治核心作用。校党委作为一级领导机构全面领导学校工作，发挥领导核心作用，即承担管党治党、办学治校主体责任，把方向、管大局、作决策、保落实。学院（系）党委作为二级领导部门发挥政治核心作用，即履行政治责任，保证党的路线、方针、政策及上级党组织决定的贯彻执行。将高校思想政治工作日常教育体系建设落到实处，必须统筹学校与学院（系）两级。依托学校与学院的不同分工，我国高校形成了思想政治教育工作的基本格局。校党委要筑牢大学思想政治工作主导权，把思想政治工作贯穿育人全过程，全方位覆盖育人空间场域，确保高校始终成为培养德智体美劳全面发展的社会主义建设者和接班人的坚强阵地。在具体的实践中，学院（系）党委既要落实校党委思想政治教育的总体规划和部署安排，也要结合本学院（系）学生的情况开展具有学院（系）特色的大学生日常思想政治教育。

第二，执行部门。执行部门包括学校与学院两个层面。在学校层面，有党委宣传部、学生工作部、团委、心理健康教育部门、就业指导部门、勤工助学部门、公寓管理部门等各相关部门；在学院层面，则有学院党委、团委及行政等组织，各组织部门中包含相关工作人员、辅导员、班主任等个体。各个部门及相关工作人员按上级规划和部署在具体的思想政治教育活动中各司其职、相互配合。伴随“三全育人”综合改革的持续推进，高校中被纳入思想政治教育工作的职能部门也在增多，例如教务处、研究生院等部门也成为高校日常思想政治教育工作开展的执行部门。校、院（系）各执行部门中的党政干部、团干部、辅导员、班主任、思政课教师、心理咨询教师等，都是新时代日常思想政治教育的重要执行力量。

第三，学生自我教育组织。学生自我教育组织是高校日常思想政治教育工作的依靠力量，它既包括党支部、团支部、班委会、学生会、研究生会等正式组织，也包括各种学生社团、协会等非正式组织，还包括适应高校后勤社会化和网络信息技术发展而产生的大学生生活社区、学生公寓、网络虚拟群体等新型大学生组织。其中，党支部、团支部是大学生发挥主体性、开展自我教育的重要平台，起到重要的规范性作用，并且和以教师为主体的执行部门有着深度联系。班委会、学生会、研究生会等也是按一定组织程序设立的正式群体，是学生"自我服务、自我管理、自我教育"的主体组织。这些组织是学生进行日常活动的重要组织类型，既是日常活动的组织依托，也是日常活动的重要平台。各类社团、协会、网络虚拟社群等则属于非正式群体，是大学生个体因为兴趣、缘分等打破个体界限而形成的组合，规范性相对于前两类组织来说相对较弱，但它们既是大学生日常活动的重要平台，又是活跃校园文化的骨干力量，在增强个性化教育、促进大学生全面发展方面扮演着重要角色，从而承担起一部分的日常思想政治教育职能。

二、思想政治教育对象

高校日常思想政治教育的对象是大学生，思想政治教育工作是做"人"的工作。当代大学生正处在一个社会生活节奏快速化、价值观念多元化的时代，其心理水平正处于一种走向成熟又未完全成熟的过渡时期。在这一时期，大学生的各种心理活动异常活跃，同时也充满了矛盾与困惑。

第一，当代青年大学生思想活动的独立性、复杂性、多变性与差异性日益增强。在互联网环境下，当代大学生接受的是碎片化的信息，他们的思想观念和行为受到多种信息的影响，呈现出多元化的价值取向。同时，大数据下形成的"信息茧房"又使得大学生的观念认识相对窄化和固化。大学生所处的年龄阶段决定了他们对社会热点的关注程度更高，但由于知识结构和社会认知的局限，他们更容易受到多种差异化的思想文化的影响。成长在改革开放持续深入、网络信息化不断发展的时代背景下，当代大学生思维活跃，个体意识强，实现个人诉求的愿望强烈，自尊、自信，勇于创新和接受挑战。他们的认知水平、行为方式、思想观念、价值取向、目标追求等各方面日益个性化、复杂化与多元化，人格发展和价值观逐渐成熟，自我成长意识逐渐增强，具有强烈的进取心和使命感。

第二，当代大学生的心理需求日益多元、多样和多变。当代大学生的各种需求的层次和内容范围不断扩大，发展需求特别是精神需求、生命价值实现需求日益增多，获得感、幸福感、成就感等需求日益增多，基于心理情感、人际交往、信息获取、娱乐休闲等的多元需求日益增多。在高校思想政治教育工作中，要充分尊重大学生的多元化需要，引导他们树立正确的价值观，使他们成为一名合格的社会主义建设者。此外，当代大学生正处在迅速走向成熟而又未完全成熟的人格定型的关键时期，由于知识局限和社会经验不足，大学生的自我意识尚不全面，看待和处理问题时容易主观片面，情绪控制和抗挫折能力较弱。

需要说明的是，日常思想政治教育是一个教育主体与教育对象双向互动的过程。随着信息技术的飞速发展，新媒体、新技术的介入和应用，传统的教师和学生在日常思想政治教育中的主客体关系得到了一定的调整，青年大学生在日常思想政治教育中的主体性作用更为突出。他们借助于各种新技术手段，有了更为丰富的交流平台，从而使得其主体性作用借助于各种新的组织类型，如网络社群等，有了更为广阔的发挥舞台。

三、思想政治教育内容

思想政治教育内容是思想政治教育的重要组成部分，是根据一定社会或阶级的要求，针对教育对象的思想实际，经教育者选择设计后有目的、有步骤地输送给教育对象的一切信息。思想政治教育的内容包括思想教育、政治教育、道德教育、法治观教育、网络思想政治教育等，而高校思想政治教育工作中的日常思想政治教育侧重对青年大学生的思想疏导和日常行为的养成，侧重满足青年大学生的现实发展需求。大学生日常思想政治教育的内容可以分为主导性、基础性、发展性及特色性四个层次。

大学生日常思想政治教育内容的主导性，是指马克思主义理论教育。马克思主义在我国意识形态领域居于指导地位。中国共产党在推进青年大学生的思想政治教育过程中，注重目的与手段的统一。在酝酿中国共产党成立的过程中，“那些追随马克思主义的爱国知识青年，开始了一场旷日持久的理论大辩论”①。进行理论大辩论的过程就是用马克思主义理论武装青年的过程。早在新民主主义革命时期，中国共产党就把对青年学生的思想政治教育摆在了重要位置。“要使青年们懂得，没有一个用马克思主义基本理论武装起来的、全心全意为人民服务的党，没有这样的党的领导，革命不会成功，建设也不会搞好。”②21世纪以来，党领导实施了大学生马克思主义自主学习行动计划，以加强对青年马克思主义者的培养。培养青年马克思主义者，决不能单纯依靠课堂授课，而是要将马克思主义理论融入日常思想政治教育之中。“日常”作为大学生生活的重要空间，提供了大学生开展马克思主义学习的重要渠道，是大学生第一课堂学习的重要延伸。马克思主义是我们立党立国、兴党兴国的根本指导思想。实践告诉我们，中国共产党为什么能，中国特色社会主义为什么好，归根到底是马克思主义行，是中国化时代化的马克思主义行。习近平新时代中国特色社会主义思想是当代中国马克思主义、21世纪马克思主义，是马克思主义基本原理与中国具体实际和中华优秀传统文化结合的成果，是新时代高校育人的根本指导思想。

大学生日常思想政治教育内容的基础性，是指教育工作者向在校大学生传递的最基础的思想观念与道德规范。这些观念与规范包括理想信念教育、爱国主义教育、党史教育、民族精神教育、集体主义教育、道德规范教育、心理健康教育、人文素质教育，等等。教育工作者要以立德树人为根本，紧紧围绕价值信仰、家国情怀、道德品质、文化素养开展日常思想政治教育。理想信念教育就是要使广大青年大学生树立共产主义理想信念，做社会主义的合格建设者。价值观是文化的核心，社会主义核心价值观是社会主义先进文化核心中的核心。社会主义核心价值观是中国共产党关于社会伦理、社会道德与个人修养的汇聚凝练，青年大

---

① 邓中夏.邓中夏全集：下[M].北京：人民出版社，2014：1675.

② 万里.万里文选[M].北京：人民出版社，1995：350.

学生要在日常生活中自觉践行社会主义核心价值观。

大学生日常思想政治教育内容的发展性，是指凸显时代性特征的内容。大学生日常思想政治教育的内容必须把握时代脉搏、符合时代需求，用时代内容塑造学生良好的品格。当前，在百年未有之大变局的时代背景下，青年大学生面临的思想环境纷繁复杂、诡谲多变。在个人与社会的统一中实现个体价值，是青年大学生成长规律的内在要求，也是落实高校思想政治工作的重要任务。时代需要什么样的人才，高校就要培养什么样的人才，而要实现这一目标，就必须借助高校日常思想政治教育体系。

大学生日常思想政治教育内容的特色性，是指综合素质教育。在百年未有之大变局之下，思想政治教育工作者要结合学生的群体性特征和时代特征，通过实践、心理健康、校园文化等日常思想政治教育工作载体，加强对大学生的政治立场、创新思维、批判性思维等方面的培养，实现青年大学生品格塑造与能力培养的统一。特色活动是高校结合大学生个体性的兴趣专长，因材施教，开展的能够增强大学生个人竞争力的活动。开展特色活动也是高校日常思想政治教育的一部分，有利于促进大学生的全面发展。

四、思想政治教育载体

（一）高校日常思想政治教育的一般载体

教育载体是在完成教育目标过程中承载着教育任务的具体教育形式，是连接教育主体和客体的纽带。思想政治教育载体，是指将思想政治教育观念外化、物质化和现实化的形式和手段，不仅承载思想政治教育的有关信息，为大学生日常思想政治教育工作者所掌握，而且能够在日常思想政治教育过程中将教育主体与教育对象联系起来，促进教育者与大学生互动交流。大学生思想政治教育载体的表现形式多样，各类不同载体在实践中紧密联系、相辅相成，共同促进日常教育的开展。从类别上看，高校日常思想政治教育的载体可以分为以下五类。

第一，教育教学载体。高校是青年大学生学习的场所，其主要工作任务是开展面向广大学生的教育教学活动，因此日常思想政治教育离不开教育教学载体。不同于思想政治教育理论课，日常思想政治教育通常被称为第二课堂，侧重的是解决大学生在课堂外面对的现实问题。因此，这里的教育教学载体并非是指课堂之内的思想政治理论课程，而是指形势报告会等经常性的教育方式、围绕重大事件和重要议题开展的学习教育等主题教育方式和入党积极分子培训班等针对特定对象及内容的集中教育方式。

第二，日常管理载体。日常管理载体是将思想政治教育寓于日常，通过一定的组织纪律、规章制度和行政措施对大学生的日常行为予以约束、规范和协调，帮助广大学生养成良好的思想品德和行为习惯。在服务学生中灌输思想政治教育的内容，才能潜移默化地提升教育效果，实现日常管理载体的效果最优化。

第三，实践活动载体。丰富多彩的校园活动是大学生活的重要组成部分，把日常思想政治教育融入丰富多彩的活动中，能够潜移默化地感染、熏陶和教育学生，陶冶大学生的情操、培育他们的高尚人格。从现实来看，校园活动往往结合党、国家及学校本身发展的重大时间节点进行策划，能够在活动中提升青年大学生的爱党之心、爱国之情及爱校之感，这些校园活动是贯彻思想政治教育的天然载体。

第四，校园文化载体。校园文化是青年大学生学业生活及日常生活的重要载体，同时青年大学生的在校生活也充实着校园文化。思想政治教育是运用先进文化涵化人，实现文化的浸润作用，使大学生赞赏积极文化、抵制消极文化，在认同先进文化中逐渐矫正、发展自己的观念、立场和行为。校园文化包含丰富的科学精神、人文底蕴和文明修养。健康的校园文化还能够以潜移默化的、经常性的影响促进优良校风、学风的形成，引领带动在校学生充实知识素养、提高实践能力，最终增强学校的育人效果。构建健康向上的校园文化有利于提升学校的人文氛围，增强学生的参与感，将思想政治教育纳入校园文化建设，是促进学生全面发展的内在要求。

第五，传播媒介载体。传媒技术的迅猛发展导致了信息大爆炸，大学生每天都面对海量的外部信息。互联网等新兴媒体的出现对传统教育管理方式提出了挑战，创新大学生思想政治教育的任务极为紧迫。因此，要树立互联网思维，推动思想政治教育的传统优势与信息技术高度融合，使互联网成为开展思想政治教育的新平台。观察整个过程，青年大学生既是传播者，也是传播媒介的“俘获者”。简言之，青年大学生既创造媒介内容，也受到已有媒介信息的影响。如此一来，传播媒介自然成为高校思想政治日常教育的重要载体。具体来说，除了传统的报纸、广播、电视、宣传栏以外，逐渐产生了微信、微博、网站、手机应用软件等网络思想政治教育载体。随着网络新媒体的发展，依托于互联网的各类网络媒介在日常思想政治教育中的角色日益重要。

（二）高校日常思想政治教育的拓展载体

当前，随着互联网技术的迅速发展，新兴技术的工具、手段和载体的不断涌现和创新，思想政治教育教学载体的应用也在发生着变化，呈现出多样化的特点。在“05 方案”[①]实施之后，特别是“2018 基本要求”[②]和“2021 新标准”[③]实施以来，高校思想政治教育一直不断地积极探索教育教学载体，同时持续地有效整合教学资源，促进教学载体之间的优化组合，从而进一步促进教育效果的显著提升。因此，构建高校思想政治教育教学模式，必须拓宽家庭教育载体、实践基地载体和社会网络载体，并对思想政治教育教学进行优化和整合，以便能够更好地发挥出各类载体的特殊优势，丰富和发展思想政治教育。

1. 家庭教育载体

家庭教育是关乎大学生终身发展的教育，若想办好思想政治理论课，家庭是其中必不可少的一环，而帮助大学生扣好人生的第一粒扣子也是家长义不容辞的责任和义务。家长的有效配合对于积极引导大学生的思想政治教育具有必不可少的作用，家长通过在开展思想政治教育过程中有效加强学校和家庭之间的配合能够促进大学生成长成才。总之，在高校日常思想政治教育过程中，家庭教育不能缺席、家长不能缺

① 中共中央宣传部、教育部《关于进一步加强和改进高等学校思想政治理论课的意见》。

② 教育部《新时代高校思想政治理论课教学工作基本要求》。

③ 教育部《高等学校思想政治理论课建设标准(2021 年本)》。

席。家庭实践教学是高校思想政治教育教学模式的重要补充，为了更好地拓宽家庭教育载体，应注重以下几个方面。

首先，要坚持和稳定课堂、家庭、社会之间的协同作用机制。家庭实践教学是课堂教学的延伸，需要建立相关的平台为家庭提供更为便利的相关服务，需要开设相关的网络课程让家长了解相关教育知识。同时，高校也需要提供信息的共享服务，在实践教学平台上定期发布一些与思想政治教育相关的内容，在家长常用的互联网新媒体平台上定期发布一些家长如何与“00后”大学生相处、如何教育他们等相关的教育知识，还可以开通服务热线，提供线上家庭教育指导服务，更好地发挥“互联网+思政”的教育作用，更有利于促进大学生的成长成才。高校与家庭同步开展日常思想政治教育会深刻影响大学生对待学习和人生选择的思考方式，也影响大学生对于法治法律、道德伦理、社会热点等问题的关注度、参与度，还影响大学生对于高校教育教学模式的态度。充分发挥家庭这一取之不尽、用之不竭的教育资源，充分发挥家庭实践教学的独特优势，对于思想政治教育的有效开展具有重要价值。

其次，要把握好家庭教育载体运用的良好时机。大学生更多时间是在学校度过的，因此就需要把握时机，抓住良好的机会进行家庭实践教学。实践教学开展的时间、地点与教学载体的活动效果有着密切的联系，对实践教学效果的呈现具有重要的影响。牢牢抓住家庭教育载体运用的良好时机往往会达到事半功倍的效果，有利于更好地开展家庭实践教学工作。家长要把握我国传统节日和重大纪念日的关键期，借助传统节日和重大纪念日本身的历史价值和历史意义，借助传统节日和重大纪念日本身蕴含着的思想政治教育内容，借助传统节日和重大纪念日本身蕴含的民族精神和丰富内容，向大学生传递出我国的历史精神和时代精神，使得大学生能够进一步厚植爱国情怀，能够逐渐认同中华民族的传统文化、民族精神和时代精神。在传统节日和重大纪念日之中进行思想政治教育教学，体现着思想政治教育工作的人文情怀。

最后，要注重家庭教育载体的连续性。大学生的每一个成长阶段都有家庭教育的参与和家长潜移默化的影响，家庭教育的稳定性、连续性、持久性特征反映出家庭教育对大学生终身发展有着持续影响。坚持家庭实践教育的连续性、长期性不是一成不变，而是根据时代发展而不断发展，依据高校思想政治教育教学模式的变化而改变，要顺应时代，在时代中发展和创新，以确保家庭教育的可持续发展。当前家长对于学生成长问题的看法发生了变化，开始从关注成绩转变为关心大学生的心理建设、道德伦理等问题，更加注重大学生的阶段性发展，考虑大学生的身心平衡发展、全面发展。大部分家长自身就积极地关注政治法律、道德伦理、社会热点等问题，在思想政治教育课程开设之前也会有部分家长跟大学生沟通，主动交流相关信息，了解学校的相关课程安排。

2. 实践基地载体

“05 方案”实施后，各个高校也越来越重视在教学中运用实践教学模式，特别是利用实践基地这个载体进行思想政治教育教学活动，进一步拓展高校思想政治教育教学的发展空间和发展路径。要以“问题导向”为中心，通过对实践基地的合理规划、整体布局，深入挖掘实践基地的丰富价值和深层意义。要将思想政治教育教学与社会实践基地紧密地结合起来，使得课堂、家庭、社会“三个实践教学”之间的衔接度、关联性更加紧密，更加有助于思想政治教育教学效果的凸显。要通过对不同主题、不同类型、不同特色的实践教学基地的建设，促进家校之间合作、校校之间合作、校企之间合作、校地之间合作，促进实践教学载体的多样化和实践教学效果的高效性。要拓展实践教学基地，让大学生深入基地参与社会实践教学活动。要突出沉浸式实践教学，坚持拓展和完善思想政治教育基地，例如爱国主义教育基地、马克思主义理论研究基地、模拟社会情景实验基地。革命烈士陵园、纪念馆等实践教学基地能够补充和丰富课堂实践教学、家庭实践教学，使得社会实践教学具有更强的吸引力，让大学生在思想政治教育教学活动中具有更多的参与感，从而充分体验到实践教学的魅力。

拓展实践教学基地，不仅需要坚持对思想政治教育实践基地的不断完善，也要坚持对道德法治教育实践基地的不断发展，例如通过法治咨询教育中心、心理咨询中心、模拟询问教育基地进行道德法治知识的教育和宣传工作，提高大学生的道德法治素养。要坚持对综合教育教学基地的不断拓展，例如大学生通过校企合作的方式在科技园、“双创”园等实践基地进行社会实践活动。要将企业用人原则与思想政治教育目标和要求相挂钩，促使大学生在企业文化氛围之中更加了解国情，从而促进大学生不断提升思想政治水平和思想政治素养、国家认同意识和对国家发展的认知。同时，实践基地还可以配置智能互动机器人，补充实践基地的教学载体，丰富实践基地的载体多样性。拓展实践教学基地需要不断完善配套的制度、组织等保障系统，加大经费投入，健全后续程序和措施。坚持拓展实践基地载体需要不断完善思想政治教育教学的阵地化发展，进一步发挥思想政治教育的影响力量。

3. 社会网络载体

构建高校思想政治教育教学模式，互联网也是一种重要的载体。互联网虽然在资源整合方面还存在诸多问题，特别是对社会资源的整合还存在不足之处，很多资源没有得到有效利用，但在当前大数据、人工智能、高新技术快速发展且不断创新的背景下，互联网对现实世界的渗透越来越强烈，大学生运用互联网技术越来越广泛，同时高校思想政治理论课对社会资源的运用越来越丰富，利用互联网新媒体技术的方式越来越多样、场所越来越广泛。近五年来，互联网技术盘活了思想政治理论课，各类线上“云课堂”收效显著，思想政治教育教学的网络载体不断发展。要进一步构建社会网络平台新阵地，推动智慧思想政治理论课教学建设，坚持和深入拓展社会网络载体，不断加强慕课、公众号、官微等平台的推送工作，更好地运用数字化、智慧化、网络化的课程建设，创新实践教学的多元形式。

要通过拓宽思想政治理论课网络载体，不断探索和完善思想政治理论课专业数字资料库，建立思想政治教育教学智能平台，加强思想政治理论课网络基础设施建设；要充分运用好、利用好网络话语和网络流行语，运用网络载体与思想政治教育教学之间的协同作用，构建理性沟通、信息联通的“大思政”平台，将思想政治理论课教学形成线上线下互通的同心圆。

通过社会网络载体与课堂实践教学、家庭实践教学进行互补，深化思想政治教育教学的普及度，拓宽大学生学习思想政治教育的内容，能够满足大学生线上自主学习的需要，充分调动大学生在实践教学中的自主性和主动性，避免被动式学习。在互联网＋的大思政框架下，高校应不断拓展网络载体，完善思想政治教育教学模式，让社会实践教学真正利用起来、活起来，进一步提高实践教学的渗透力、影响力，促进实践教学的高效化建设。

第二节　高校日常思想政治教育体系的基本定位

一、日常教育体系是大学生思想政治教育的“主阵地”

大学生日常思想政治教育是大学生思想政治教育的重要组成部分。1995 年，《国家教育委员会关于颁布试行〈中国普通高等学校德育大纲〉的通知》指出：辅导员和班主任是日常思想政治教育的直接组织者和协调者。这是国家首次明确提出“日常思想政治教育”的概念。2004 年，中共中央、国务院发出《关于进一步加强和改进大学生思想政治教育的意见》，明确提出了对日常思想政治教育的要求。2006 年，时任教育部部长周济在全国高校辅导员队伍建设工作会议上的报告中首次明确了日常思想政治教育的“主阵地”地位，他指出：大学生思想政治教育包括思想政治理论教育和日常思想政治教育两个重要的方面，一个是主渠道，一个是主阵地，二者是相互依存、互为补充的。2012 年，教育部在印发的《高等教育专题规划》中强调：“发挥日常思想政治教育主阵地作用……帮助学生排忧解难”①。自此，有关大学生日常思想政治教育的“主阵地”表述在党政文献中逐渐丰满。

在 2020 年教育部提出的高校思想政治工作体系中，思想政治理论课和其他各类型课程中的课程思政共同成为课堂思想政治教育的主要渠道，发挥课堂教学的主导作用。这是对之前单纯强调思想政治理论课是大学生思想政治教育主渠道的重要延伸和拓展。而日常思想政治工作体系则是与之各有侧重、相辅相成、相互促进的另一具有基础性意义

① 教育部思想政治工作司.加强和改进大学生思想政治教育重要文献选编：1978—2014[M].北京：知识产权出版社，2015：540.

的体系。日常思想政治工作体系主阵地作用的发挥，突出体现在对大学生日常生活时空的全覆盖。大学生除参与课堂学习外，其思想价值观念的形成离不开其他社会性的活动。日常思想政治体系的着眼点包含了线上与线下、实践生活与心理活动、学习事务与娱乐休闲，是对新时空下大学生思想政治工作环境的重构与整合。在主阵地作用的发挥过程中，大学生因为充分参与社会生活，使得政府、企业、社会组织等领域的师资、场地、项目都成为大学生思想政治教育的资源。主渠道的理论教育有了更为开阔的校验空间，理论基础和思维建构有了新的运用场域，从而使得“知与行”通过第一课堂和第二课堂加以互构，为整体性开展思想政治教育提供了可能。

二、日常教育体系在思想政治工作体系中的定位

2020 年，教育部等八部门印发的《关于加快构建高校思想政治工作体系的意见》详细规划了包括理论武装体系、学科教学体系、日常教育体系、管理服务体系、安全稳定体系、队伍建设体系、评估督导体系在内的高校思想政治工作体系。

高校思想政治工作是系统性工程，涉及众多方面，是多种因素相互联系、相互作用而构成的有机整体。理论武装体系、学科教学体系、日常教育体系、管理服务体系、安全稳定体系、队伍建设体系、评估督导体系等七个子体系各具特色，分别承担着不同的育人功能。每一个体系相对独立、各司其职而又相互联结、相辅相成，各个体系有序运作、相互配合衔接。其中，学科教学体系、日常教育体系、管理服务体系、安全稳定体系四个子体系组成了内容体系，是高校思想政治工作这一系统工程的主体，涵盖了高校教学、管理、服务、安全等各方面，为高校思想政治工作的开展提供了宏观的规划图与微观的执行方案。

在高校思想政治工作子体系中，日常教育体系更加强调走进青年大学生的生活，注重从学生的日常生活中汲取现实的思想政治教育内容，把符合他们生活和发展要求的内容随时随地纳入教育工作之中，并使之渗透到大学生日常生活的全时空之中。日常教育体系既为其他子体系服务，也是对其他子体系的贯彻与执行，各个体系之间相辅相成。学科

教学体系要办好思想政治理论课，充分发挥科研育人功能，强化哲学社会科学育人作用，全面推进所有学科课程思政建设。管理服务体系要提高管理服务水平，加强群团组织建设。学科教学体系、管理服务体系的运行需要通过日常思想政治教育的开展来了解青年大学生的情况、理解青年大学生的需要。理论武装体系是整个系统和全部体系的灵魂，突出强调加强政治引领。日常思想政治教育要以先进的理论和正确的价值取向指导日常思想政治工作的开展。日常思想政治教育主要在课堂之外发挥作用，而其影响效用又绝不局限于课外。班级集体建设、学风建设、社会社团与校园文化建设、心理健康教育等以学生为主体参与实施的活动，以较强的生活性、直观性和实践性贴近学生的学习与生活实际，使广大青年大学生能够在参与活动的过程中体会思想政治和道德的魅力，从而不断地自觉提升其自身的思想政治与道德素质。日常思想政治教育的开展和运行可以为思想政治理论的学科教学提供丰富的经验和素材。总的来说，七个子体系之间相辅相成，只有协同用力，才能共同促进高校思想政治工作的开展和完善。

思想政治教育从广义上来说是指具有思想政治教育本质属性的所有事物，包括思想教育、政治教育、道德教育、法治观教育、心理健康教育、创新创业教育、网络思想政治教育等诸多方面。日常教育作为高校思想政治教育的主阵地，旨在通过开展各类德育活动及校园文化建设等实践活动，让学生参与其中，以潜移默化的方式增强青年大学生的认识与感悟，让大学生在日常生活与实践活动中不断提高自身的思想品德和政治素养。教育与经济、政治、文化的发展阶段有着密切的关系，特别是与特定社会发展阶段的目标密切相关，对青年大学生的教育也与他们所处的时代息息相关。党的十九大描绘了中华民族伟大复兴的宏伟蓝图，当前，我国已经实现了全面建成小康社会的第一个百年目标，正在向全面建成社会主义现代化强国的第二个百年奋斗目标迈进，青年大学生是这一征程路上的重要力量。培养什么人、怎样培养人、为谁培养人是高校思想政治教育必须首要回答的问题。民族复兴的宏伟目标赋予了新时代高校思想政治教育新的时代责任和历史使命，正因为如此，《关于加快构建高校思想政治工作体系的意见》更加重视构建日常教育体系。构建日常教育体系要深化实践教育，社会实践、志愿服务、实习实训等各类实践活动是青年大学生成长的沃土。构建日常教育体系要繁荣校园文化，文化育人是高校思想政治教育的重要途径，优秀的校园文化能够在潜移默化中塑造青年大学生的优秀品质和高尚人格，提高他们的思想政治素养。构建日常教育体系要加强网络育人，在所有的文化环境中，网络已经成为高校师生学习生活的第一环境和高校思想政治工作面临的最大变量，变革着日常思想政治教育的形式与手段。构建日常教育体系要促进心理健康，心理健康教育对在百年未有之大变局下的大学生来说具有更为重要的意义。青年大学生面对的客观世界复杂多变，其精神世界需要得到更多关注，应从内在与外在同时呵护青年大学生的健康成长。

总之，思想政治工作日常教育体系在总体思想政治工作体系中发挥基础性作用，是其他子体系的重要支撑和补充，对思想政治教育功能的系统性和持续性发挥具有重要的现实意义。

第三节　高校日常思想政治教育体系的基本功能

一、促进青年大学生的全面发展

思想政治工作从根本上说是做人的工作，日常思想政治教育围绕的是广大的青年大学生。教育者在日常思想政治教育中所做的一切，主要是为了提高大学生的思想政治素质，实现其身心的健康成长，本质上是为了促进大学生的全面发展。

马克思主义认为，人的全面发展就是“作为一个总体的人，占有自己的全面的本质”[①]。在物质财富极大丰富、生产力高度发达的共产主义社会，人的才能被充分发掘、个性充分发挥、整体素质全面优化，从而实现全面发展。当前，我国仍然处于社会主义初级阶段，与此相对应的人的发展目标是实现德智体美劳全面发展。青年大学生来到大学校园，不

① 马克思，恩格斯.马克思恩格斯全集：第3卷[M].北京：人民出版社，2002：303.

只是学习知识，更是要通过课堂内外的学习与实践、通过各类活动锻炼各方面的能力，实现德智体美劳全面发展，成长为中国特色社会主义现代化建设所需要的优秀人才。

当前，我国的高质量发展、可持续发展仍然面临诸多挑战，国家迫切需要更高质量的高等教育，迫切需要全面发展的高素质人才。日常思想政治教育注重实践教育、心理健康教育、网络思想政治教育等方面，能够通过多种方式、多种途径的教育活动，在潜移默化中提升大学生的思想素质和其他综合素质。通过健全人格的塑造，帮助青年大学生形成符合时代和社会要求的品格；通过思想观念的传递，引导青年大学生按照法律法规、道德准则约束自己，适应社会发展的方向和要求，不断提高参与社会政治生活的质量和水平；通过各类实践活动的激励，调动大学生的积极性、主动性和创造性，教导他们积极主动地参与社会实践、改造世界；通过挖掘大学生的个性优势，调动他们的潜能和能动性，鼓励他们将个人目标与社会目标、个人发展与社会发展紧密结合起来，最终促进他们的全面发展。

二、促进思想政治理论与实践的深度融合

理论与实践是教育的两大方面，相辅相成、互相补充。新时代思想政治教育工作要求，既要在课程学习上体现思想政治教育，也要在实践中实现思想政治教育。在大学生思想政治教育体系中，思想政治理论课是主渠道，日常思想政治教育工作是主阵地，课程思政是重要组成部分。

日常思想政治教育体系能够为思想政治理论课教学和课程思政提供丰富的实践基础。一方面，实践是理论的来源。在实践中出现的各种新问题要求理论不断深化，成为理论创新发展的内在动力。日常思想政治教育的开展主要发生在课堂之外，侧重于在广泛的社会领域和网络空间丰富、拓展大学生思想政治教育，在提高学生政治素质、养成学生良好品德方面具有思想政治理论课不可替代的独特作用。日常思想政治教育工作能够在教育实践中运用和检验思想政治理论课及课程思政的教育成果，弥补理论教学的不足，也因此被称为“第二课堂”，是对“第一课堂”理论教育的补充。另一方面，实践是检验真理的唯一标准。理论是

否具有科学性、能否为实践提供科学指导，都需要在实践中加以检验。

日常思想政治教育注重将思想政治教育融入青年大学生线下和线上生活的各个方面，通过运用心理学、传播学、教育学等多学科理论帮助大学生在实践中对思想政治理论课和课程思政的教学进行检验和深层次体会与认识，从而有助于从整体上提升思想政治教育的质量和效用。

三、推动高质量思想政治工作体系的构建

对高等院校来说，思想政治工作就是学校一切工作的生命线，是学校发展的重要保证。当前，由于国家间实力的变化等外部因素的巨大影响，国际和国内的局势发生了深刻的变革。在全球视野中，国际社会正处于一种新的大发展、大变化、大调整之中，国家间、地区间的战略博弈日趋激烈，国际体系与国际秩序深刻调整，国际社会的差异、矛盾和冲突不断升级。过去的几年，全球范围内的新型冠状病毒感染使国际形势发生了深刻的调整，不稳定、不确定性增加，意识形态领域的竞争也愈演愈烈、错综复杂。

在国内，中国式现代化建设进入全面冲刺阶段，处于重大、全面、深入的发展关键期、改革攻坚期和矛盾突出期，经济结构、社会状况、价值观念等都面对机遇与挑战。当今中国，阶层、利益、价值、文化等多种因素交织在一起，构成了一个错综复杂的社会意识形态生态系统。随着信息技术、新媒体技术的飞速发展，大学生的学习方式、交往方式、思想道德观念、心理发展等各个方面都受到了影响。在这种形势下，高校要顺利完成各项发展目标，必须加强日常思想政治教育，使立德树人贯穿于教育教学全过程，在日常的生活和实践中，提高青年大学生的思想品德和政治素质。

第四节 高校日常思想政治教育体系的基本内容

2020 年，教育部等八部门联合印发了《关于加快构建高校思想政治工作体系的意见》，其中，在日常教育体系方面明确了四点内容，即深化实践教育、繁荣校园文化、加强网络育人、促进心理健康。

一、深化思想政治实践教育

马克思主义实践观认为，实践与认识是辩证统一的，实践是认识的来源，实践决定认识，认识反作用于实践。思想政治工作不仅强调认识层面的内容，也强调实践层面的内容，对青年大学生的日常思想政治教育更需注重实践。大学生在学习性、成长性和社会化的实践中发展、检验所学知识，将其合理部分固化为自身的认知体系和价值观念，促进知行合一，在认识世界的同时改造世界。2017 年年底，国家倡导高校在思想政治工作质量提升工程中构建实践育人质量提升体系，从顶层设计上进一步促进大学生扎根实践、知行合一。

高校不仅是青年大学生学习理论知识的平台，也是进行实践的平台。在高校中，思想政治教育的主线贯穿于大学生日常的实践教育活动中，使得各部门协同开展工作，共同促进对青年大学生的思想政治教育引导。与此同时，各类实践活动为青年大学生结合理论观察、分析、解决实际生活中的问题和矛盾提供了机会。青年大学生在参与各类实践的过程中能够充分发挥自身的主观能动性，进一步认识和把握客观世界，进而形成对客观世界的新认识，巩固课堂所学的知识并在实践中获得全面发展。当前，中国正在向着全面建成社会主义现代化强国的第二个百年奋斗目标迈进，党和国家的建设成果和思想理论创新为高校开展大学生思想政治教育提供了丰富而独有的外部经验，是高校开展社会实践和社会调查的重要资源。高校应充分利用这些宝贵的理论资源和经验资源，丰富各类社会实践形式，深入开展“青年红色筑梦之旅”“‘小我融入大我，青春献给祖国’主题社会实践”等主题活动，推动构建政府、社会、学校协同联动的实践育人共同体，挖掘和编制“资源图谱”，进一步从内涵上提升大学生对于劳动教育的理解。

二、坚持以文化育人，繁荣校园文化

文化对人的影响是潜移默化、长期而深刻的，优秀的文化可以涵养德行、滋养心灵、培植灵魂。大学校园文化是一种多元的文化形式，在价值观念的形成过程中对大学生的思想、价值和行为产生一定的影响。良好的校园文化能在一定程度上影响、改变人的思想意识和言行举止，从而在润物细无声中感染人、转化人，潜移默化地影响青年大学生的思想意识和言行举止，从而提升他们的思想觉悟、道德修养、精神境界和综合素质，促进他们的全面发展和健康成长。文化建设的基本目标是以人为本，以人的全面发展为核心，高校要重视以文化育人的日常教育路径。

高校应树立以文化为本的价值取向和教育理念，从顶层设计和制度规划入手，坚持校园文化的主旋律，构建积极向上、高雅健康的校园文化，在潜移默化中影响学生。具体而言，校园文化包括物质文化、精神文化、制度文化三种文化形式。要通过校园建筑景观、文物、校史、校歌等文化内涵，提升大学生的精神气质，让青年大学生感受校园历史文化的熏陶，养成知恩感恩、追思先贤的精神品质；要培养良好的校风、教风和学风，培养适应新时期高校的精神面貌；要坚持创建文明校园，营造尊重老师、重视礼仪、团结互助、友爱他人的良好氛围；要建立一批文化遗产保护基地，把创造文化产品和营造文化氛围有机地联系在一起，强化大学的原创文化精品创作和宣传。

三、加强网络育人，构筑思想防线

高校思想政治工作要坚持把立德树人作为中心环节，把思想政治工作贯穿教育教学全过程，实现全程育人、全方位育人。

由于信息化的迅猛发展，特别是互联网技术的深层次普及和运用，网络已逐渐成为大学生学习、工作和生活的重要内容。一方面，新一代网络信息技术以移动互联网、物联网、云计算、人工智能等为代表，网络新媒体、大数据新技术等为大学生日常思想政治教育提供了新载体。另一方面，社会信息化和网络化的迅猛发展也对高校学生的日常思想政治工作产生了影响。网络虚拟空间中的各种信息纷繁复杂，而网络新媒体与自媒体的崛起更是使传统的教育引导方式面临网络的新挑战。高校日常思想政治工作的开展与落实，需要加强网络文化建设，发挥网络文化育人功能，利用网络媒介构筑牢固的思想防线。

2020 年，教育部等八部门联合印发的《关于加快构建高校思想政治工作体系的意见》指出，要“提升校园新媒体网络平台的服务力、吸引力和黏合度……重点建设一批高校思政类公众号,发挥新媒体平台对高校思政工作的促进作用”。网络育人是一个重要的着力点。

四、促进心理健康,保障健康成长

心理健康是人的基本心理活动协调一致的过程,表现在认知、情感、意志、人格等的高度统一,能与外界相互适应。心理健康是人健康状况的重要指标。随着物质水平的提高,以及外部世界的日益多元化,人的精神需求更为突出,需要处理的外界问题也越来越多,这容易引发学生学习困难、考试焦虑、消极自闭等问题。尤其近年来大学生因学习压力、恋爱受挫、就业压力、环境不适、人际关系不协调等原因,心理健康问题愈益引起重视。

在高校日常思想政治教育工作中,教育工作者应关注学生在课堂之外的德育行为和精神世界的健康成长,给予学生更加细致的人文关怀,真正走进大学生的学习与生活。应结合当前大学生的个体心理特征,提高他们的自我管理与环境适应能力,促进大学生人格的全面发展。2016年12月,中共中央、国务院联合下发《关于加强和改进新形势下高校思想政治工作的意见》,要求“加强人文关怀和心理疏导”①。2017年年底,国家开始实施高校思想政治工作质量提升工程,倡导构建心理育人质量提升体系。目前,各高校都建立了心理健康教育机构,开展心理咨询和心理辅导。2020年印发的《关于加快构建高校思想政治工作体系的意见》指出,要把心理健康教育课程纳入整体教学计划。只有更加关注青年大学生的心理状态,才能增强思想政治教育的现实针对性和有效性。在竞争日趋激烈、多重压力并行的时代背景下,帮助大学生形成良好的心理品质和坚强的意志力,更好地面对成长道路上的困难、考验和挫折,成为高校日常教育中的一项迫切任务。

---

① 中共中央党史和文献研究院.十八大以来重要文献选编:下[M].北京:中央文献出版社,2018:489.

第五章

高校思想政治理论课实践教学体系的构建

第一节　高校思想政治理论课实践教学的地位与功能

所谓实践教学，就是含有社会实践因素的教学。因此，界定思想政治理论课实践教学，不应纠结于教学场所是否在社会，而应注重教学内容是否在社会，即教学内容是否密切联系实际，是否包含社会实践性内涵。实践教学不应仅仅被理解为独立于课堂教学的社会实践活动中的教学活动，而应被理解为在教学内容中分析、解决社会问题的教学。实践教学不全然等同于课外教学或校外教学，学生亲身参加课堂外的实践活动也并非是学生唯一的社会实践教学形式，教学内容包含有社会实践性内容就可以视作实践教学。

一、思想政治理论课实践教学的地位

高校思想政治理论课承担着对大学生进行思想政治教育、马克思主义理论教育的重要任务，是国家意识形态建设的重要实践形式，也是帮助大学生确立马克思主义世界观、人生观、价值观的主要渠道。实践教学是高校思想政治理论课的延伸和拓展，是实现高校思想政治理论课深化发展的一项极其重要的系统工程。

2005 年 1 月，胡锦涛同志在全国加强和改进大学生思想政治教育工作会议上的讲话中指出，要坚持政治理论教育与社会实践相结合，既搞好课堂教育，又注重引导大学生深入社会、了解社会、服务社会……要坚持解决思想问题与解决实际问题相结合。①

2005 年 2 月，《关于进一步加强和改进高等学校思想政治理论课的意见》明确要求："要加强实践教学。高等学校思想政治理论课所有课程都要加强实践环节。要建立和完善实践教学保障机制，探索实践育人的长效机制。围绕教学目标，制定大纲，规定学时，提供必要经费。加强组

① 中共中央文献研究室.十六大以来重要文献选编：中[M].北京：中央文献出版社，2006：631-642.

织和管理，把实践教学与社会调查、志愿服务、公益活动、专业课实习等结合起来，引导大学生走出校门，到基层去，到工农群众中去。要通过形式多样的实践教学活动，提高学生思想政治素质和观察分析社会现象的能力，深化教育教学的效果。”

2015 年 7 月，中央宣传部、教育部印发的《普通高校思想政治理论课建设体系创新计划》特别强调要整合资源强化实践教学，进一步规范实践教学。教育部 2015 年印发的《高等学校思想政治理论课建设标准》在二级指标中专门设有“实践教学”，实践教学作为二级教学指标有具体和明确的要求。指标内容包括：实践教学纳入教学计划，统筹思想政治理论课各门课的实践教学、落实学分（本科 2 学分，专科 1 学分）、教学内容、指导教师和专项经费。实践教学覆盖全体学生，建立相对稳定的校外实践教学基地。科学建构实践教学体系是确保高校思想政治理论课实践教学有序和高效开展的基础与关键。因此，高校教育和管理工作者需要认真开展思想政治理论课实践教学体系的研究和建设。经过多年的探索实践，我国高校思想政治理论课实践教学体系建设取得了长足发展，对提升思想政治理论课的吸引力和实效性等发挥了重大作用，但其系统性、科学性、可操作性等方面还存在一些不足。

2016 年 2 月，《教育部社会科学司 2016 年工作要点》中指出，启动研制《高校思想政治理论课实践教学大纲》。2016 年 12 月，全国高校思想政治工作会议明确要求高校要更加注重以文化人、以文育人，广泛开展文明校园创建，开展形式多样、健康向上、格调高雅的校园文化活动，广泛开展各类社会实践。

2017 年 2 月，中共中央、国务院印发的《关于加强和改进新形势下高校思想政治工作的意见》指出：要强化社会实践育人，提高实践教学比重，组织师生参加社会实践活动，完善科教融合、校企联合等协同育人模式，加强实践教学基地建设，建立健全国家机关、企事业单位、社会团体接收大学生实习实训制度。可见社会实践活动作为思想政治教育的有效途径和方法越来越受到重视。在现阶段，高校的思政类社会实践活动主要分为两大模块：一是由教学部门负责的思想政治理论课实践教学环节，二是由校团委和学生处等行政管理部门统筹的社会实践活动。这两大模块既有诸多共通性，又长期各自为政。如果能本着“互惠双赢、相互促进”的原则，打通两者的教育平台，实现思想政治理论课实践教学环节与大学生社会实践活动交互结合，将会助推思想政治教育实效性的提高，也是高校思想政治教育工作完善化的必然方向。

2017 年 5 月，教育部办公厅下发《关于开展 2017 年高校思想政治理论课教学质量年专项工作的通知》；2017 年 7 月，教育部办公厅下发《关于高校组织思想政治理论课主题学习实践活动的通知》。2017 年的两个文件再次强调要推动思想政治理论课实践教学改革向纵深发展，积极引导学生参与实践活动，增强学生对思想政治理论课的获得感。

2017 年 12 月，中共教育部党组在《高校思想政治工作质量提升工程实施纲要》中提出了实践育人质量提升体系。坚持理论教育与实践养成相结合，整合各类实践资源，强化项目管理，丰富实践内容，创新实践形式，拓展实践平台，完善支持机制，教育引导师生在亲身参与中增强实践能力、树立家国情怀。

2018 年 4 月，教育部在《新时代高校思想政治理论课教学工作基本要求》中强调：要制定实践教学大纲，整合实践教学资源，拓展实践教学形式，注重实践教学效果……要深入研究网络教学的内容设计和功能发挥，不断创新网络教学形式，推动传统教学方式与现代信息技术有机融合。在这里，教育部强调了实践教学及“互联网＋”时代网络教学的重要性。

2019 年 8 月，中共中央办公厅、国务院办公厅印发的《关于深化新时代学校思想政治理论课改革创新的若干意见》要求：坚持开门办思政课，推动思政课实践教学与学生社会实践活动、志愿服务活动结合，思政小课堂和社会大课堂结合，鼓励党政机关、企事业单位等就近与高校对接，挂牌建立思政课实践教学基地，完善思政课实践教学机制。制定关于加快构建高校思想政治工作体系的意见，汇聚办好思政课合力。加大正面宣传和舆论引导力度，推动形成全党全社会努力办好思政课、教师认真讲好思政课、学生积极学好思政课的良好氛围。

二、思想政治理论课实践教学的功能

（一）课内实践教学的功能

就对学生的影响而言，课堂内的实践教学有利于激发学生自主性学习，加强学生在思政课教学中的主体地位。课堂实践教学淡化了教师单向灌输的做法，而代之以平等的沟通心态与学生交流，淡化了学生以重复、模仿、记忆等为主要特征的学习方式，鼓励学生参与问题的提出、讨论和解决。课堂实践教学使教学活动融入学生的现实生活，与学生的内在需求直接沟通，教学过程变成师生之间共享知识、经验和意义的过程。让学生在学习中始终做到自我反思与质疑，扩展了学生思维的广度和深度，推动了学生的主体意识和思维能力的提高。就对教师的影响而言，课堂内的实践教学彰显的是新的教学理念和教学模式，在这种模式下，教师不仅仅把学生看成知识的被动接受者，更把学生看成课堂教学的积极参与者。思想政治理论课教学变成平等的交流和对话，学生的主体地位得到充分的尊重，这体现了民主、平等、沟通、理解的新型教学关系，促使任课教师自身完成知识本位向能力本位的转变。教学中的实践环节能激发学生的想象力、创造力和批判力，冲击其思维中的惰性、保守性，推动学生的主体意识、反思能力的形成和提高，从而切实提高思想政治理论课教学的实效性。

（二）社会实践教学的功能

大学生的思想政治教育，不只是知识的传授，更是能力与素质的提高过程。思想政治理论课社会实践是大学教育中的一个重要环节，是对学生的思想政治理论应用、工作能力和身心素质进行综合培养和检阅的教学形式，是培养学生运用思想政治理论课知识分析问题和解决问题的重要过程。社会实践教学的功能主要表现在以下几个方面。

第一，德育教育功能。立德树人是高校的重要使命。思想政治理论课社会实践活动的首要功能就是德育教育功能。对大学生来说，社会实践活动首先是培养他们如何做人，其次才是培养他们如何做事。在我国的高等教育中，坚定正确的政治方向必须放到首位，人才培养必须坚持德才兼备、全面发展的原则，培育和造就社会主义现代化建设所需要的建设者和接班人。大学生正处于世界观形成的关键时期，在当今社会，如何用社会主义思想、信念来占领他们的头脑，帮助他们树立正确的世界观、人生观、价值观，是摆在广大高校教育工作者面前的新课题。解决这一问题不仅需要通过正面的理论教育途径在课堂上来实现，而且需要让学生走出校门，深入社会生活，到社会这个大熔炉中去探索、去锻炼，在实践中尽快地适应社会、了解社会且服务于社会。

第二，深化教学功能。思想政治理论课社会实践活动的开展，能够使大学生学会辩证地、全面地看问题，培养其实事求是的科学态度，同时还可使他们在知识结构上有所收获：既获取关于社会现实生活丰富的直接经验，加深对国情、民情的了解，又在实际运用中消化已学的理论知识及其他专业知识，加强理论知识与社会生活的联系，从而更好地理解和掌握专业知识，在实践中提高分析和解决问题的能力。

第三，创新创业教育功能。大学生社会实践活动在继续注重提高大学生的思想道德素质的同时，更加注重提高大学生运用掌握的科学理论知识分析、解决现代生产实践及其他社会实践中实际问题的能力。创新创业教育是高等教育领域的新生事物，其目的是培养具有创新创业精神与能力的高素质人才，满足社会发展的需要。创新创业教育有赖于深入进行教学改革，包括课程体系、教学内容和教学方法的改革。大学生参加社会实践活动，不仅要通过亲身参观访问、社会调查等观察体验接受教育，而且要通过技术攻关及管理、法律咨询、投身“产学研工程”等来做贡献，并在做贡献的过程中更深刻地接受教育。大学生运用学习、掌握的科学理论知识去分析、解决现代生产实践及其他实践中的实际问题，从中探索未知、获取新知，这一过程不仅是在社会实践中认识世界，更是在社会实践中改造世界，在改造世界的过程中深刻地认识世界。大学生社会实践活动从“观察”“体验”到“亲身参与”的发展过程反映了大学生社会实践活动由低级向高级的发展，给大学生提供了创新创业教育的实践舞台，为他们打下了创新创业教育实践的基础。因此，从这个意义上说，大学生参加社会实践的过程是把科研教育同经济建设紧密结合的过程，是把科学技术转化为第一生产力的过程，也是创新创业教育的实践过程。

三、思想政治理论课实践教学的作用

（一）导向作用

导向作用指“通过指导、发动、灌输、评价等方法，将正确想法和行为举止的要求融入人的大脑中，形成自觉的习惯”[①]。

思想政治理论课实践教学以先进的科学思想为指导、以先进的时代思想为指导，思想政治理论课实践教学天然具有鲜明的时代特色，其教学方向契合新时代成长起来的大学生的学习兴趣。单纯的思想政治理论课教学有过于理论化、易陷于枯燥和单调的缺点，而思想政治理论课实践教学使用实体教学资源，更容易激起当代大学生学习和探索的动力，为理论教学提供强有力的辅助补充。从对比理论教学这个角度而言，思想政治理论课实践教学也具有更有效的导向作用和鲜明的时代导向性。

（二）凝聚作用

凝聚就是使用特殊的方法和手段将看似不同、千差万别的个体或个人凝聚为朝着一个方向一同用力的强大力量，为实现社会主义伟大目标而不懈努力。

思想政治理论课实践教学因其不同于课程的强理论性，具有灵活多样、丰富多彩、与社会联系紧密、互动性强等诸多优点，可以在课程上讨论社会上的热点问题，也可以在课堂外进行具体的社会实践和调查活动，十分有利于当代大学生在繁杂的环境中潜移默化地吸收理论知识。在思想政治理论课实践教学过程中，大学生的行为和思想能被有效地凝聚起来，他们在协同互助中形成团队精神和合作意识，认可团队计划和团队目标，达到个人行动与团队行动的统一。

（三）疏通作用

身体健康和心理健康是大学生实现自我追求和贡献社会的基本条

---

① 韩莉.“八个统一”视域下高校思政课实践教学模式研究[D].长春：吉林建筑大学，2021.

件。当前社会快速发展，信息接收渠道繁多，大学生对目前高校思想政治理论课课堂教学存在心理上的排斥，他们对思想政治理论课教学模式不满意，对思想政治理论课教学价值不认可。因此，建立良好的疏通路径，形成良好的教育教学氛围至关重要。

思想政治理论课实践教学可以将枯燥的理论知识和概念变得不仅富含知识点，而且极具吸引力，并自然地融入实践活动中，充分激发大学生的学习兴趣。实践教学过程可以形成良性的多层次持续互动，有质有量地提高教学成果。这个动态过程可以有效减小大学生学习的压力、生活交际的压力和面对未来就业的压力，疏通、调节身心，促进全面发展。

（四）桥梁作用

思想政治理论课理论教学单调枯燥的缺点激不起大学生学习理论知识的兴趣，而此时思想政治理论课实践教学可以对其进行有力的补充。

在形式繁多的思想政治理论课实践教学过程中，大学生的自身知识和才能得以潜移默化地提升。实践教学既能陶冶大学生的情操，又能坚定大学生的信仰信念，还能丰富大学生的学习经验、提升解决错综复杂问题的能力。在提升大学生学习主动性的条件下，推动大学生从课堂理论中走出来，转而进入到具体实践中。此过程可以对大学生的思想和行为产生潜移默化的作用，为大学生思想和观念的提升提供一个广阔的舞台。

在参与实践教学活动中，大学生可以从思想政治理论课的角度接触社会、思考社会热点、深入了解国际及国内形势。经过切实感受，大学生能在不知不觉中消除对党和政府的错误认知和误解，升起对党和国家的热爱，坚定自身理念信仰，将强烈的爱国主义转化为社会主义建设的实际努力。最终，高校思想政治理论课实践教学肩负起将理论知识内化到具体实践教学再外化的桥梁的重任。

（五）平台作用

创新是一切发展的源泉，高校思想政治理论课教育教学的发展同样也是。只有不断创新，才能历久弥新；只有吸引大学生关注和学习，才能培养出富有创新精神的大学生。

思想政治理论课实践教学的创新点主要凸显在课程形式创新上，思想政治理论课实践教学的形式需要依据实际课程的目标和实际能够提供的资源而定，因此实践教学的形式不是一成不变的，因而显得更具创新性。多彩多变的实践教学形式更有利于大学生的理解和学习，同时高质量的教育教学效果推动着实践教学形式继续创新发展，两者相互促进。在不断推陈出新的实践教学课程这个大平台上，多变的教学形式能营造出自由、宽松、公平、创新的氛围，对大学生创新意识、创新思路的培养和锻炼起着重要的引领作用。

第二节　高校思想政治理论课实践教学的原则

要贯彻落实《新时代高校思想政治理论课教学工作基本要求》（以下简称“2018 基本要求”）中实践教学模式的基本要求，强化思想政治理论课的价值引领功能，确保思想政治理论课教学有棱有角、有滋有味，高校思想政治理论课实践教学模式必须坚持四个基本原则，即坚持正确政治方向、坚持全流程管理、坚持规范化建设、坚持增强获得感。

一、坚持正确政治方向

“一切划时代的体系的真正的内容都是由于产生这些体系的那个时期的需要而形成起来的。”[①]为了加强高校思想政治理论课实践教学模式的发展，必须要坚持马克思主义理论，坚持正确政治方向，充分了解当前我国发展的时代背景，充分发挥思想政治理论课的价值引领功能。

思想政治理论课承担着对高校大学生进行价值引领的重要任务，能够引导大学生坚持正确的政治方向、树立正确的价值观。在高校思想政治理论课教学改革中，“2018 基本要求”的制定和实施再次印证我国的思想政治理论课发展遵循着正确的价值引领，顺应时代需要、实践需要。作为我国高校思想政治理论课教学的一个重要环节，实践教学在教学过

① 马克思，恩格斯.马克思恩格斯全集：第 3 卷[M].北京：人民出版社，1960：544.

程中起着举足轻重的作用。思想政治理论课实践教学本身作为一种具有教育性质的特定实践活动，针对高校思想政治理论课实践教学模式的每一次调整和改革都是建立在实践的基础上，满足时代的需要、满足教学要求的需要，达到强化思想政治理论课价值引领的重要功能。在改革发展过程中，根据我国经济社会的发展状况可以看出，实践教学的比重越来越大。思想政治理论课实践教学能更加全面地培养大学生养成正确的政治理念，激发大学生的政治热情和政治自信，从而提升大学生的政治素养。

二、坚持全流程管理

高校思想政治理论课实践教学是具有整体功能的实践教学模式，能够将课堂实践教学、家庭实践教学和社会实践教学中的各个方面、各个环节、各个要素紧密联系，因此，坚持全流程管理原则，切实把握思想政治理论课的课前、课中、课后各环节，可以推动高校思想政治理论课实践教学模式的整体性发展。马克思认为“全面发展的个人——他们的社会关系作为他们自己的共同的关系，也是服从于他们自己的共同的控制的——不是自然的产物，而是历史的产物。要使这种个性成为可能，能力的发展就要达到一定的程度和全面性，这正是以建立在交换价值基础上的生产为前提的，这种生产才在产生出个人同自己和同别人相异化的普遍性的同时，也产生出个人关系和个人能力的普遍性和全面性”[①]。个人的发展必须要全面，而思想政治理论课的教学也应该要兼顾全面，全面正是体现出全流程管理原则。

高校思想政治理论课实践教学模式的全流程管理原则即在整体性、系统性层面上将课前、课中、课后的资源充分运用。在实践教学开展之前必须正确运用实践教学理论，制定科学的实践教学目标和方法；在实践教学实施过程中必须将理论教学和实践教学相融合，充分运用现代互联网技术，有效地整合校内与校外、课堂内与课堂外的教学资源；在实践教学结束后必须根据实践教学过程呈现的效果及时地进行调整，并且为

① 马克思，恩格斯.马克思恩格斯文集：第8卷[M].北京：人民出版社，2009：56.

下一次实践教学环节提供必要的反馈。思想政治理论课实践教学立体式的整体教学全过程，能够增强实践教学的实际效果，对推动高校思想政治理论课实践教学模式更加深入地改革和发展具有重要的价值。

三、坚持规范化建设

建立健全思想政治理论课实践教学的体制机制、完善思想政治理论课的工作格局，需要坚持规范化建设原则。应通过学校党委的统一领导、科学管理，有关部门的各负其责，家庭成员的有效配合，社会上下的整体联动来加强实践教学模式的规范化建设。

在思想政治理论课实践教学工作开展的过程中，教师要充分把握大学生的主体意识，积极了解大学生的主体需求，通过与相关管理部门配合和协调，开展灵活多变的实践活动，从而既达到教学目标，又能帮助大学生提高主动参与教学活动的意识。对教师队伍坚持规范化建设原则，能够进一步加强思想政治理论课教师队伍的水平和素质。教师在思想政治理论课课前、课中、课后的各个环节合理运用教学理论、教学方法，科学有效地把握实践教学内容，有利于保障实践教学体系的规范化发展，从而确保实践教学的顺利实施。坚持规范化建设原则，能够更加合理地规范实践教学的教学内容、教学评定、教学资源，能够不断健全思想政治理论课实践教学的协同机制，确保实践教学的各个环节规范化发展。

四、坚持增强获得感

获得感是大学生在思想政治理论课实践教学过程中通过知识获得的思想认同、精神认同，以及由此而产生的主观体验和成就感。思想政治理论课实践教学不仅遵循着思想政治教育的发展规律，而且与思想政治理论课教学的发展原则相吻合，实践教学的实际操作也一直遵循着提高大学生获得感的教学要求。在实践教学中把握提升大学生获得感的需求，将增强获得感原则作为思想政治理论课效果呈现的一个标准，作为师生互动的一个重要结果，能够为实践教学质量的提升提供重要的视角。在思想政治理论课的实践教学过程中以大学生为主体，结合课堂、家庭、社会等教学资源找准教学重点和教学模式，在实践中打动学生、感染学生，能使大学生深刻体验到实践学习的乐趣，从而在实践教学中终身受益。总之，在思想政治理论课实践教学中要坚持增强获得感原则，不断优化思想政治理论课实践教学内容，提高课程的吸引力，进一步激发思想政治理论课的教学活力，促进思想政治理论课教学的高质量发展。

第三节　高校思想政治理论课实践教学的模式

思想政治理论课实践教学能够满足大学生喜欢自主参与活动的需求，有效调动学生学习的积极性与热情，对于提升思想政治理论课的教学效果意义重大。

一、课堂实践教学模式

思想政治理论课课堂实践教学是为了达成具体的教学目标，在思想政治理论课教师的精心设计和组织之下，以思想政治理论课课堂为载体和平台，借助多种不同的形式将思想政治理论课教学内容与具体实践有机结合起来，引导学生进行思考与互动，并在互动中加深对相关知识的理解与认识，进而达到提升学生思想道德素养的目的。

（一）课堂分享会

当前，我们身处互联网时代，互联网时代最为鲜明的特点就是人们获取信息日益便捷、多元。人们每天都可以接收到海量的信息，但是每一个人的关注点不一样，这又导致每个人接收的信息量虽然大，但信息内容却各不相同。在思想政治理论课课堂上设置分享会这一课堂实践教学形式就是要达到两方面的目的：一方面是让大学生把自己在网络和生活中获取的海量信息通过课堂这一平台进行交换，拓展大学生的视野，丰富大学生的信息和知识；另一方面是引导大学生正确、有效地使用互联网，避免大学生陷入无聊低俗的影视、游戏作品中不能自拔，避免大学生整日被海量的信息淹没却无所收获。

具体来说，分享会就是思想政治理论课教师定期让大学生把自己近期读过的书，看过的影视作品，或者是在网上看到的对自己有所启发的文章，或者自己亲身经历的有教育意义的事情在课堂上与同学分享。通过分享会这一课堂实践教学形式，思想政治理论课教师能够快速了解自己所教学生目前关注什么、兴趣点在哪里，明白自己教学时选取什么案例能够引起大学生的兴趣、提高教学的效果。与此同时，分享会这种课堂实践教学形式也有助于学生将自己碎片化的阅读加以整理，倒逼学生思考并拿出能和同学分享的素材。这样日积月累将有助于培养学生思考的习惯，而且还能让学生做一个生活的有心人，善于发现，善于思考，敢讲真话，从而获得更多关于人性、道德、法律、国家、社会等方面的感悟和体会。

（二）课堂焦点讨论

“家事国事天下事，事事关心”，这种家国情怀是源自青年内心的一种质朴情感，也激励着一代又一代青年人奋斗不息。青年大学生身处全媒体时代，每时每刻都能轻松获得来自全球的资讯。这些信息当中既有政治方面的，如各国政党新闻事件、国家间的政治往来等；也有经济方面的，如各国经贸往来、全球经济动态等；还有文化方面的，如各类主流文化、亚文化之间的交流与碰撞等；还有生态方面的，如全球生态危机等。不同的时间段里总会有一个或者几个国内或者国际事件、话题是当时人们广泛关注的。思想政治理论课既要有较高的政治视野和站位，又要有理论的深度，还得接地气，让大学生感兴趣、愿意学，焦点讨论无疑能够激发学生的课堂参与热情。

具体来说，焦点讨论就是在思想政治理论课的课堂教学中引入当前时段的国内外热点问题或者话题，让教师和学生共同就这一被人们热议的焦点问题进行讨论，在师生共同讨论的过程中，教师引导学生去深入思考和分析问题。焦点讨论的“焦点”主要体现在两个方面，一个是问题本身是“焦点”，另一个是让讨论成为本节课的“焦点”。问题本身是“焦点”的意思是思想政治理论课上讨论的问题本身就是当前时段内人们所广泛关注的焦点问题，是青年大学生也非常关心、想要了解的事件，同时他们对于此事件也有着自己的看法和观点，如“霸座”现象、校园霸凌事件、中美贸易摩擦事件、“一带一路”高峰论坛等。让讨论成为本节课的焦点，是指让焦点讨论环节成为课堂上青年大学生能力素养提升的关键环节，让大学生在具体事件、特定话题的讨论中学会从多个维度去思考问题，进而培养一种良好的思维习惯——经常去思考规则制度、人性道德、权利与义务以及一个国家的历史发展等，从而更为深刻、主动地去理解客观世界和自己的主观内在。焦点讨论对于教师的要求很高，教师一方面要真正选取大学生当前关注的热点、焦点，另一方面要真正将焦点讨论打造成提升大学生能力素养的焦点环节。

（三）课堂辩论

当代青年大学生热情奔放，愿意表达自我，也喜欢通过与他人辩论来表达自己和证明自己，这无疑是思想政治理论课上开展课堂辩论的有利基础。辩论这一形式既符合当代青年大学生的特点，广受青年大学生的喜爱，又能够有效提升青年大学生的口头表达能力、随机应变能力和理性思辨能力，还能帮助大学生不断扩展和深化自己所学的知识，一举多得，是一种非常好的课堂实践教学形式。与此同时，课堂辩论对于教师的要求也很高：一方面，教师需要选取合适的辩题，即辩题既要激发青年大学生的兴趣，又要有一定的难度和挑战性，需要学生搜集、查找大量的资料去佐证和支持自己的观点；另一方面，在辩论过程中教师也需要对辩论的方向和进程进行有效的引导，让辩论在一种和谐的氛围中有序进行。

具体来说，课堂辩论就是思想政治理论课教师结合教学内容在适当的时机选取适当的辩题让青年大学生在课堂上发表自己的观点，对不同观点进行碰撞。通过辩论这一活泼的课堂实践形式，学生会对某个问题有更为全面、深刻的认知。课堂辩论从表面上看只是课堂上几十分钟的双方辩论，实际上却是对学生多方面能力的综合考察。在准备辩论之时，双方辩手要查找大量的资料，既要有佐证己方观点的资料，又要有辩驳对方观点的资料，同时双方辩手内部还需要合理分工、有效协作，发挥每个人的最大优势。在展开辩论之时，双方辩手需要高度集中注意力，随机应变，恰当表达自己、辩驳对方，同时还要注重辩论的礼仪，做到有理有节。真理越辩越明，辩论这一课堂实践教学形式有助于青年大学生不断重新认识和修正自己的价值理念，进一步明确自己的人生理想与信仰。

（四）课堂案例分析

理论的生命力源自实践，再伟大、再深刻的理论，如果不能和实践相结合，那么也不能被更多人所认识。青年大学生的求知欲特别强，对理论知识也有很浓厚的兴趣，但是青年大学生的人生阅历普遍较少，缺乏经验。单纯的理论讲授往往不够生动、具体，特别是思想政治理论课中关于马克思主义的相关理论、中国革命战争时期形成的毛泽东思想等，青年大学生往往会感觉枯燥乏味。通过分析一个真实的案例带动青年大学生收集资料，了解该案例的背景、人物、地点、时间，以及事件发生的原因、经过、结果、影响等，可以让青年大学生不但对具体案例有一个了解，而且在分析案例的同时对案例发生的历史背景、蕴含的具体理论有一个全面的认识。

具体来说，案例分析就是思想政治理论课教师在课上就某些学生难以理解的理论或者知识点，通过引用并分析一段真实的历史故事或者事件来帮助学生对知识进行掌握和理解。案例分析在思想政治理论课教学中的作用有很多，可以用来引出某个知识点，也可以用来具体分析某个人物、事件，还可以用来理解某一个具体的理论，甚至可以对某段历史进行分析，但是不论案例如何被使用，它都是要服务于思想政治理论课的教学目标的，都是能够有效调动学生学习的积极性来让学生深刻理解知识的。

（五）课堂角色扮演

人是社会性的动物，在人的社会性存在中，每个人都需要和社会中的他人发生联系，同时也只有在与他人的合作中才能实现自己的人生价值。当前青年大学生是一个有思想、有个性的群体，他们渴望展现自我，渴望得到他人、社会的认可，但是特有的时代背景导致其大部分都是独生子女，在家庭生活中缺乏与同辈互动协作的经历，这也导致这一代人普遍存在不同程度的以自我为中心的性格特点。然而，现实的社会生活却是一个需要彼此协作方能成就你我的场域，因此，懂得换位思考，能够理解、包容、合作是当代青年大学生未来发展的必备品质，也是思想政治理论课在高校人才培养方面的重要目标。广大青年大学生在成为社会的栋梁之前首先要成为一个有思想、有道德的青年，成为一个能够与他人良好沟通、互动、协作的青年。

具体来说，角色扮演就是教师根据教学需要设计一个情景，情景要真实、具体，让学生身临其境，真实感受不同情景之下人的思想与行为，从而对某个问题或者某种理念有一个科学、全面的感知和认识。在思想政治理论课教学过程中，尤其是思想道德修养与法律基础这门课涉及很多关于人生观、价值观、理想道德、法律规则等方面的内容，然而仅仅依靠教师的讲授往往难以达到让学生感同身受，进而学会换位思考、理解他人的目的。角色扮演则能以一个全新的视角和方式帮助青年大学生对某个问题，对某些人的理念、行为有一个全新的理解和认识，走出之前的认识误区或者发现自己在认识上的盲点。角色扮演还能通过真实的情景模拟和具体角色的扮演让大学生更深刻地感受此时、此地、此人、此景，理解当事人的感受与行为，从而做一个有情感、有情怀、有理性的青年人。

（六）课堂学生讲坛

教师认真讲，学生仔细听，这是传统课堂教学最基本的形式，也是最主要的形式。它的优势不言而喻，它能够充分调动教师的知识储备和讲授技巧，在有限的课堂教学时段内为青年大学生讲授更多、更为深刻的知识与理论。但是这种教师讲、学生听的课堂教学方式也有其自身不可避免的不足，那就是不易调动学生听课与学习的积极性，尤其是在那些课堂讲授不够生动的教师的课堂上。当前发达的互联网与信息资讯系统给青年大学生提供了非常丰富的信息获取渠道，学生可以借助很多媒介获得自己想要了解的知识，加之当前青年大学生又有较为强烈的表达自我的欲望，因此，一种既能调动学生学习积极性，又能展现学生才干的学生讲坛就在各个高等院校的课堂上应运而生了。

具体来说，学生讲坛就是教师为了让学生对某些重要知识点有一个全面、详尽的了解和认识，在思想政治理论课堂上设计的一个教学环节。学生讲坛要求学生以小组为单位自己备课，然后再推选一名代表登上讲台为全班同学讲课，同时还要求小组的学生回答班上其他同学在知识点上存在的疑问以及教师的提问等。这种课堂实践教学形式，一方面能够激发学生以小组为单位收集资料、准备课程的协作热情，培养和锻炼其团队精神；另一方面也有助于青年大学生理解作为一名思想政治理论课教师的不易，体会到看似很小的知识点，如果要把它讲全面、讲深刻、讲透彻，需要花费大量的时间、精力去备课，进而懂得尊重知识、珍惜教师的劳动成果。教与学是一个相互促进的过程，这种实践教学形式为师生对于某个知识点的理解提供了一个全新的视角，也增进了师生双方的沟通和理解，真正让思想政治理论课走入学生的心中。

（七）课堂影像展播

当代青年身处全媒体的时代，每天都可以通过各种渠道、载体接收各种自己喜欢的、感兴趣的资讯。在众多媒介载体之中，比较受青年大学生喜欢的有抖音、火山小视频、哔哩哔哩、微信、微博等。这些媒介都有一个共同点，就是图文并茂，影像资料较多，极具视觉冲击力，能够吸引年轻人的眼球，激发年轻人的浏览兴趣，给年轻人留下极为深刻的印象。时间长了，他们就形成了使用这些媒介的习惯，最终成为其忠实的使用者。在极具政治性和理论性的思想政治理论课堂上引入影像资料能够有效避免单纯理论讲授给青年学生带来的枯燥感，同时影像资料极富视觉冲击力，能够吸引青年学生的眼球，让他们对思想政治理论课的内容产生了解和学习的欲望和兴趣，这无疑有助于青年大学生更好地学习思想政治理论课。

具体来说，影像展播就是思想政治理论课教师根据思想政治理论课程教学的需要，在教学过程中有计划地播放一些弘扬社会正能量、体现中华民族抗争与探索历程、展现中国革命和建设过程中涌现出的优秀人物与事迹的影像资料，以期激发学生的爱国热情，培养学生的家国情怀和优良道德品质，有效提升思想政治理论课的教学效果。作为思想政治理论课课堂实践教学的一种形式，影像资料也只是一种载体和媒介，不能完全代替课堂教学，而且影像资料中纪录片比较多，一部纪录片的时间都比较长，所以课堂上影像资料的播放时间也是要有严格限制的，不能一节课都用来播放影像资料，而应该在有所选择、截取的基础上为学生播放优质资料。播放影像资料的目的是通过影像资料激发学生的学习兴趣，加深其对某个知识点的理解，同时通过观看后课堂提问的方式，引导学生思考并付诸行动。如果学生对课上播放的影像资料兴趣浓厚，教师可以提供影像资料的链接或者资源，让学生在课下自行观看学习。

（八）课堂专题讲座

专题讲座也是思想政治理论课课堂实践教学的形式之一，但是它不同于焦点讨论，焦点讨论的主要目的是让学生关注生活、关注社会、关注时政，善于发现和思考问题，引导学生从多维度思考和分析问题，学生是主体，教师是辅助，但是专题讲座则不然。专题讲座是就某一个热点问题、难点问题，邀请知名专家、学者或者对此方面有深入研究的本校教师为学生进行系统讲授，帮助学生更深入地理解该问题。这其实是对思想政治理论课课堂教学内容的一个再丰富和补充，有效弥补了思想政治理论课中经常出现的教学内容很多，但教学时间不够，很多知识点无法详细深入讲解的不足。因为对某一个热点或者难点问题的系统讲授过程本身就会涉及很多知识点的回顾与认识，同时，专题讲座基本都是在征求学生意愿的基础上开展的，所以专题讲座的主题往往也是社会的热点问题。因此，专题讲座既能结合社会实际，又能从专业、学科的角度去深刻剖析当下社会存在的各种问题，还能在某一专题的讲授过程中将最新的学科前沿理论带给广大青年大学生，真正将思想政治理论课与社会实际和理论前沿有机结合起来。

二、校园实践教学模式

高校校园一直以来都是思想政治理论教育的主阵地，也是当前我国意识形态传播的主阵地，其重要性不言而喻。思想政治理论课的校园实践教学就是以高校校园作为思想政治理论课实践教学的主要场域之一，以高校校园内的各类校园活动作为思想政治理论课校园实践教学的主要载体，通过丰富多彩、主题类型多样的校园活动培养高校青年大学生的道德修养和综合能力，以提高高校青年大学生未来适应社会、把握人生的能力。

（一）校内调研

“一切从实际出发、实事求是”是马克思主义的基本原则，也是思想政治理论课想要传递给学生的一种做人、做事的基本价值遵循。身处高等院校，青年大学生接触最多的就是各种理论知识，而理论的生命力在于其源于实践而且能够指导实践，因此，“理论联系实际、一切从实际出发、实事求是”也是高等院校青年学生未来成长成才的基本前提。调查研究就是一种最为基本的接触生活、接触社会、接触实际的途径，它能够帮助高校青年大学生将自己在课堂上所学的理论知识与现实社会生活中的实际相结合，从而更为全面、立体地了解生活、了解社会，进而理解自己在课堂上所学的相关理论。

具体来说，校内调研就是思想政治理论课教师根据教学目标与学生培养目标，以大学校园为载体和平台，结合思想政治理论课的教学内容，号召和组织青年大学生在大学校园内开展各种贴合大学和大学生实际的实地调查研究活动。当代青年学子极富个性而且有思想，但是很多时候有些青年大学生的思想有些偏激且不符合社会实际，仅仅依靠单纯课堂讲授或者说教很难达到说服此类学生，帮助其确立客观理性思想和观点的目的。而校内调研则能很好地达成这一目的，例如有些大学生认为当代青年大学生都是精致的利己主义者，没有爱国情怀，显然这一观点并不客观，以偏概全。尽管思想政治理论课教师在课堂上对此观点进行了澄清，但是对于改变持此类观点学生思想的作用有限，唯一能够让这些学生心悦诚服的做法就是让他们自己在大学校园进行调查研究。通过校内调研，他们能够与更多同学进行零距离的接触、观察和访谈，真正了解周边青年学生的所思、所想、所为，从而发现大部分青年大学生都有爱国的热情和情怀，而且也都乐于助人、关爱同学、关心社会，并非都是精致的利己主义者。通过实地调查研究，学生走出了自己狭隘的世界，转变了自己原有的想法和观念，真正达到知行合一。由此可见，校内调研对于了解当前青年大学生的思想动态、行为习惯与价值观念效果明显，也有助于培养青年学生知行合一、实事求是的严谨作风。

（二）校园图书寻访

书籍是人类进步的阶梯，它在赋予我们知识的同时，也在向我们传授生活的道理。当阅读成为一种习惯时，它就能够陪伴我们的一生，让我们受益终身。传统时代，图书对于人们的意义重大，人们的知识也大多来源于书籍,“读万卷书,行万里路”这句名言就鲜明地体现了书籍与实践对于人类的重要性。当今时代是一个全媒体、信息化的时代,人们习惯了各种电子产品与电子媒介,每天都可以通过微博、微信、抖音等各类应用软件获得海量的信息和资讯,以至于很多人慢慢丢弃了看书的习惯。高校的青年大学生除了上课必须看的教科书之外,较少有人保留着每天读书或者定期读一本书的习惯,这一现象必须引起我们的重视。作为一名大学生,丢弃了读书的良好习惯,不仅对于学业有影响,而且对于未来的人生发展也是一大损失。图书寻访旨在通过一种贴近现实的方式重新燃起青年大学生读书的欲望和热情。

具体来说,图书寻访就是思想政治理论课教师为了重新唤起青年学生看书、读书的热情,结合讲授的教学内容,充分利用高校图书馆丰富的图书资源,采用多种形式让一些对青年学生人生发展有促进作用的经典著作、名家名作在学生中流传开来,让更多的学生能够认真阅读这些经典,领会其中的内涵,而非仅仅知道名著的名字的活动。同时,思想政治理论课教师还要结合当下青年大学生喜欢的内容题材为学生推荐一些优质的新书,也欢迎学生向教师、向学校图书馆推荐好书、新书,丰富学校图书馆的馆藏。阅读带给学生的不仅仅是关于理想、信念的思考,同时还能把学生从电子媒体的碎片化阅读与娱乐中解放出来,唤起其阅读的兴趣,意义非凡。因此,这种充分利用高校校内图书资源,激发青年大学生读书热情、培养大学生读书习惯的实践教学形式,无疑是高校思想政治理论课校内实践教学的一种重要形式。

（三）校园主题演讲

当代青年大学生普遍具有思想丰富、视野广阔、喜欢表达自我的特点,演讲无疑能够给他们提供一个表达自我、展现自我的平台,演讲这种形式一直以来也深受青年大学生的欢迎。其实,演讲不是空洞的说教,也不是社会现象的罗列,更不是人云亦云的老生常谈,而是要全面、彻底、充分地表达某一个观点,并且要让听众能够理解、明白演讲者所表述的问题或者内容,所以演讲对演讲者的综合素养要求很高。它要求演讲者既要有清晰、敏捷的思路,伶俐的口齿,又要对讲述材料的本质内涵加以分析、概括、提炼、延伸,同时还要能够通过富有理性色彩的语言表达激起听众的心理共鸣，将听众的思绪引向一个更为崇高的境界，使演讲的主题得以升华。在青春激昂的高校校园内，主题演讲无疑是一个能够有效激发学生参与热情的实践环节。

具体来说，主题演讲就是思想政治理论课教师根据思想政治理论课的教学需要，选取一定数量的大学生感兴趣的、能够引发大学生思考的问题或者观点作为演讲主题，在高校校园范围内广泛号召大学生参与的演讲活动。例如在国庆节到来之际，在高校校园范围内开展“我与祖国共成长”的主题演讲活动，每一个青年大学生都有自己成长的独特经历，同时每一个青年大学生都是在中国改革开放日益繁荣富强的大环境中成长起来的，说起自己的祖国都能够有话可说。由此可见，主题演讲是思想政治理论课教学在高校校园内的一种拓展和延伸，它不但有效拓展了思想政治理论课的教学领域，而且锻炼了学生自我表达、自我展现的能力，丰富了青年大学生的校园生活，真正在高校校园内将青年大学生的课堂学习与校园生活有效地结合起来，是一种生动的校内实践教学形式。

（四）校园微电影制作

当代青年大学生身处微时代，每天不仅能接触到大量的微媒体，而且也非常善于使用各种类型的微媒体和相关软件，特别是现在高像素的智能手机。每一个大学生都可以通过智能手机和相关软件来制作各种类型的微视频、微电影来反映校园文化、社会现象或者表达自己的心声。高校大学生对于具有视觉冲击力、立体生动的影像资料往往都比较感兴趣，因为视频、电影等影像资料可以借助声音、图像、动作、台词、道具、场景甚至特效等多种途径去再现某一场景，表达某种观点和情感，能够带来更为真实的情感体验，这也是其他媒介无法比拟的优势，而这种优势也正好能够满足高校青年大学生的需求。

具体来说，微电影制作能够提升思想政治理论课的教学效果。思想政治理论课教师鼓励高校青年大学生综合利用当前微时代的多种媒介和软件，联系思想政治理论课所学的知识以及当前高校校园或者社会中经常出现的现象，结合自己对某些问题、现象、观点的看法，以个体或小组的方式演绎和拍摄相关视频内容，并对所拍摄的视频加以剪辑、整合，进而形成完整的视频资料。微电影制作是一种综合的实践教学形式，能够倒逼高校学生做一个校园生活的有心人，时刻留心、留意校园内外发生的种种事情或现象，并从思想政治教育的角度去看待和思考这一现象或者问题。此外，微电影制作是一个表面看似轻松，实则任务繁重、要求很高的工作，既需要有较高的主旨、立意，又需要小组成员精诚合作，撰写脚本、布置场景、指导演员表演，还需要小组成员有较高的视频软件使用和制作水平。除了对青年大学生有较高的要求外，对高校思想政治理论课教师的要求也很高，需要思想政治理论课教师在学生微电影制作的过程中全程参与指导，一则有效保证微电影的主旨鲜明正确，一则严把质量关，帮助学生提升微电影的制作水准。由此可见，微电影制作这一校园实践教学形式能够有效调动教师和学生的热情与创意，同时也能充分发挥和展现当代青年大学生在思想觉悟与专业技术方面的能力和水准。

（五）校园文化节

高等院校云集了来自全国各地的大学生，大学生兴趣广泛且多才多艺，因此，高等院校的校园文化向来类型多样、丰富多彩，这也为大学生发挥和施展自己的才干提供了广阔的舞台。校园文化的丰富性体现在其既有与大学生学习密切相关的文化活动，如各领域的技能竞赛等，又有与大学生兴趣爱好关系密切的文化活动，如舞蹈、民乐演奏等，还有紧密结合时代特色的网络活动，如××大学最美志愿者网络评选活动等。国家一直以来非常重视大学生文化节的建设，注重充分发挥大学校园文化的育人功能，不断引导大学生积极参与和谐校园文化的建设，在建设和推广校园文化的过程中促进当代大学生的全面发展，展示高等院校在素质教育方面的显著成果。在影响和改变人的思想和观念方面，恐怕没有哪种形式能够比文化这一形式更加深刻且细腻地发挥作用了，文化往往以一种润物细无声的方式在潜移默化中影响和改变着人们。身处高校校园的青年大学生每日浸润于校园文化的熏陶之中，自己在不知不觉中也有了改变，因此，我们应该充分利用文化以及与文化密切相关的形式和载体来影响和改变学生。

具体来说，校园文化节就是为了在潜移默化中影响和改变高校青年大学生的世界观、人生观和价值观而设立的。思想政治理论课教师、高校学生工作部门、团委等多方协同在高校校园内推进校园文化节的建设,其中,学生工作部门主要负责学生的培训与管理,团委主要负责学生文化社团的组织,思想政治理论课教师主要负责文化节主题的确定以及学生社团活动的指导与提升。校园文化节的文化活动丰富多彩、形式各异,也正是因为丰富多样而容易落入俗套,没有思想内涵。文化节的主旨不是单纯让大学生热闹一番而已,而是要借由校园文化节中贴合大学生实际的各类活动,引发学生对于人性、社会、国家、民族的思考。与此同时,在思想政治理论课教师的指导下,学生能够意识到自己身上肩负的责任与重担,进而通过自己的社团活动去进一步影响和改变周边的同学,最终达到改变高等院校校园文化环境和氛围的目的。

（六）校园知识竞答

青年大学生对于知识的掌握可以有很多种方式,既有在教师课堂讲授中的理解与识记,也有在课外学习资料中的学习,还有在社会实践中的获得,其中,知识竞答就是一种比较常见的形式。此外,知识竞答也是一种科学知识普及的有效途径,因为为了能够正确回答竞答题目,大学生必须进行全面的知识准备,这样他们势必会广泛地收集和阅读相关的课内、课外资料,这个准备的过程本身也是大学生实践和历练的过程。因此,知识竞答既是大学生校内实践的一种形式,又能有效调动广大青年大学生掌握知识的积极性,越来越受到高校青年学生的欢迎。

具体来说,知识竞答就是思想政治理论课教师结合教学大纲和教材,为了考查课程当中的某些知识点和内容,拟定题目和相关参考答案,组织校内学生参与的竞赛。通过竞赛的方式能够巩固学生所学的知识和内容。同时,知识竞答还具有其他校园实践教学形式不可比拟的优势,那就是知识竞答的形式非常灵活,既可以在整个大学校园开展,也可以在某个二级学院开展,还能够以班级为单位开展。不同规模和级别的知识竞答都是为了达到同样的目的,那就是帮助青年大学生理解和掌握思想政治理论课或者与思想政治理论课相关的内容。例如,某高校在思想政治理论课教师的倡导和组织下开展了“改革开放四十年”的知识竞答。因为是围绕改革开放四十年所发生的人和事,范围非常广泛,所以学生在准备知识竞答时需要查找和收集大量的与改革开放四十年相关的资料，这其中涉及政治、经济、文化和社会生活的方方面面。为了在知识竞答中取得好的名次，学生在这期间学习的主动性往往特别强，而且也非常有针对性。在如此积极、主动、高强度的学习之下，一个非常好的结果就是：经由此次知识竞答，学生对改革开放四十年这段历史时期的相关知识掌握得都非常扎实。由此可见，知识竞答不但能推动学生的自我学习，而且能够在高校范围内营造一种全体学习、热爱学习的良好学习氛围，这也是一种非常好的思想政治理论课校园实践教学形式。

（七）校园课外作业

要想让学生对于某些知识点的理解和掌握比较扎实，仅仅依靠课堂上有限时间内的教师讲授显然是不够的，还需要学生在课堂之外勤加思考和练习。学生在课堂之外的时间都比较充裕，而且身处高校，最大的资源优势就是可以利用学校的图书馆。当前高校图书馆的馆藏资源都非常丰富，再加上现代社会互联网技术非常发达，学生可以借助很多媒介来查找、阅读相关文献或者历史资料，这一过程也锻炼了学生对海量资讯甄别、选择的能力。互联网虽然可以给人提供海量的资讯和信息，但这其中的信息有真有假、良莠难辨，需要学生去粗取精、去伪存真，从而获得真正有用的资料。

具体来说，课外作业就是思想政治理论课教师根据教学所需，结合学生在课堂上对某些知识点或者理论的掌握程度，有针对性地设计一些思考或者实操性的作业，让学生在课堂之外完成。需要注意的是，课外作业不应该停留在思想政治理论课教材中某个具体知识点的背诵与读写上，而应该是源于教材而又高于教材，将教材内容与个人生活、家庭、社会乃至国家相联系。面对这种类型的课后作业，学生往往难以在互联网上找到直接的答案，而是需要在查找资料的基础上自己去思考、去建构、去实践，真正经由自己的付出与努力去获得答案。思想政治理论课的这种校园实践教学方式也是检验学生对课堂所学知识、理论掌握程度以及理论联系实际的一种非常好的方式。

三、校外实践教学模式

我国著名的思想家、教育家陶行知先生提出了教育的三大基本思想，即生活即教育、社会即学校、教学做合一。陶行知先生对于课程资源的认识视野极其广阔而且多元，认为社会、自然、生活都是我们的课程资源。他曾经说过，我们的实际生活，就是我们全部的课程，我们的课程，就是我们的实际生活……全部的课程包括了全部的生活，一切的课程都是生活，一切的生活都是课程……家庭、店铺、茶馆、轮船码头都是课堂。[①]由此可见，要想让当代的青年大学生学有所获、学有所成，仅仅依靠课堂讲授显然不够，需要大学生在课堂之外、校园之外，在广阔的家庭、社会生活中去体会和感悟，才能真正收获学习、生活的真谛。思想政治理论课校外实践教学就是充分利用大学校园之外的广阔空间，来影响、锻炼和提升当代青年大学生的思想道德修养和社会责任感，将青年大学生的个人实践与广阔、生动的社会活动空间联系起来，真正教会青年大学生如何做人做事。

（一）校外参观实践

社会学习理论的创始人阿尔伯特·班杜拉认为，个体社会行为的习得主要通过观察、模仿现实生活中重要人物的行为来完成，任何有机体观察学习的过程都是在个体、环境和行为三者相互作用下发生的。这其中的观察就是学习者通过认真观看他人实施某种行为后所得到的结果来决定自己的行为指向。可以看出，观察是一种很好的学习方式，个体想要了解和掌握某方面的知识无须亲自去实践每一个行为、活动，只需要认真观察他人是怎样做的即可。模仿也是一种很好的学习方式，当个体不会、不知该如何做好自己的行为时，可以通过模仿他人的正确行为来达成目的，这是一种非常简洁但是效率很高的学习方式。当代青年大学生的求知欲望强烈，想要学习和了解的东西很多，但是因为自身学生的身份以及时间、精力有限，无法事事都通过自己亲身实践去达成，因

① 马海燕.高职思想政治理论课实践教学教程[M].西安：陕西师范大学出版总社，2019:29.

此，利用假期到校外去参观考察，在参观的过程中观察和模仿优秀人物的行为，不断改造自己的行为就成为一种非常好的学习方式。

具体来说，校外参观就是思想政治理论课教师结合具体教学内容的进度和安排，组织青年大学生走出大学校园，进入具有学习和考察价值的场所，让学生在真实的场景之中去倾听、观察和了解某一具体历史时期的不同人的所思、所想和所为，进而受到启发、感染，有所收获的一种校外实践方式。校外参观看似简单，实则需要思想政治理论课教师的大量付出，教师不但需要结合教学内容以及教学目的去选择参观的地点，而且还需要准确把握每次外出参观在青年大学生的思想和行为上会产生怎样的影响和效果。例如，讲到理想信念、为人民服务的宗旨以及当前精准救助的政策等部分内容时，组织学生去参观革命者或领导人旧居，让学生感受当年生活的真实场景。看过了最真实的场景，倾听了真实的故事，青年大学生的感受才能更真切，他们才能懂得和明白为何要树立理想和信念，什么样的理想和信念才能称得上是崇高的理想，这种校外实地参观带来的心灵震撼是其他方式无法比拟的。

（二）基地实践教学

理论讲授与实践锻炼相结合才是学生理解和掌握知识的最佳方式，高等院校历来非常重视实践教学基地的建设，力图将大学生的校内学习与校外实践有机结合起来，真正达到学以致用的目的。但是就目前状况来看，高等院校的实践教学基地更多的是倾向于学生专业技能的实践，如司法类专业的实践教学基地多为各级基层法院、检察院，而文秘类专业的实践教学基地多为各类企业或者专为企业提供文秘类职员的公司抑或人力资源公司，社会工作专业的实践教学基地多为街道办事处、社区居委会或者各个社会工作专业机构。这些实践教育基地都是与学生的专业技能实习直接对接的，专门的思想政治理论课实践教学基地则比较少。然而在当前社会思想多样、价值多元、生活方式也日益多元的背景之下，青年大学生的思想和行为也日益多元，要想引导学生树立正确、科学的价值观，培养符合社会规范的行为方式，思想政治理论课教学就需要有一套行之有效的理论和实践相结合的教学方式。

具体来看，基地实践就是思想政治理论课教师带领高校学生走出校园的一种方式。大学生走到学校定点的校外实践基地进行实地生产、制作或服务，真正以一名劳动者或服务者的身份去接触社会、感知社会、了解社会，进而服务社会；教师在此过程中根据教学需要和教学目标引导学生有所思考和感悟，使学生形成对人生、生活、工作、社会更为理性的认识，进而确立科学的世界观、人生观、价值观。一般来说，每一所高校所在的城市或地区都有一定数量的历史文化古迹和红色革命遗址或者博物馆，这些地方都蕴藏着丰富的教学资源，可以作为高校校外实践教学基地。教师可以让学生在思想政治理论课上学习知识的同时，深入这些基地进行实践，例如，培养高校学生成为红色教育基地的实习讲解员、引导员等。让学生作为一名讲解员去为参观学习的学员进行相关史料的讲解，是一个非常好的历练机会，同时也有助于学生对于自己在课堂上和校园内所学的知识有一个主动深化理解的过程。讲授与学习不同，学会了不一定就能完整顺畅地讲述出来，更不一定能讲好；而能够完整、清晰地把某一个史料或者知识点讲述给听众，讲述者本人一定是学懂了、学会了。由此可见，基地实践是一种真正有利于学生将课堂所学内容转化为自身知识的不可或缺的实践教学形式。

（三）观察与发现生活

法国著名雕塑家罗丹曾说过，世界中从不缺少美，而是缺少发现美的眼睛。对于我们的眼睛来说，不是缺少美，而是缺少发现。确实，现实生活中有很多美好的东西值得我们去发现、聆听、欣赏和学习，只是现代社会人们都习惯了快节奏的生活，工具理性至上，人们太多关注某样东西的实用性及其对人类的价值，无心去慢慢欣赏和品味生活本身，无法发现生活带给我们的除去实用、功利的另外一面。当代社会发展日新月异，创新无疑是社会发展的动力和源泉。创新首先源自对于生活的仔细观察和发现，没有一双善于发现生活之美的眼睛，显然无法挖掘自身创新的潜力。当代青年大学生虽然生活于速食时代，但是内心始终要保留一份求真、唯实、探索的精神，唯有如此，方能在极速飞奔的时代漩涡中不至于迷失自我。

具体来说，发现生活就是思想政治理论课教师引导学生在课堂之外培养敏锐的洞察力，善于观察和发现生活中的真、善、美，善于发现自己、他人、社会还存在哪些不足和问题，积极去思考、分析如何解决问题，让我们的生活更和谐、美好。在发现生活这一校外实践教学环节中，思想政治理论课教师起着非常重要的作用，他们承担着引导学生去哪里发现和寻找，到底要发现和寻找什么的重任。例如，在讲授社会主义核心价值观这一章内容的时候，思想政治理论课教师普遍面临的问题是：内容理论性较强，学生觉得内容比较空泛。在讲到这部分时，思想政治理论课教师很可能会结合很多的案例、人物事迹等来让学生理解何谓社会主义核心价值观。但是从学生的角度来看，毕竟那些案例大多都不是发生在自己身边的事情，感受得并不是很深刻。而在校外实践"发现生活"这一环节中，思想政治理论课教师鼓励学生从自己的生活中、家庭中甚至实习的工作单位中去发现那些真正在努力践行社会主义核心价值观的人或事，并将这些发生在自己身边的真实的典范、事迹讲述给老师、同学听或者书写下来。学生在校外实践中有所发现本身需要一种热情和敏锐性，而把这些事迹典范讲述或书写的同时又是对社会主义核心价值观的一种重新思考、组织和梳理，对于社会主义核心价值观又有了新的更高一层的认识。因此，在校外实践中发现生活之价值，其重要性不言而喻。

（四）社会调查实践

毛主席曾说过：没有调查，就没有发言权。进行深入全面的调查研究是我们获得丰富、翔实数据和资料的基础，也是我们透过事物的表象认识事物本质、揭示社会发展规律的重要途径。当今社会瞬息万变，资讯传播方式异常发达，对于广大正在求学的青年大学生来说，学校课堂固然是获取知识信息的途径，但是在课堂之外，广阔的社会环境才是青年大学生真正获取知识信息的重要途径。毕竟教科书上的知识在这个信息瞬息万变的时代很快就会显得陈旧，加之青年大学生对于新事物、新理论又充满了渴求，因此，高校课堂上教师教授学生的更多的是一种高效学习、有效学习的方法，而非有限的知识内容。因为掌握了学习的方法，就如同拥有了点石成金的指头，在未来的学习、生活中可以凭借此学习方法持续地获得知识，持续地让自己得到成长和发展。社会调查这种方式就是一种非常理想的让学生持续发展和提升自己的方式。

具体来说，社会调查就是思想政治理论课教师根据教学内容和教学目的的相关要求，设计相应的调查课题，让学生深入社会的各个领域、各个角落去了解、搜集和掌握相关的数据、资料，对搜集的资料进行统计、分析，并最终形成相应的结论。这个搜集资料的过程本身就是对青年大学生能力的锻炼过程，因为要想搜集资料，往往需要通过设计问卷这一途径，而设计问卷本身就是对学生问卷设计能力的考查和锻炼。问卷如何发放、如何回收，回收之后如何进行统计分析，统计分析数据时使用哪种统计分析软件，数据分析的过程本身也是一个去粗取精、去伪存真的过程，最终调查结论的得出也是对青年大学生分析、判断能力的考验和锻炼。除了从技术的角度看待社会调查对青年大学生能力的锻炼之外，还可以从扩展学生视野、培养学生家国情怀和社会责任感等各个角度来看待社会调查。当代青年大学生的社会调查，其调查的方向、主题非常广泛，既可以是关于国家、民族的问题，也可以是关于家庭、家族的问题，还可以是青年大学生自身的心理、生活、认知等方面的问题。广泛的社会调查选题不但能够拓展青年大学生的视野，而且能够激励学生去发现、分析社会生活中的各种现象，进而分析现象背后的原因，揭示其背后蕴含的基本规律，真正提升青年大学生理论联系实际的能力。

（五）公益实践活动

日行一善，积善成德。每天做一些力所能及的事情去帮助他人，让他人和社会变得更加和谐美好，这是古人对于自己的基本要求。虽然古代没有“公益”一词，但是公益的理念和践行公益的行为自古有之，只是囿于当时的时代背景，公益仅仅在那些有能力参与公益的人群当中流行。因为受当时封建制度的束缚，生产力水平较低，人们的整体生活质量不高，大部分人也只能是勉强度日，参加公益活动的能力也比较有限。步入现代社会，随着人们物质生活水平的提高，人们对于精神生活的要求也日益提升。满足人们的精神需求除了通过各类文化体育活动之外，还需要诸多能够体现现代人社会价值的公益活动。参加公益活动有助于现代人施展自己的才能，奉献自己的爱心，为有需要的人、为社会贡献自己的一分力量，也有助于促进社会和谐。

具体来说，公益活动就是思想政治理论课教师鼓励青年大学生关注社会中各类群体的生活境遇、关心社会发展、积极参与社会活动、充分发挥自身的专业知识与技能，为社会上有需要的人群和组织贡献力量，进而在参与公益活动的过程中对社会有一个更为全面、深入的认识。现代社会公益活动的范围已经非常广泛，不再仅仅是原来非常狭窄的范围，而是涵盖社会生活的各个方面。青年大学生参与公益有充分的选择空间，可以充分发挥自己的专业所长，真正选择社会所需且自己感兴趣、有能力胜任的公益活动，如法治宣传、环保知识普及、灾害预防与救助、爱心慰问与捐赠等公益活动。参与公益对于青年大学生来说本身就是一种体验和历练：公益活动的对象各不相同，公益活动的内容也各不相同，青年大学生在参与的过程中也在体验不一样的生活，突破了自己既有的生活，对生活的其他方面有了自己的认识和体会，对象牙塔之外的世界有了比较直接的接触和更为深入的认识和体会。加之现代社会通信技术发达，青年大学生有了更多参与公益的途径，既可以在线下参与公益活动，也可以在线上参与网络公益活动，如公益歌曲的征集、通过网络发起对某些困难人群的帮助等。由此可见，公益活动让青年大学生有了新的生活体验和感悟，这些是思想政治理论课堂上仅仅通过课堂讲授难以达成的效果，因此，公益活动是一种非常好的校外实践教学形式。

第六章

现代高校思想政治教育评价体系的构建

要做好高校思想政治教育工作，就必须对其有正确的评价。思想政治教育评价又以评价原则为指导，指导思想不同，高校思想政治教育评价过程、操作方法和最终评价结果都会有所不同，因此，高校思想政治教育评价须在一定原则的指导下进行。同时，为了使评价切实可行、具有可操作性，对不同的评价对象选择不同的评价方法显得尤为重要。

高校思想政治教育评价模式是针对高校思想政治教育评价系统结构的整体性，把最能反映高校思想政治教育评价系统结构特征及其运动状态的要素进行有机融合，充分揭示高校思想政治教育评价基本规律的一种框架模型。高校思想政治教育评价模式要揭示高校思想政治教育评价系统中的各要素：价值观、思想政治教育评价标准（指标）体系、组织结构、实施程序、基本方法以及结果反馈等。高校思想政治教育评价模式力图揭示其本质属性，使评价理论具体化和程序化，从而具有可模仿性；力图揭示高校思想政治教育评价的基本规律，为实施高校思想政治教育评价提供理论与思想上的指导。

第一节　高校思想政治教育评价体系的定位与构建原则

思想政治教育工作在高校占据重要地位，对思想政治教育进行评价是高校必做的一项工作。事实上，目前各个高校都在积极对高校思想政治教育工作进行评价，并通过评价总结经验、寻找规律。超然于客观事实之上，又贯穿于高校思想政治教育之中的那种客观的评价体系、评价标准是否存在？高校思想政治教育领域与文化、社会，与人类的内心世界一样复杂多变，评价对象如此，评价标准如何能够客观？评价体系该如何建立？

回顾人类几千年的历史，社会生活丰富多彩、英雄人物辈出之时，便是多种文化发展、相互交流之时，便是多种思想并存、相互碰撞、相互激荡之时。如我国的春秋战国时期，诸侯并起、百家争鸣，正是社会进步最快、人类文明成果最为丰富之时。高等教育要留给大学生一个丰富多彩的大学校园，一个文化多元、学术多样性并存的大学校园，北京大学的百年辉煌便是最好的明证。然倘若如此，客观的高校思想政治教育评价体系又何以存在？所以，具有统一标准的客观评价体系是不存在的。

我们应当确立高校思想政治教育工作总体目标，在此总体目标的指引下，构建一种开放的、可随着具体情况的不同而不断变化的高校思想政治教育评价体系。

一、高校思想政治教育评价的定位

高校思想政治教育评价是指评价者依据一定的标准和指标体系，运用多种手段和方法，对高校思想政治教育过程及其结果进行价值判断的过程。高校思想政治教育评价是思想政治教育过程的重要组成部分，它体现了思想政治教育实施的实际效果，为评价思想政治教育效果提供了客观依据，为受教育者明确了发展方向，也为教育部门总结经验和教训、进一步掌握思想政治教育工作的规律、更好地开展思想政治教育活动指明了方向，以便提高高校思想政治教育的实效性。应通过对高校思想政治教育评价内容、评价特点、评价原则和评价方法的审视，给予高校思想政治教育评价以明确的定位。

从评价内容上看，高校的思想政治教育主要包括对大学生政治方向的引导、理想信念的树立、思想行为的规范、价值取向的选择和健全人格的塑造等几个方面的内容。大学生是国家未来的建设者和接班人，引导大学生明确正确的政治方向是大学生健康成长的客观需要。由于受到市场经济的冲击和西方自由化思潮的影响，目前大学生中普遍存在着一种对未来感到茫然的现象。帮助大学生树立新时期的理想信念，使得大学生有所追求、有远大的理想和抱负，是高校思想政治教育的一项重要内容。高校思想政治教育还包括一系列的规范性教育，以促进大学生行为举止文明、思想健康发展。价值取向是大学生对世界观、人生观和价值观的选择，只有有了正确的价值观，大学生才会有意义地生活与学习。健全的人格关系到大学生如何正确认识自身、如何与人相处、如何与社会协调，塑造大学生健全的人格，并将之外化为实际行动，即可变为社会发展的动力。

高校思想政治教育评价主要是针对思想政治教育的内容所进行的

评价。从评价特点上来看，探索高校思想政治教育评价与众不同的特点，可以有效地把握评价的过程。

评价原则为高校思想政治教育评价找到方向，评价方法的选择则是为不同的评价对象找到更适合的方法，更好地反映客观现象。从高校思想政治教育的评价内容、评价特点、评价原则和评价方法等几个方面看，高校思想政治教育评价是一个完整的思想政治教育过程中的一个环节，它既是旧一轮的最后一个环节，又是新一轮的初始环节。

通过考察高校思想政治教育评价可以发现，高校思想政治教育评价有助于提高高校思想政治教育工作者对思想政治教育本身的认识，进一步改进和完善高校思想政治教育工作，确保高校思想政治教育工作健康有序地开展。

二、高校思想政治教育评价的构建原则

高校思想政治教育评价的原则就是进行高校思想政治教育评价的指导思想。指导思想不同，思想政治教育评价的过程、操作方法和最终评价结果都会有所不同。高校思想政治教育评价为思想政治教育指明方向，评价结果也为大学生的发展和高校思想政治教育活动提供动力。要做好高校思想政治教育工作，必须对其有正确的评价，而高校思想政治教育评价又以评价原则为指导，所以高校思想政治教育评价的原则在整个高校思想政治教育评价过程中显得尤为重要。根据当前大学生的思想道德状况和高校思想政治教育的特点，在进行思想政治教育评价时，我们必须遵循以下评价原则。

（一）人的全面发展原则

高校思想政治教育评价必须坚持人的全面发展原则，这是由思想政治教育的基本价值和对其进行评价的初衷所决定的。高校思想政治教育以引导大学生正确的政治方向、激发大学生的精神动力、塑造符合时代发展的个性人格、调控大学生品德行为、把大学生培养成为一个全面发展的人为基本价值，对其进行评价是实现这一基本价值的重要途径。高校思想政治教育的全过程都应自始至终地以调动大学生自身的积极性和主动性为目标，把贯穿于思想政治教育过程的价值与理念，内化为

大学生自身的需求，转化为大学生自觉的行动。人的全面发展原则是马克思主义关于人的全面发展学说的进一步阐释，是我们在进行高校思想政治教育评价时必须坚持的原则，为大学生全面发展起正确的指导作用，以使大学生在思想品德、知识和能力各方面都能够全面健康发展。

（二）定性分析和定量分析相结合原则

高校思想政治教育评价应当坚持定性分析与定量分析相结合的原则。由于人的性别、民族、家庭出身、地区等各不相同，必然会导致人的观念、信仰、思想等各有差异。因此，对客观世界的研究应重分析，倾向于定量研究；对主观世界的研究则重描述，倾向于定性研究。对高校思想政治教育进行评价，是把定量研究的方法运用到对主观世界的研究中，那么我们面临的主要问题便是如何把定量与定性两种手段结合起来。所谓定性分析方法，是对高校思想政治教育评价对象的类型或性质进行分析，主要回答“如何”或者“是什么”的问题；所谓定量分析方法，是通过一定的观测点的设定，对高校思想政治教育的实施过程和实施效果进行数据统计分析，主要解决教育实施后取得效果的程度问题。大学生的思想状况非常复杂且多变，难以直接把握，因此我们应该考虑采取分类和分档方法，通过观测点的设定，把描述性的语言转化为定量的数据。对此，我们可以建立起一种复合理论体系，把整个理论体系进行分层，区分为大理论和小理论。大理论重描述，用于定性；小理论重分析，用于定量。一个大理论与若干个小理论一起共同构成高校思想政治教育评价体系。

（三）他人评价与自我评价相结合原则

高校思想政治教育评价一方面要立足于高校思想政治教育实际，要与社会、经济、文化相适应，要为高校的各级主管部门发挥奖惩、引导、调节等职能提供现实依据，要为高校思想政治教育内容的选择、方法与手段的完善指明方向；另一方面，高校思想政治教育评价结果对大学生在价值、观念、理想上产生的深远影响，会促使大学生不断走向自我完善，实现大学生思想政治修养由他律向自律的转化。从此点来看，高校思想政治教育评价就其本质而言，是一种将大学生他律与自律相结合的综合力量。因此，高校思想政治教育评价要坚持他人评价与自我评价相结合的原则。他人评价的结果可形成大学生思想政治素质不断提高的外在推动力；而大学生自我评价可形成更为强大的内驱力，使大学生能够充分发挥自身的主观能动作用，把外部的道德要求转化为自身行为的主动选择，逐步走向自我完善。只有坚持他人评价与自我评价相结合的原则，才能有效实现高校思想政治教育的目标，增强大学生的主体意识，发展其能力，把大学生培养成为推动社会发展与进步的有用人才。

（四）静态评价与动态评价相统一原则

高校思想政治教育评价是多方面的评价，从教育者到被教育者、从教育结果到教育过程、从教育内容到教育方法等各个方面都有所涉及。然而，由于具体评价的目标不同，所使用的评价方法也就要有所区别，因此，对高校思想政治教育进行评价要遵循静态评价与动态评价相统一的原则。静态评价也就是对高校思想政治教育结果的评价，主要是对大学生相对稳定阶段的思想政治教育实际状况和发展水平做出测评和描述。但是，高校思想政治教育更是一个动态的发展过程，把大学生思想政治状况放到整个发展过程中进行考察，在一定的时空环境中考察被评价对象的过去、现在以及未来的发展趋势，对其动态发展过程中的表现进行评判，会更符合实际。在此意义上，动态评价就是对高校思想政治教育过程所进行的评价。遵循静态评价与动态评价相结合的原则，可以使评价者既能在相对稳定的状态中从横向比较方面对大学生的思想政治教育状况进行认识和评价，又能在发展历史中从纵向比较方面对评价对象的思想政治教育状况进行全面深刻的认识和评价，从而赋予评价体系发展机能，使之富有生命力。

（五）可操作原则

可操作原则是指进行高校思想政治教育评价时所制定的评价标准要符合目前大学生思想政治状况的特征，要与现实社会生活相适应。标准制定的高度既要略高于大学生当下的思想政治状况，又不能太高，应是大多数人通过一定努力可以达到的高度。可操作原则还要求高校思想政治教育评价标准能够用操作化的语言加以描述，特别是评价标准中设置的观测点，要能够通过实际观察或测量的方法获得确切的反馈信息，经过分析得出明确的结论。但这些标准不容易确定，因为它涉及学生的情感和态度，而情感和态度是内在的、不易察觉的，因而难以评定。所以，我们在进行高校思想政治教育评价时，要依据可操作原则要求进行相关观测点的设置，制定出科学合理的评价标准；同时，要求通过具体观测点的设置标准，最终为高校思想政治教育效果做出科学的定性分析。

（六）协调统一原则

思想政治工作是高校整体教育的一项重要内容，它既是学校教育系统的一部分，本身又自成体系，形成相对独立的一个子系统。高校思想政治教育成果主要由思想政治教育系统内部诸要素之间及系统与其外在环境之间相互作用而产生。思想政治教育系统的外部环境主要是指社会中的政治、经济、文化等外在环境对高校思想政治教育系统所产生的影响。因此，要正确地对高校思想政治教育进行评价，必须要协调好学校教育系统内部各子系统之间的关系，协调系统内部诸要素之间的关系，同时要协调各系统与外部环境之间的关系。鉴于此，高校思想政治教育评价工作应该全面部署，体现科学发展观，协调思想政治教育与其他课程的育人功能，协调学校各部门与学生会、学生社团之间的合力作用关系。坚持协调统一原则，既要充分发挥学校的教育引导作用，又要充分调动大学生参与思想政治教育活动的积极性，尤其是要充分发挥大学生的主观能动作用。

（七）超越与引领原则

高校思想政治教育评价是建立在对客观经验事实观测基础之上的评价，因此高校思想政治教育评价既要立足于现实又要高于现实。高校思想政治教育的总体目标是要解决现存于大学生思想政治状况中的问题，把大学生培养成为能够推动社会前进的有用人才。当前，我国的社会主义市场经济既要求大学生能够适应社会潮流，立足于市场经济的实际，适应社会、贴近生活；又要求大学生在适应社会的基础上不断超越现实、超越自我，引领社会发展潮流。与此相对应的高校思想政治教育评价要能够针对社会现实，反映现实，引导大学生的思想向正确的方向发展。一方面，高校思想政治教育评价要立足于现实，把大学生培养成为有思想、有主见、有拼搏精神、能够适应时代要求的人才。在此过程中，我们要尊重大学生的独立人格，充分挖掘、发挥个体的创造力，帮助大学生孕育出现代人应有的献身精神、科学态度、市场经济观念、信誉意识、竞争意识、冒险意识等，使大学生确立平等互利、公平诚信的原则，促进社会的和谐有序发展。另一方面，高校思想政治教育评价要立足于市场经济的竞争性，使大学生能够超越现实，在激烈竞争的环境中崭露头角，成为时代的弄潮儿。要引导大学生树立进取、开拓、创新的精神和效率、信息等功效性价值观念，并基于市场经济的风险性、不确定性，培养大学生适应市场经济的良好心理素质，努力使大学生形成开拓进取、积极参与的开放心态。

第二节　高校思想政治教育评价体系的构建方法

高校思想政治教育评价要对思想政治教育工作的过程和效果做出符合实际的分析和评述。在评价过程中，一定的评价标准和评价原则的确定是进行科学客观评价的前提，是成功进行评价的关键。

我们国家对于思想政治教育所进行的评价经历了一个复杂的发展过程。国家成立初期，我国把政治标准作为对思想政治教育评价的标准。改革开放之后，有些人开始引进量化考核的方法进行思想政治教育评价，但大多是借鉴和移植其他相关学科的评价方法，在具体操作上还有许多问题存在。20 世纪 80 年代中后期，人们逐渐发现思想政治教育评价中存在的问题，开始考虑把政治标准与物质成果标准相结合进行综合评价。但事实上，这种评价只是两种方法的简单累加，要么偏向于政治标准，要么偏向于物质成果标准，具体操作中仍然重重困难。20 世纪 90 年代，全国大部分高校开始探索科学客观的评价标准，采取定性与定量相结合的方法，既考虑到思想道德等定性的评价，又考虑到平时具体的实践活动、行为举止等的定量观测。有些高校尝试着将思想政治教育评价体系的主要内容分为对受教育者的评价、对教育者的评价、对教育部门的评价以及对教育过程的评价。

评价标准的不断尝试、评价方法的不断改进、评价内容的逐渐科学化，使得思想政治教育评价体系逐步走向完善，评价结果也变得越来越科学、越来越可信。

一、高校思想政治教育评价内容的特征

高校思想政治教育评价范围的不确定性、评价内容的模糊性、评价对象的多元性以及思想政治教育领域本身的复杂性，给客观评价高校思想政治教育带来很大难度。在高校思想政治教育中，大学生的政治思想和道德品质培育是思想政治教育工作的主要目标。但是大学生的政治思想和道德品质的塑造是一个系统的工程，内含课堂教育教学、课外实践活动、学校教育管理、家庭影响和社会文化熏陶等相互联系的多方面的共同作用，所以不能将高校思想政治教育全部归属到思想政治教育工作者的名下。当然，高校思想政治教育评价内容中肯定包括大学生的政治思想和道德品质的提升状况，但是它在整个思想政治教育中应该占有多大的比例，很难直接给出定论。

此外，大学生的政治思想和道德品质状况只有在一定的时间和环境中才能表现出来，缺乏一定的时间、地点和条件，内在的政治思想和道德品质难以产生，也就更难以转化为外在的行动、体现出相应的效果。而且，高校思想政治教育效果的产生具有滞后性。某一次思想政治教育活动能否产生积极的影响，能够产生多大的效果。已有的教育成果在多大程度上对目前的教育效果产生影响，是积极的影响，还是消极的影响。目前所进行评价的教育效果又是什么时候的教育所产生的成果。这些问题都难以直接下结论，都是高校思想政治教育评价内容所体现出的不确定和多变的特征。

二、高校思想政治教育评价标准的确定

高校思想政治教育评价是比较性评价。任何评价都要制定相应的标准，否则就无法真正进行比较评价研究。如何客观公正地对高校思想政治教育进行评价，并得出有说服力的评价结论，是当前困扰着评价者

的一个突出问题。这一方面是由于目前评价大学生的标准还不完善，现有的评价标准大多比较抽象、笼统，难以得出有针对性的结论；另一方面则是由于高校思想政治教育评价的比较研究与其他领域的评价相比，有其特殊性。

高校思想政治教育评价内容所体现出的不确定性和评价对象多变的特征，决定了思想政治教育评价具体标准的相对性。从高校思想政治教育的终极追求上看，我国高校的思想政治教育是以马克思主义为指导原则的，这要求我们在进行思想政治教育效果的比较时，以是否符合马克思主义的世界观和方法论为标准，而其他不以马克思主义为思想政治教育指导原则的国家和地区，其评价标准就要做相应的变化，甚至可能完全与我们国家的标准相反。因此，就不同的国家、不同的历史时期而言，我们无法统一从价值论视角，以高校思想政治教育是否符合马克思主义的世界观和方法论为衡量标准，而只能从目的论视角出发，看高校思想政治教育实施之后，是否取得相应的效果，以是否达到目的来衡量。将是否符合本国、本地区、本校的具体利益当作评价标准，这体现出了评价标准的相对性。

目前，大多数高校的思想政治教育评价都是从价值论和目的论两个视角着手设置评价标准。价值论层面往往又从社会价值和个体价值两个角度展开，人的社会价值要求高校思想政治教育要有利于促进整个人类社会的发展，而个体价值则要求高校思想政治教育要促进人的自由全面发展。那些认为凡是有利于个人全面发展的思想政治教育就是科学的，否则就是不科学的观念，是我们在具体的思想政治教育过程中要改革的成分。目的论层面则反映了高校思想政治教育实施者的教育动机，即通过思想政治教育，要把大学生培养成为什么样的人才。目的论层面上的思想政治教育实际上反映了教育实施者的利益与意志。从价值论和目的论两个不同视角出发的高校思想政治教育评价结果常常是不一致的。那么，我们应该视哪一个视角上的评价标准所进行的评价为有效的，或者是科学的呢？

实际上，评价标准本身并无优劣之分，从价值论和目的论两个不同视角出发的高校思想政治教育评价标准，不能说一个比另一个更加科学，二者都有其存在的理由，只是研究视角不同而已。在某一种情况下，从价值论出发的高校思想政治教育评价标准可能会更加符合实际情况；而在另一种情况下，从目的论出发的高校思想政治教育评价标准可能会更加合适一些。

对于高校思想政治教育评价标准的相对性问题，我们必须确定一个统一的讨论平台，在这个平台上设定具体的评价标准、评价指标。这个统一的平台就是：是否坚持了以学生为本，是否以促进学生的全面发展为评价目标。无论是高校思想政治教育，还是对其进行的评价，都要坚持以人为本，要维护大学生的根本利益，这是高校思想政治教育根本价值的集中体现，也是进行高校思想政治教育评价的出发点。高校思想政治教育及其评价的全过程，都要体现出对大学生的现状及其未来发展的关注与关怀。在社会竞争日趋激烈的今天，大学生的思想政治状况是我们关注的要点；在科技与社会快速发展的今天，我们更要关注大学生是否能够跟上社会前进的步伐，成为一个可持续发展的人才。因此，在高校思想政治教育评价中，我们要在引导大学生注重当前发展的同时，立足长远发展，坚持现实与理想的统一。

三、高校思想政治教育评价的基本方法

我国关于高校思想政治教育评价的研究起步较晚，但经过全国上下四十多年的探索，高校思想政治教育评价体系逐渐完善，评价的内容不断丰富，评价的标准不断科学化，评价的方法和手段也不断多样化。在高校思想政治教育评价中，针对不同的评价对象，选择好的评价方法，对于做好高校思想政治教育评价工作具有重要的意义。

现阶段常用的高校思想政治教育评价方法有如下一些：

一是定性与定量相统一的评价方法。定性评价是对评价对象的性质的综合评价，是把握高校思想政治教育实施的总体效果，将思想政治教育工作作为一个系统工程进行的全面系统的评价，即对思想政治教育结果做是与非的判断和评定。定性评价方法主要有系统分析法和比较分析法。定量评价是指将高校思想政治教育过程和结果分化为许多可观测的行为表现，通过被评价对象可考察的观测点的设置，进行量化的

对比和分析的方法。定量评价方法主要有效益评定法、数量化评价法和分等加权法等。

二是动态与静态相结合的评价方法。高校思想政治教育总是处于不断发展的过程中，对其进行评价也是一个动态的过程。动态评价是指对高校思想政治教育的过程和大学生思想状况动态的发展变化的评价，主要是通过对比的方法来实现。静态评价是指对思想政治教育的结果和受教育者思想政治教育效果的评价，即对高校思想政治教育现状的研究。动态评价难以把握，必须把其与静态评价相结合，才可得出符合实际的评价结果。

三是单项评价与综合评价相协调的方法。单项评价是指对高校思想政治教育过程中的某一阶段、某一方面或者是某一次思想政治教育活动所取得效果的评价，单项评价侧重于高校思想政治教育过程分阶段、分对象的实时评价。综合评价则是对高校思想政治教育全过程的总体状态，或者是对整个高校思想政治教育系统全方位的综合评述，综合评价侧重于高校思想政治教育所取得的宏观效应进行评价。

随着社会的不断发展，评价主体多元化、评价行为社会化的趋势越来越明显，这给高校思想政治教育评价带来了新的问题和挑战。当然，机遇也同时并存，网络化的迅猛发展、网络信息技术的运用为高校思想政治教育评价提供了一个新的评价手段和平台，这是当下值得我们研究的一个新的视角。

第三节 高校思想政治教育评价的模式

随着高校思想政治教育评价实践的发展，高校思想政治教育评价模式的理论研究也开始进入人们的视野。

一、高校思想政治教育评价模式的特征与衡量标准

美国学者比尔和哈德格雷夫认为，模式是再现现实的一种理论性的、简化的形式，模式是对现实的抽象概括，是简化的理论形式，代表某一种评价理论和系统，具有系统的结构和程序。高校思想政治教育评价

模式属于思想政治教育科学理论模型的一种，它体现着高校思想政治教育评价理论或系统，并以合理的模型的形式将高校思想政治教育理论或其系统的实质性内容呈现出来。因此，高校思想政治教育评价模式的研究对高校思想政治教育评价活动有直接的推进和指导作用。

（一）高校思想政治教育评价模式的特征

高校思想政治教育评价模式的形成、构建过程，其概念的内涵与外延，以及它的适应范围和理论的指导价值，内在地规定了其自身的特征。

一是实践制约性。实践制约性是对高校思想政治教育评价模式形成与构建过程而言的。在高校思想政治教育评价实践中，评价系统的结构状态和运行机制为人们研究和概括高校思想政治教育评价模式提供了全面、客观、真实的信息资料。一方面，高校思想政治教育评价模式必然受到实践原型的制约，它是对实践原型的理性的升华，绝不能脱离原型，必须具备原型的质的规定性；另一方面，由于高校思想政治教育评价实践活动具有丰富性，必然呈现出各种不同的评价范式。

二是结构直观性。结构直观性是从高校思想政治教育评价模式的内容方面来说的。高校思想政治教育评价的内容主要是大学生的行为，其中总体印象评价法、评语鉴定评价法等评价法是定性型模式的主要方法；认知评价法、操行加减评分评价法等是定量型模式的主要方法。

三是对象特定性。高校思想政治教育评价模式只适用于特定的评价对象——大学生的思想政治教育活动。企业的思想政治教育评价模式就不一定适用于高校的思想政治教育评价；高校具体院系学生的思想政治教育工作的评价模式当然也不一定适用于所有学生的思想品德的评价；思想政治教育的水平评价模式也不一定适用于思想政治教育的合格评价。

四是可模仿性。高校思想政治教育评价模式来源于具体的教育评价实践，无论何种模式都是经过实践的提炼，形成一定的可反映教育评价主体的教育理念和教育目的的理论模型。这种模型必然要回到教育实践中指导具体的教育评价活动，因此高校思想政治教育评价模式必须符合教育评价主体活动的特点，具有实用性、可模仿性，能够应用到实践中去。

因此，不同领域、类型、性质的评价实践决定了不同的评价模式，高校思想政治教育评价模式的特定对象只能是大学生的思想政治教育活动。

（二）高校思想政治教育评价模式的衡量标准

高校思想政治教育评价模式研究为人们提供了如何实施一种特定评价的一般范式。但是，高校思想政治教育评价模式不是一种具体的评价方案，评价的实施也并非按部就班地遵循步骤而不顾具体的评价对象或评价条件。那么，在高校思想政治教育评价实践中，如何衡量一种评价模式是否成熟或运用该模式的环境、条件是否具备呢？这就要求对高校思想政治教育评价模式本身进行衡量，一般而言，可以从以下三个方面开展。

一是经验性。这是方法上的经验性，是指评价者所使用的观察、搜集、描述、解释评价数据和材料的方法在经验上可信、适用。高校思想政治教育评价模式的建立离不开方法的选用，恰当、有效的方法是评价成功的保证。多数评价模式的建立者是某种特定方法论或具体方法的支持者。实践证明，一个评价模式往往要结合使用几种不同的方式，才能得到可靠、充分、适用的评价实践和信息。

二是可评估性。这是价值上的可评估性，是指高校思想政治教育评价得到的各种数据和资料在价值上是可以确定的。目前，由于人们越来越认同和接受后现代主义的价值的多元化，因此，很少有评价再把某一种或某方面人员的价值观作为标准。一般认为，通过各有关方面人员共同参加审议制定的各种价值的共同标准，是评价成功的一条有效途径。

三是目的性。在我国高校思想政治教育评价实践中，由于理论研究的薄弱，实践的效果不尽如人意，但也积累了不少经验，为高校思想政治教育评价模式的理论研究积累了大量素材。只要高度重视，注意借鉴吸收教育评价模式，尤其是国外教育评价模式的研究成果，在此基础上与我国国情相结合，就一定会有所突破。而理论认识的提高又会对评价实践产生积极的指导作用，从而形成一种良性循环。

二、高校思想政治教育评价模式及其应用

我国高校思想政治教育评价模式的几种基本雏形，随着实践的发展和理论研究的深入，其中一些逐步发展成为比较成熟的且具有我国特色的高校思想政治教育评价模式。

建立高校思想政治教育评价模式的重要意义在于帮助高校思想政治教育工作者准确了解高校思想政治教育工作的状况，进一步掌握高校思想政治教育工作的规律，提高高校思想政治教育工作的科学化水平。当然，通过评价，人们还可以更好地了解高校思想政治教育工作的进展情况，了解大学生思想政治水平提高的程度，促进、推动高校思想政治教育工作的进展。

建立高校思想政治教育评价模式的首要工作就是确定高校思想政治教育评价目的，因为评价目的的正确与否直接关系着思想政治教育工作的效果。正确的评价目的应是通过评价来加强高校思想政治教育工作，增强其战斗力，使思想政治教育工作朝着科学化、系统化、规范化方向发展。

（一）高校思想政治教育评价的基本模式

高校思想政治教育评价的基本模式，是依据高校思想政治教育评价方法实施的目的与作用概括提炼出来的。这是因为高校思想政治教育评价总是为一定的评价目的服务的，高校思想政治教育评价方法的形成与发展、选择与运用等都要依据高校思想政治教育的具体目的。通过总结，可以发现高校思想政治教育评价的基本模式主要有选拔型、管理型、诊断型、教育型四种。

一是选拔型评价模式。选拔型评价模式是在高校思想政治教育评价思想指导下，在长期的高校思想政治教育评价实践中逐步形成的，主要以“选拔”为目的的一种评价范式。选拔型评价即为了“选拔”而评价，或者说通过评价，选出其中的优秀分子。因此，其评价的主体往往是高校思想政治教育者或高校思想政治教育的职能部门、主管部门，采用的标准一般是相对标准（又称“常模”），使用的评价方法主要是评分法，评价结果常以数字、分数的形式出现。

这种评价模式的优点是:能满足高校思想政治教育实践中经常性的评比、优选、推荐等方面的需要;能营造一种竞争的氛围,对培养、提高评价对象的竞争意识、进取精神等有一定的积极作用。缺点是:给对象提供了其在团体中的相对位置,而不能提供实际的进展情况,因而对于自身存在问题的改进无能为力;另外,如果长时间采用这种模式,势必给评价对象带来较重的心理压力,使其中的相对落后者丧失信心,甚至出现与评价人员不合作的情况。

二是管理型评价模式。管理型评价模式是在高校思想政治教育评价思想指导下,在长期的思想政治教育评价实践中逐步形成的,主要以"管理"为目的的一种评价范式。管理是高校思想政治教育评价的重要职能,换句话说,高校思想政治教育者或高校思想政治教育的职能部门、管理部门为了进行有效的管理,往往要对高校思想政治教育对象、高校思想政治教育过程及其结果等进行评价。这类以管理为目的的评价就是管理型评价模式,其评价的主体显而易见是思想政治教育者或思想政治教育的职能部门、管理部门;所采用的标准一般是规范标准,即主要是思想政治教育的相关管理规定、条例、规章、守则、规范等,如《普通高等学校学生管理规定》《高等学校学生行为准则》等;所采用的评价方法主要是评语法或评分法,评价结果主要用定性描述的形式。

管理型评价模式的优点是:预先明确了目标和规范,增强了可操作性,有助于加强思想政治教育管理和提高管理成效,有助于强化评价对象的习惯养成并引导其逐步达到期望的要求和规范。缺点是:由于这种模式服务于思想政治教育者或思想政治教育职能部门管理的需要,因而易忽视评价对象的需求。

三是诊断型评价模式。诊断型评价模式是在高校思想政治教育评价思想指导下,在长期的高校思想政治教育评价实践中逐步形成的,主要以了解高校思想政治教育问题或进展状况为目的的一种评价范式。高校思想政治教育评价作为高校思想政治教育过程的一个重要环节,具有重要的信息反馈功能。在高校思想政治教育实践中,人们总是通过评价获取相关的反馈信息,以便及时调整、改进与发展思想政治教育,从而做到与时俱进,这就形成了所谓的诊断型评价模式。该模式的评价主体是思想政治教育者或思想政治教育的职能部门,有时也可以是评价对象;所采用的标准一般是绝对标准,即根据既定的要求来判断评价对象的进展状况及所存在的问题;所采用的评价方法主要是评语法,评价结果一般也用定性描述的形式。

诊断型评价模式的优点是:可以动态把握高校思想政治教育过程的各要素及其运行状态,不断为高校思想政治教育的改进、发展提供重要的反馈信息。如同医生给病人看病一样,诊断型评价能及时发现、解决思想政治教育问题,在某种程度上能有效避免高校思想政治教育在某些方面的不足。其缺点是:由于该模式是以查找问题为主,从而易导致评价对象心理紧张,有时还会出现有意弄虚作假的现象。

四是教育型评价模式。教育型评价模式是在高校思想政治教育评价思想指导下,在长期的高校思想政治教育评价实践中逐步形成的,服务于教育目的的一种评价范式。教育型评价模式着眼于教育,即评价的过程就是教育的过程,通过评价达到教育的目的。这种模式一般以形成性评价(或过程评价)和自我评价为主;其评价主体是多元的,既可以是思想政治教育者、思想政治教育的职能部门,也可以是思想政治教育对象,还可以是它们的组合;其评价标准既具有原则性又有很大的灵活性,既注重统一性也重视个性,是原则性与灵活性的统一、个性与共性的统一;所采用的评价方法主要是评语法和评等法,评价结果可用除分数以外的多种形式表达。

教育型评价模式反映了现代教育评价观念从单纯管理到教育改进的变化。如前所述,日益注重教育评价的教育性和发展性功能,是教育评价发展的一个重要特点。过去是选拔适合于教育的学生,而现在是创造适合于学生的教育,这是教育评价观上出现的一个重大转折。受其影响,我国高校思想政治教育评价实践中,评价目的也正在发生一些变化,从以前过分注重评价的区分、甄别、选拔性功能,逐渐转变为更加注重改进和发展功能。过去比较看重教育的结果而不太关心教育的过程,是一种单纯的结果评价。现在则更加重视教育发展功能,注重通过过程评价和形成性评价,及时获取相关反馈信息,做到动态把握教育活动中存在的缺陷和不足,从而促使思想政治教育过程各个要素得到不断的改进和完善，最终实现思想政治教育目标。另外，这一模式还较好地体现了现代思想政治教育的主体性特征，因此，可以说教育型评价模式代表了我国高校思想政治教育评价模式的发展趋向。

诸多教育评价模式的出现基于以下两个方面的原因：一是思想政治教育活动的多样化，思想政治教育活动是一种复杂的有机系统，受到思想政治教育制度、思想政治教育发展以及一个地区的思想政治教育水平等的影响，也受到思想政治教育内容、思想政治教育主体的影响；二是思想政治教育价值观的多元化导致思想政治教育模式的多样化，教育目的和教育理念不同，评价模式也会不同。无论是哪种评价模式，它都必然要为促进思想政治教育活动而服务。

（二）高校思想政治教育评价模式的应用

各种基本评价方法各有利弊，因此，在高校思想政治教育评价实践中，基本上都不是只使用其中某一种方法，而是根据需要综合运用。明确了评价目的，运用一定的评价理论和评价方法来实施评价，并形成相对稳定的程序、步骤和运行机制，这就是高校思想政治教育评价模式。在具体实践中，不同的评价方法会产生如下的具体应用问题：

第一，评语法有时单独使用，有时结合其他方法使用。单独使用评语法时，有的是用抽象、概括的语言，有的则是用写实的办法对评价对象的主要特征进行描述。评语法主要与评等法、评分法或量表测验等方法结合。

第二，评等法分为要素评等和总体评等两种形式。要素评等有的是使用事先制定的等级标准，也有的使用非等级标准。总体评等有的是依据模糊的印象，有的则是依据相应的等级标准。

第三，评分法分为要素评分和总体评分两种。要素评分有的有事先制定的记分标准，有的则没有记分标准。总体评分有的是根据模糊印象，有的则是依据记分标准，还有的结合量表测试结果。

在高校思想政治教育评价模式中，评价方法是最核心的要素。因此，围绕着思想政治教育评价的上述三种基本方法，如果再综合考虑高校思想政治教育评价目的、评价对象等因素，则构成高校思想政治教育评价的不同模式。

从高校思想政治教育评价方法所作用的具体对象看，一般有行为评价模式、认知评价模式和综合评价模式三种。所谓行为评价模式，是指主要依据评价对象的“行为”来进行评价（包括评语、评等、评分或几种形式的综合）的一种范式。以此类推，认知评价模式主要是依据评价对象的“认知”来进行评价的一种范式。综合评价模式是依据评价对象的“行为”“认知”等综合因素来进行评价的一种范式。

从高校思想政治教育评价方法所使用的标准内容来看，一般也有相对标准评价模式、绝对标准评价模式和个体内差标准评价模式三种。相对标准评价模式是指在一个团体内，将个体所处地位相比较而得出评价结论的一种评价范式。绝对标准评价模式是指将评价对象实际达到的水平与既定目标相比较而做出评价结论的一种评价范式。个体内差标准评价模式是指将评价对象中的各个元素的过去与现在相比较，或者一个元素的若干侧面相互比较而做出评价结论的一种评价范式。

从高校思想政治教育评价方法所使用的具体方式来看，一般有描述型评价模式、等级型评价模式、分数型评价模式和综合型评价模式四种。描述型评价模式是指采用定性语言描述的方式进行评价并做出评价结论的一种评价范式。等级型评价模式是指采用等级形式进行评价并做出评价结论的一种评价范式。分数型评价模式是指采用分数形式进行评价并做出评价结论的一种评价范式。综合型评价模式是指综合采用评语、等级、分数等多种方式进行评价并做出评价结论的一种评价范式。

此外，还可从高校思想政治教育评价方法的操作主体、实施结果、基本特征以及实施的目的与作用等多种视角来概括高校思想政治教育评价模式。尤其是从高校思想政治教育评价方法实施的目的与作用的视角来研究思想政治教育的评价模式，因为其较好地反映了思想政治教育评价的实践特征及其本质，所以是最基本的评价模式类型。

参考文献

[1] 陈秉公.思想政治教育学原理[M].沈阳:辽宁人民出版社,2001.
[2] 陈万柏.思想政治教育学原理[M].北京:中国人民大学出版社,2013.
[3] 陈玉琨.教育评估的理论与技术[M].广州:广东高等教育出版社,1987.
[4] 邓中夏.邓中夏全集[M].北京:人民出版社,2014.
[5] 冯国瑞.系统论、信息论、控制论与马克思主义认识论[M].北京:北京大学出版社,1991.
[6] 甘玲.践行渐悟:高校思政课实践教学的探索与实践[M].2版.秦皇岛:燕山大学出版社,2022.
[7] 韩莉."八个统一"视域下高校思政课实践教学模式研究[D].长春:吉林建筑大学,2021.
[8] 胡海涛.大学生马克思主义认同及其与思政课实践教学关系研究[M].北京:经济日报出版社,2020.
[9] 蒋远胜,陶睿.课程思政与财经高等教育教学改革[M].成都:西南财经大学出版社,2021.
[10] 梁剑宏.大数据时代:思想政治教育环境新论[M].北京:光明日报出版社,2015.
[11] 列宁.列宁全集:第38卷[M].北京:人民出版社,1959.
[12] 卢岚.思想政治教育的空间转向研究[M].北京:学习出版社,2022.
[13] 鲁宇红,郭建生.应用型本科院校大学生思想政治教育评价体系研

究[M].南京:东南大学出版社,2008.
[14] 陆庆壬.思想政治教育学原理[M].上海:复旦大学出版社,1986.
[15] 马海燕.高职思政课实践教学教程[M].西安:陕西师范大学出版总社,2019.
[16] 彭兰.网络传播学[M].北京:中国人民大学出版社,2009.
[17] 漆小萍.学生工作的设计与评估[M].广州:中山大学出版社,2003.
[18] 乔惠波.毛泽东与新中国现代化发展战略[J].求索,2019(5):24-31.
[19] 邱伟光.思想政治教育学[M].上海:学林出版社,1990.
[20] 邱伟光,张耀灿.思想政治教育学原理[M].北京:高等教育出版社,1999.
[21] 邵泽义.新时代高校思想政治教育管理体系的构建研究[M].镇江:江苏大学出版社,2021.
[22] 沈树永.大学生思想政治教育对策研究[M].上海:上海财经大学出版社,2020.
[23] 万里.万里文选[M].北京:人民出版社,1995.
[24] 汪广荣.新时代高校思政课 STEMP 教学设计模式探究[M].厦门:厦门大学出版社,2021.
[25] 王静.全球治理人才培养背景下的思政教育体系建设[M].北京:中国商务出版社,2021.
[26] 王茂胜.思想政治教育评价论[M].北京:中国社会科学出版社,2006.
[27] 王邵军,王莉莉.新时代高校实践思政教育创新研究[M].北京:经济科学出版社,2021.
[28] 王子蕲.高校思想政治工作日常教育体系研究[M].天津:天津人民出版社,2022.
[29] 吴东莞,沈国权.思想政治工作机制论[M].北京:军事科学出版社,2008.
[30] 杨波.思想政治教育话语有效性研究[M].大连:东北财经大学出版社,2022.
[31] 杨胜群.邓小平作为改革开放和现代化建设“总设计师”的历史地

位和历史贡献[J].中共党史研究,2019(1):8-10.
[32] 张坤.高校红色基因传承与思想政治教育[M].秦皇岛:燕山大学出版社,2022.
[33] 张庆楠.《新时代公民道德建设实施纲要》新义研究[D].哈尔滨:哈尔滨理工大学,2021.
[34] 张耀灿.思想政治教育学前沿[M].北京:人民出版社,2006.
[35] 中国社会科学院语言研究所词典编辑室.现代汉语词典:大字本[M].7版.北京:商务印书馆,2021.
[36] 钟燕.新媒体视野下大学生思政教育创新探索[M].天津:天津人民出版社,2022.